SIFA GAIGE DE SHIJIAN ZHIWU

司法改革的实践之悟

孙万胜／著

人民法院出版社

图书在版编目（CIP）数据

司法改革的实践之悟/孙万胜著．—北京：人民法院出版社，2013.1

ISBN 978-7-5109-0621-3

Ⅰ.①司…　Ⅱ.①孙…　Ⅲ.①司法制度—体制改革—研究—中国　Ⅳ.①D926

中国版本图书馆CIP数据核字（2013）第004745号

司法改革的实践之悟

孙万胜　著

责任编辑　陈燕华
出版发行　人民法院出版社
地　　址　北京市东城区东交民巷27号（100745）
电　　话　（010）67550583（责任编辑）　67550538（发行部销售）
　　　　　　67550558（发行部查询）　67550550（发行部销售）
网　　址　http://www.courtbook.com.cn
E-mail　courtpress@sohu.com
印　　刷　三河市国英印务有限公司
经　　销　新华书店

开　　本　890×1240毫米　A5开本
字　　数　301千字
印　　张　12
版　　次　2013年1月第1版　2013年1月第1次印刷
书　　号　ISBN 978-7-5109-0621-3
定　　价　28.00元

情有较深理解、对社会主义市场经济及全球化趋势有较清晰认知的司法改革工作的探索者。2002年他的博士论文《司法权的法理之维》出版，得到了学术界的肯定；2004年出版的《司法制度的理性之径》也得到了社会各界的认可；现又推出了这本《司法改革的实践之悟》，这三本书，可以看作是孙万胜同志关于司法问题探索研究的三部曲。这一切，都是他利用工作之余，孜孜以求，向书本学习、向实践学习、向专家学者学习，点滴积累的切身体会。在紧张繁忙的司法实务工作中，能坚持不懈地做一些有相当深度的理论思考，实属难能可贵。从他的这些思考中我们既可以看到我国优秀传统文化的闪光因素，也可以看到新的历史时期对司法的新的客观需求，对下一步深化司法改革具有一定的参考价值。

该书共分五部分，分别从理论思考、专题讲座、域外考察、改革建议、审判监督等方面对法院改革的理论基础、改革重点、改革要处理好的关系以及司法改革的方法论等问题进行了论述，文风朴实，论述严谨。尤其是敢于直面法院改革所面临的困难和问题，在深刻剖析原因的同时，提出了一些对策建议，相信对于致力于推进司法改革的所有同仁会起到一定的启发作用。

沈德咏*

* 最高人民法院党组副书记，常务副院长。

序

司法改革与司法制度建设是一个重要话题，曾一度被人们热情关注，因为它与政治体制改革离得很近；一个时期以来又被淡化冷落，因为有些人认为这方面进展不快，与自己所期望的结果存在较大差距。那么，司法改革在现实条件下应该怎样进行？怎样的司法改革与司法制度建设才是我们所期待的呢？对于这样一个仁者见仁智者见智、具体操作又很难把握的问题，孙万胜同志作为一名法院司法改革工作的亲历者，多年来始终不渝地坚持进行了一些理论与实践相结合的思考和探索。这些思考和探索作为一个司法改革实践者的实际感悟，可以说是对法院司法改革的实景写真，本书即由这些探索和思考集录而成。透过本书，我们可以看到一位资深法官对司法事业的热爱，看到一位法律人对司法改革目标孜孜不倦的探索与追求。

孙万胜同志曾担任过十年的省会市中级法院院长，当过高级法院副院长，现任最高人民法院司法改革办公室副主任，是一位事业心、责任感很强的法官；是一个善于学习、勤于钻研，集学者思维与实务思考于一身的法律人；是一个集四十几年政法工作经历对中国传统

目　录

理论思考篇

专题讲座篇

域外考察篇

审判监督篇

改革建议篇

理论思考篇

法院改革的理性思考

目前，法院改革正处于经济社会转型的关键历史阶段，新的形势要求我们必须对法院改革面临的国际、国内新环境、新情况进行客观冷静地分析，实事求是地作出客观判断，在充分肯定改革已取得成绩并正视存在问题的同时，进行更为深入的理性思考，深化对现实国情条件下法院改革目标、对象、环境等基本问题的认识与理解，形成体系化的法院改革理论认知体系，提升司法改革的理论自觉性和改革措施的实践可行性，为下一步改革做好充分的理论准备，使今后的司法改革更具国家司法理性基础，以促进司法改革的有效进行及制度性权威的尽快生成。

一、理性思考的必要性

法院改革是使法院的地位与作用不断适应社会发展变化需求的根本途径。从外部环境看，国情特别是国家的政治体制决定着法院改革的内容、程度和实际走向；从内部看，法院改革的理性思考水平决定着法院改革的国家及社会公众认可度。一切超越历史阶段的想法和做法或落后于历史阶段的墨守成规的想法和做法都是不可取的。这是被以往实践证明了的一条规律。具体说，司法改革必须理性思考，是由以下因素决定的：

一是由法院的制度性地位及基本使命决定的。司法制度是国家政治制度的组成部分，司法制度必须保持与政治制度的协调一致性。法院改革的基本使命在于：根据社会发展变化对司法权效能的内在要求，通过现有的司法权运行机制的自我完善和发展，提高其在运行理念和运行标准层面上的合理性和有效性水准。从改革的角度讲，任何一个系统要素的变化都可能影响整个系统功能输出的状态和效果。从耗散结构理论上讲，这是一种“蝴蝶效应”。按照这一原理要求，在法院改革进程中，实现法院改革基本使命的一个前提条件，是不仅要在微观层面上对司法权运行机制各要素的自身特性和运行条件形成正确的认识，更要在宏观层面上对各要素之间错综复杂的关系形成具有规律性的理性认识，从而有效地避免司法权运行机制的制度设计与周围环境及形势发展变化之间的矛盾和冲突。

二是由法院改革对象本身的属性决定的。作为法院改革对象的司法权运行机制与其他社会现象之间存在着密切的内在联系，形成对司法权运行机制的正确认识，需要综合运用经济学、政治学、社会学、法学等多学科的专业知识，在不同专业领域知识所形成的认知视角之间的交流、碰撞过程中，不仅要对司法权运行机制形成全面、合理的认识，而且要对司法权运行机制赖以生存的具体环境有一个客观的认知，这对我们的理论认识能力提出了较高的要求，要求既要看到现象，更要看到本质。改革过程中，我们不仅要考虑司法权运行机制本身的需要，也要考虑到与其相关联的社会关系的兼容需求；不仅要考虑到局部的现实需要，还要考虑到全局性的整体交叉运行条件下的整体协调。因此，一项改革措施在一定时期，一定情况下，针对某一方面的特定问题可能具有一定的制度效果，但如果把它置于整个司法权运行制度结构体系乃至整个国家权力运行体系下就有可能与其他改革措施或相关体系之间无法发生有效的兼容关系。

三是由法院改革面临的背景条件决定的。（1）在司法改革进程中如何从中国文化传统（当然包括司法传统）中汲取更多的优秀精华。对中国历史上的司法传统简单地采取一种历史虚无主义态度固然是不可取的，但实事求是地讲，通过对中国古代司法传统进行认真反思，从中挖掘出对法院改革能够提供支持性资源也是需要下一番功夫的。我们所需要探究的是在认识、理解法律对社会生活调整过程中，我们的先人所持有的是一种什么样的理念，以及这种理念又是怎样促进具体制度设计发挥预期成效的。（2）如何应对知识经济对司法制度创新的挑战。在知识经济时代，社会分工的专业化越来越受到人们的重视。司法权运行机制是国家对社会进行调控实现社会公正的一项制度性保障手段。法院改革只有有效地体现司法权运行机制所具有的社会分工专业化特征，才能使其在社会调控机制体系中发挥出程序性终局权力的功能作用，进而保证司法权运行机制能够以自己特有的专业知识资源正确地解读当事人的权利主张，作出公正、妥善的认知与判断。（3）适应全球化需要，尽快使我们的司法权运行机制形成一种与发达国家司法权运行机制进行平等对话的能力。发达国家的司法权运行机制在其技术操作层面上体现了其对有效地解决社会纠纷所进行的理性思考和实践经验的典型化积累，如果我们在法院改革过程中不能对此给予认真而深刻的理性分析与评价，特别是根据我们的实际需要与现实可能，持一种开放的态度，给予科学的选择与借鉴，那么，就很容易使我们的司法权运行机制与发达国家的司法权运行机制在技术操作层面缺乏形成必要共识的前提条件，从而导致法院改革以及通过改革所确立的司法权运行机制所具有的开放性特征受到不应有的弱化。

二、理性思考需要理论的支持

当前，理论界对法院改革给予了相当的关注，法院系统主动适应社会发展，在推进改革方面进行了有益的探索与尝试。但从总体上看，面对社会生活中日益增长的司法需求，我们所进行的司法改革还需要更为有力的理论支持，特别是更为缜密、更为深刻、更为长远的理性思考。

一是要建立并不断完善司法改革理论体系。现在所进行的法院改革起始于20世纪80年代，这些年来，先后进行了审判方式、审判管理、法官管理、法院管理、审判权内部监督制约机制等多方面的改革。从这些年法院改革发展的轨迹看，我们所进行的改革仍处于一种相对缺乏体系化理论指导的状态。改革之初，我们对法院为什么要进行改革，要改到什么程度，要实现什么样的目标，怎样才能达到这样的改革目标等一系列的问题都没有来得及进行全面、系统的理论准备，国家并没有形成必要的司法改革目标及具体方法的共识。在理论界尚未对此形成足够的问题意识并展开理论研究的时候，司法实务界已经在着手进行法院改革了。应该说，我们的改革是在一种边实践、边探索、边进行理论研究的状态下向前推进的，各地法院出台的各种改革措施相当一些还缺乏相应的理论论证，实际效果有的也不尽理想，甚至有的昨天的改革成果成了今天的改革对象，将来也不可能把这些改革模式都正式运用于审判实践当中，实际上增加了不必要的改革成本。实践证明，在司法改革领域采取“摸着石头过河”的方法是不可取的，法院改革属政治体制改革范畴，不同于经济改革，如果那样做将会付出高昂的代价。

二是要明确司法改革的具体目标和实现方式。党的十七大提出了公正、高效、权威社会主义司法制度目标，但具体采用什么样的诉讼模式、什么样的审判管理方式、什么样的法官管理机制等法院运行机制？还需要深入研究尽快形成共识。司法权运行机制是法院改革的基本前提，这一点决定了司法权问题特别是能够反映司法权本质特征的一般规律性问题（如司法权的性质、特征、功能、要素、类型等）将是我们在法院改革实践中需要着力加以解决的问题。一方面，这些问题是形成法院改革“元立场”的基础所在，它有助于我们形成对司法改革的体系化认知。但在法院改革的具体实践中，却没有对这些问题给予足够的理论关注，目前尚不能有效地从法院改革的“元立场”出发，对这些基本问题进行深入科学的理论解析，以形成一个整体性的理论认知体系。即或是在当前国家的政治体制改革还没有全面启动的情况下，单就对法院内部管理方式、审判权运行程序等现有体制框架下可以作出调整改进的具体问题，也缺乏系统性的理论认知。另一方面，这些问题又是法院改革的“真问题”所在。“真问题”即对法院改革进程带有“质”的决定性意义与作用的根本问题，而非一般性的枝节问题。在法院改革实践中，我们的“真问题”意识需要进一步加强。当然，我们目前讲的“真问题”指的是在目前体制条件下我们自身能够解决的问题，在解决这些问题的改革操作层面上，我们完全是可以大有作为的。如果抓不住这些问题，我们就有可能在那些细枝末节上投入不必要的时间和精力，甚至浪费人力物力，迟延法院改革的进程。

三是理论界和实务界应加强沟通与交流，在一些司法改革基本理论问题上，尽可能形成共识。理论界对法院改革理论问题的探讨需要进一步强化语境意识，任何理论问题的探讨都是在特定的语境条件下展开的，都可以理解为对某一方面特定问题所进行的一种理性叙事，在一定意义上，研究者所持有的语境意识决定了理论研究的深度和有效性。我们所进行的法院改革是社会主义司法权运行机制的自我完善与发展，法院改革所要解决的问题发生在中国，解决的良方也应该在中国，首先应在我国特定的国情条件下探寻解决这些问题的方法和途径。因为，这些问题有些是发达国家司法权运行机制形成和发展过程中未曾遇到过的，或者说语境条件并非是完全一致的。因此，只有在时刻意识到法院改革理论研究是在我们国家这样一种特定的语境条件下进行的时候，才能自觉地运用通过我们自己的语境条件检验认可的理论而不是用别人的理论来解释我们的问题。即使是最先进的理论，也只有在有条件地吸收借鉴之后才能发挥出相应的指导效用。我们并不反对对于发达国家先进理论的学习与借鉴。实践证明，这种学习与借鉴是非常必要的，因为这可以使我们少走弯路，可以加快我们的改革步伐。但是学习与借鉴并不意味着照抄照搬，否则，就容易出现医学上异体移植的排斥反应，削弱理论对改革实践的指导作用。从某种意义上讲，理论研究与实践之间如果联系的不紧密，就会缺乏互动的基础。因此，在法院改革过程中，必须坚持理性思考，同时，我们呼唤建立既有中国特色又有世界眼光的司法改革理论体系。

法院改革的政治思考

国家的政治制度决定着国家的司法制度。有什么样的政治制度，就有什么样的司法制度。司法制度必须适应政治制度的需要。任何一个国家的司法制度都是与其国家的政治制度紧密相关的，司法制度的基本属性是为政治制度服务的，尤其是涉及国家利益时表现的尤为充分。我国处于社会主义发展的初级阶段，司法制度的政治属性体现的更为明显，在进行司法改革的过程中，我们必须牢记并把握好这一点。

一、坚持共产党的领导是中国法院的基本特征

我国的国情特点决定了人民利益的广泛性和实现人民利益的复杂性、艰巨性，它要求有一个能代表最广大人民根本利益的坚强的政治核心，代表人民掌管国家的权力。中国共产党的领导是历史的选择，是中国特色社会主义国家政治的本质特征。社会主义法律体系的建立充分体现了党通过国家对政治、经济、社会生活进行治理的基本主张，以法律为准绳处理社会纠纷是法院在国家司法体系中基于国家权力之间分工所具有的特定职能。

从这一意义上讲，法院是在党的领导下，以适用法律方式落实党对国家治理主张的职能机关。法院工作的政治性体现在为党的根本宗旨及其所代表的广大人民群众的根本利益服务上，在适用法律过程中，法院工作应该充分体现共产党在社会主义司法领域的执政理念和执政目标的内在要求，保证党的路线方针政策在

法院工作中得到具体的贯彻落实。不懂得党的领导的重要性，就不懂得社会主义司法的基本属性，做好法院工作也就无从谈起。

二、主动服务大局是人民法院的政治责任

社会主义初级阶段面临两大历史任务，一是解放和发展生产力；二是逐步实现社会公平与正义，构建和谐社会。这是国家的发展大局。法院的一切工作都必须从国家的这个大局出发。是否服从、是否有效服务这个大局作为一个衡量标准，用它来检验每个职能部门是否真正体现了政治属性。

法院工作要为大局服务，必须处理好司法权启动的被动性与服务大局的主动性关系。既要坚持审判权所固有的不告不理的启动与运行方式，又要在审判权启动之后，在审判工作的指导思想上，积极想大局所想，在依法办案的前提下，对于符合大局要求的要主动地坚决做好，这体现了法院作为党委领导下的职能机关对全局性工作的深刻理解和政治属性。

三、实现人民满意是人民法院工作的根本目的

人民当家作主是社会主义民主政治的基本要求，社会主义司法必须充分体现全体人民的意志，努力维护好广大人民群众利益。人民满意是个宏观的政治标准，它要求法院在审判实践中必须不折不扣地适用体现全体人民整体意志与利益的国家法律，维护法律权威，而不是要求在每个具体案件中，让当事人对依法作出的判决结果都满意。

必须清醒地看到，法治对于我们国家来讲，同样是处于初级阶段，我们还缺乏与现代法治社会发展相适应的社会文化氛围，人们更习惯于运用伦理道德甚至情理标准而不是法律标准对国家的司法活动和社会行为进行社会评价。这样的情势要求法院的审判工作必须立足于社会主义初级阶段的现实国情，充分认识道德情理评价标准与法律评价标准之间的差异与不同作用，在不违背

法律基本精神的前提下，通过正确地判断法律事实、科学地解释法律，最大限度地反映社会对法律规范背后的法律精神所能涵盖的道德情理评价标准的诉讼期待，从而使法律评价标准与道德评价标准尽可能地实现有机融合与统一。法律是有底线、有权威的，法律的底线和权威体现在它的刚性上，那种认为要实现人民满意就必须以牺牲法律权威为代价，迁就一些个别人的不合法要求，照顾个别人的不合法利益的认识和做法是不正确的。

四、科学规范的管理机制是公正司法的重要保障

司法的公正性在很大程度上依赖于高素质的法官队伍。法官的人格是法官公正的最基本保障。目前，在法官还没有完全形成职业道德自觉的情况下，还需要外部的约束力量，特别是需要依靠法院内部有效的管理程序所形成的必要制约来保障并促进司法的公正。这就需要克服已经过时的纯行政化的管理方式，建立符合司法规律的法院管理机制，实现审判权的科学管理，推动法院内部管理水平的稳步提升。

一是建立法官考核评价机制。设立法官考评机构，通过旁听庭审、阅卷等方式对法官的审判作风和审判水平进行考评，并把考评结果与法官的职务晋升、评先争优结合起来。

二是完善法官培训机制。对法官培训目标进行调整，从注重知识型培训转变为注重能力素质型培训。通过案例分析研讨，挂职锻炼、出国培训等方式提高法官解决疑难、复杂案件所需要的专业能力。

三是建立案件全流程管理机制。通过对案件从立案到归档的各个环节进行结点监控，保证案件流程的各个环节都能得到及时、有效、正当的运行，通过预警程序对案件在流程运行中出现的问题及早发出监控警告，实现案件程序合理性对实体合理性的有效促进。

五、强化社会责任是新形势赋予法官的历史使命

当前，中国特色社会主义法律体系已经形成，为人民群众通过司法途径主张利益提供了更加全面的法律依据。相当数量的、成因复杂的社会纠纷得以通过当事人起诉的方式进入法院。身处解决矛盾纠纷前沿的人民法院已经成为社会矛盾的聚合点。

在这种形势下，如果法官不及时转变司法理念，办理案件中，还是就案办案，单纯对案件本身负责，而对判决可能产生的社会后果关注不够，有时就可能得不到社会的认可。实际上，司法审判绝不是一项孤立、简单的法律技术操作行为，而是与经济发展、社会稳定、群众利益密切相关的社会治理活动，必须破除单纯司法观念，克服司法活动中的简单化、神秘化倾向，防止过度依赖强制手段，要多运用说服教育等非强制手段，寓审判于服务之中，化解社会矛盾与冲突，促进社会和谐。

因此，中国特色社会主义司法制度的性质决定了我们必须强化法官的社会责任。不仅要关注案件本身的法律效果，也要关注案件的社会效果。这是社会主义初级阶段的客观要求。为此，一是要一定程度地掌握经济、社会发展动态，提高司法服务工作的主动性和针对性；二是要强化调解，要按照能调解的尽量调，需要判决的坚决判，调判结合的原则做好矛盾纠纷的化解工作，使案件处理结果与人民群众对法律的实质理解标准尽可能地相接近；三是要认真解决信访问题，本着真正解决问题的态度，对当事人的信访请求进行认真复查和细致地分析研究，积极提出处理建议，只要是不违背法律基本精神的司法措施就应大胆地探索，多种形式、多条渠道、多方协作解决问题。

六、搞好内部监督是促进法官廉政建设的有效途径

从各地法院出现的违法审判情况看，相当一部分是由于法官的主观故意所致。长期以来，法院内部监督机制总体上处于被动

局面，头痛医头，脚痛医脚，预防和震慑作用不足，往往过多地寄希望于法官的自律起作用，法院领导对法官直接的批评、提醒、警示越来越少，更谈不上从行动上加以纠正。特别是当法官滥用权力、以权谋私及失职渎职时，得不到及时有效制止，一般不能消除在萌芽状态或初始阶段，小问题积累成大问题，一发不可收者屡见不鲜，给法院和法官的社会形象带来极为不利的负面影响。

在目前形势下，要做好法院廉政建设工作，一个现实的选择就是强化法院自身的内部监督。内部监督即司法机关内部专设的监督职能部门对法官的司法判断行为进行的监督，通过对反映出来的违法审判线索的及时审查，着力解决法官自身职业素质特别是在廉洁自律和职业道德方面存在的问题。这种监督是积极的、具体的、及时的。这些做法放在西方国家是不好理解的，但放在现阶段的我国，在整个国家的法制观念还未完全建立起来之前，这种监督不仅是符合现实需要的，而且是科学有效的。这是社会法治发展初级阶段的一种实事求是的选择。法官所在的司法机关对法官的工作和生活情况最清楚、最了解，监督者与被监督者有进行监督所必需的专业性对话的基本前提，在监督信息资源方面有着其他部门所不具有的优势。因此，可以说，这种监督作为向法治社会过渡时期的一种适应性做法，是司法机关进行自我纠正、自我完善的好办法，对于提高司法机关的公信力，增强当事人对司法机关的信赖具有明显的促进作用。

七、抓好班子建设是实现法院发展的关键所在

在一定意义上，法院领导班子建设决定着法院工作的成败。法院领导班子在实现法院发展过程中发挥着“火车头”的带动和引领作用。抓好班子建设就是要努力建设一个“团结、有战斗力、敢抓敢管、敢于碰硬”、“想干事，能干事，能干成事，不整事”的班子，为实现法院发展创造风清气正的良好环境。

一个领导班子能否成为称职的班子，关键在于“一把手”能否发挥正确的导向作用。

一是坚持原则。时刻把党和人民的利益放在首位，对于与此不符的思想或行为要明辨是非，敢说真话，及时加以纠正，坚决摒弃好人主义，把班子成员的思想统一到党的基本路线上来，不断增强为经济发展大局服务的自觉性和积极性。

二是发扬民主。对于法院日常性工作及法院发展中遇到的重要问题，应充分发扬民主，及时掌握法院工作动态并在充分听取班子成员意见的基础上作出科学的部署，避免个人专断，不断提高民主决策的水平。

三是团结共事，共同承担责任。要通过与班子成员之间经常性的思想、情感和信息的交流，逐步形成认识统一、目标一致、相互理解的工作氛围，使领导班子切实发挥出互相配合、密切合作、相互补充的导向功能。

四是接受监督。班子主要领导要自觉接受来自班子成员及广大法官的监督，广泛听取班子成员及广大法官的意见与建议，实行科学决策。对工作中的失误与不足要勇于承担责任。及时加以改进，使各项工作能够平稳发展，避免大起大落。

五是加强学习。只有具备较高的理论水平，才能把握好方向，服务好大局。为此，要牢固树立终身学习观念，通过参加高层次学历学习、进行理论性与实践性相结合的法学研究等形式，提高学习研究的针对性和实效性。

按照国家发展类型分类的标准，我国社会目前仍处于国家本位型发展阶段，政治标准在涉及国家利益层面仍然是衡量是非的第一标准。对此，我们要有一个清醒的认知。在法院工作中一定要讲政治、讲大局，这是目前做好法院工作的基本政治要求。

司法改革的若干关系思考

深化司法体制和工作机制改革，是党中央从建设中国特色社会主义事业全局出发作出的重大决策，是适应社会主义市场经济新形势发展需要、落实依法治国基本方略、保障社会公平正义的客观要求，事关国家长治久安，事关人民群众的切身利益，事关国家政治制度的发展进步。在改革过程中，必须认真分析，慎重处理司法改革与各相关方面的关系，以科学的改革观为指导，争取用最小的代价实现相对优化、有效的改革效果。

一、司法改革与中国国情的关系

国情是什么？一般地说，国情就是民族文化传统和历史发展过程积淀下来的社会现实存在。即由历史传承形成的经济与社会发展现状及人们的思维模式、行为方式、处事标准及其相互之间关系的总形态。国家的政策、制度无不反映出国情的印迹。当前，我国国情最突出的特点就是社会主义初级阶段。我们当下的社会主义并非马克思所设想的在社会高度发达基础上建立起来的社会主义，而是在一个贫穷落后封建农耕社会基础上建立起来的社会主义。目前我国还是一个发展中国家，发展方式欠科学，城乡和地区差异很大，公民的整体文化素质还不高，社会管理机制需要不断完善，正处于向社会主义现代化目标迈进的社会主义初级阶段。正是这些具有中国个性化特点的社会存在决定了中国国情的基本特征，同时也决定了我们的改革必须在这样的基础上并根据这样的存在标准进行的前提。离开了国情去进行改革，就可能是盲目的。国情是改革必须依循的条件，改革是促进国情优化的动力。以观念为例，中华民族悠久的历史给我们留下了林林总总多方面的传统，五千年文明丰富多彩的传统文化，产生了许多重要的理念，其中一些已经深深植根于民族的意识形态之中。我们必须充分认识，这些传统观念是促进或制约发展进步的重要因素。党的十七大报告指出："中华文化是中华民族生生不息、团结奋进的不竭动力。要全面认识祖国传统文化，取其精华，去其糟粕，使之与当代社会相适应、与现代文明相协调，保持民族性，体现时代性"。

改革过程中，必须依循国情，因为脱离开国情去搞改革，就会使改革成为无源之水、无本之木。但国情是个相当大的概念，其内容丰富、错综复杂，具体应该依循的是哪些国情呢？这一点是需要我们用科学发展观的方法去认真把握的。我认为，改革要依循国情重点是要解决以下两方面问题：

一是明确并继承哪些优良的传统。传统的东西不都是优良的，一定要客观分析，认真甄别，去粗取精，总结升华。评价传统的东西优良与否应当把它放到当时的具体历史环境条件去进行，但确定传统的东西在目前情况下是否还应作为优良的东西去继承，则要把它拿到现实条件下去进行衡量。传统状态下优良的东西在当前形势下不一定都是行得通的，尊重国情首先要把那些符合时代发展要求、具有现实生命力的优良传统发掘出来，作为改革发展的参照系。这才是科学发展观指导下依循国情的真正内涵。儒文化是在农耕文化的基础上产生的，在当前现代化发展的氛围里，哪些应继续发扬，哪些不应该发扬？应如何把握？我们要秉持一种科学的态度。尊重国情就要正确处理传统、现实与发展的关系，就是要把握好充分发掘优良传统、充分尊重客观现实、充分考虑发展规律的有机统一。

二是注意克服那些过时落后的传统文化影响。司法改革是社会主义司法制度的自我完善，是促进社会整体协调发展的动力。司法改革的根本目的，是形成与社会主义初级阶段相适应的司法制度，使上层建筑中涉及司法方面的工作适应经济基础的发展变化。要实现这一目标，就必须遵循马克思主义重要的理论品质——与时俱进的基本原则，按照科学发展观的要求进行。与时俱进不单是个时间概念，同时也是个空间概念。与时俱进要求的是根据时代发展及整体环境条件的变化状况来决定我们的思维模式和行为方式。历史的发展证明，适应历史发展潮流的、现实当中行得通的、符合发展规律的才是有生命力的。我们必须认识到，历史上形成的观念和习惯，是受时间和空间制约的，虽然时代发生了变化，有些做法已经过时了，但人们的传统观念作为上层建筑一部分还仍然以思维惯式的方式存在，还在影响着人们的思维模式和行为方式，改革过程中，我们对国情要认真分析甄别，继续发扬历史上那些还有生命力的优良传统，同时也必须认真对待那些过时的甚至是糟粕的传统观念，完全的排斥和过分的迁就，都是要不得的。而要正确分析，科学地选择。对那些符合现代发展要求的优良传统，要深入挖掘，充分发挥其现代作用，对于那些已经过时的传统，但现实中仍然存在其观念影响的，要充分注意这种影响可能产生的后果，逐步加以克服，对传统采取一种去粗取精、去伪存真的科学态度，这才是与时俱进中“进”对尊重国情的真正涵义。

司法改革要改的是什么？司法改革就是要革除不适应新形势发展要求的司法体制和工作机制中的弊端，建立适应并能有效促进现阶段经济和社会发展的司法体制和工作机制。司法改革必须克服理想化的思维和做法。要清楚我们是站在过去积淀下来的基础上进行改革的。首先应在尊重现实的情况下进行改革，如果我们的改革措施，不能得到周围环境的认可，那么这种改革理论上再正确，也是不能取得成功的。正确的态度应该是，在国情环境条件容许的情况下，不断革除现有机制弊端、不断完善现有体制，在循序渐进中逐步地建立中国特色的社会主义司法制度。

改革措施的正确与否是要以实践效果作为衡量标准进行检验的。司法改革要坚持与时俱进，就必须正确认知和把握社会主义初级阶段的发展特征和历史要求，必须正确认知和把握司法改革所面对的人们的观念形态及人们的认可和承受度，必须正确认知和把握我们的发展目标和世界发展的总趋势的关系。科学发展观要求司法改革要讲求方法，从实际出发，力避形式主义和部门利益，按照发展规律要求，充分考虑短期目标和长远目标的内在关联，注意发展的可持续性，力争以最有效的改革方法实现最佳的改革效果。

二、法院职能与政府及社会职能的关系

审判权是国家权力的重要组成部分，伴随着社会主义市场经济体制的逐步完善，审判权的作用日趋明显。有人讲市场经济是法治经济，说的是市场经济需要规则。但这种法治不是法院一方面的法治。我国的法治，是包括党委、政府及社会等方方面面在内的不同方面、不同形式相交织的，在党的统一领导下共同的法治。科学发展观要求，实现社会主义市场经济，就应该按照社会主义市场经济自身发展的规律要求去推进其发展进程。现阶段对法治化的要求，一是效果标准，二是成本标准。效果标准要求的是法治措施要行之有效。成本标准要求的是以最小的管理成本，实现管理效果的最大化。

实施法治的方法上，要科学设计，统筹协调。在党的统一领导下，政府管政府的事，社会管社会的事，法院管法院的事，相互衔接，相互配合，发挥整体作用。这符合现代社会分工的发展要求。新形势下，社会价值多元，人们交往增多，社会矛盾增多是必然的。面对法院案多人少矛盾日益突出的问题，不要单纯从如何完成案件量的角度去考虑“案件增多、增加办案人”的解决办法，而应从改善并科学设置矛盾纠纷社会治理结构的角度去

探寻解决的方法。2009年7月份，经中央批准发布的《最高人民法院关于建立健全诉讼与非诉讼相衔接的矛盾纠纷解决机制的若干意见》，就是非常好的一个尝试。国家从司法权中拿出一部分权力，让渡给社会调解组织，赋予社会调解组织的调解协议以合同效力，而且调解协议经法院确认后又具有了强制执行力。这一《意见》所以得到社会各界的广泛认同，原因就是它符合国情，符合社会发展需求，符合发展潮流。我们要按照十七大关于“加强社会建设和管理，推进社会管理体制创新”要求，根据社会发展实际需求和市场经济法治化需要，逐步建立“党委领导、政府负责，社会协同，公众参与”的社会管理格局。一个社会矛盾纠纷治理结构设计科学的社会，绝大部分矛盾纠纷都应由社会组织自身化解，而不一定都到法院去解决，那样代价会太大，这一点已经被世界各国历史发展的实践所证明。这方面，我们作为相对“后发展国家”，应吸取“先发展国家”教训，少走或不走弯路，尽力减少试错成本。

国家、社会、法院既是一个统一的整体，又在国家不同方面的权力作用发挥中有各自不同的角色功能。应根据形势发展变化要求不断调整各自的功能定位。国家是社会的代表，其权力源于社会，服务于社会，在市场化程度不断提高的情况下，应依据市场化要求逐步还一部分权力给社会，诸如行业组织自行管理本行业矛盾纠纷化解的权力等，以保证市场经济体制发展建立的需要。社会是国家的根基，应根据社会主义市场经济发展的客观要求不断强化其自身对一般性社会矛盾纠纷的化解能力和一般性社会事务的管理能力，这也是社会主义市场经济体制建立的必然要求，既充分发挥社会自身的管理作用，又相对减少国家的管理成本。法院是社会矛盾纠纷的裁判机构，是为实现社会公平正义服务的。应把审判工作重点放在树立社会行为标准及需要在法律上明辨是非的案件审理上、放在社会组织解决不了的矛盾纠纷案件的审理上。科学发展观不仅要求国家、社会和法院要充分发挥各自应有职能，而且要求在各自作用发挥过程中，充分体现目标的一致性。各种功能之间要配置科学、协调有序，充分体现整体作用。

社会治理结构的改革完善应根据社会主义市场经济发展的具体需要进行。改革过程中，法院一定要找准自己的功能定位。紧紧围绕这一定位去开展工作。要知道，法院是不可能，也不必要去包医百病的。

三、司法公正与司法效率的关系

有效率保障的公正才是真正意义上的公正，司法公正与司法效率在法院改革价值目标体系中都具有重要的理论意义与实践价值，但两者之间的权重是不一样的。发生矛盾时，正确处理好两者间的关系就显得十分重要了，因为它是法院司法能力的另一个重要衡量标志。这当中，公正是司法的首要价值追求，其与效率的具体关系应该是：公正优先，兼顾效率。公正是司法的根本目的，效率是实现公正的手段和保障，绝不能盲目地为追求效率而妨碍公正的实现，不能因过分地强调效率而导致“欲速则不达”的结果，对效率的追求不能突破实现公正的最低限度，更不能为了实现效率而牺牲公正。也就是说，应当把司法效率理解为一种服从司法公正的效率。司法公正在法律价值体系中处于“元价值”的地位，其他价值在司法权价值体系中应处于什么样的位阶关系最终是以公正价值作为衡量标准的。正如罗尔斯指出：公正（正义）是社会制度的首要价值，正像真理是思想体系的首要价值一样。因此，对司法效率的追求是以服从司法公正为前提的，离开了这个前提谈司法效率，只能是一种本末倒置的理解，因为司法公正说到底就是要求在司法权的运行过程中处理好司法权与当事人权利之间的关系，使当事人的权利能够对司法权形成有效的制约，应该说，这体现了司法权对当事人权利及其诉讼地位的一种制度性尊重，这是司法权必须给予根本关注的核心所在，只有在这个前提下，才能谈如何使这种尊重转化为当事人可获得的现实利益。显然，司法效率的问题属于后者而不是前者。在刑事司法实践中，常常会遇到由于庭上提供的证据不足以确立一个明确的法律事实，在有限的审限内又难以查清并认定事实时，这种情况下，法官往往处于两难境地：如果作有罪判决，心里没底；如果作无罪判决，又怕社会压力太大。个别法官往往是为了赶进度，甚至照顾社会舆论和有关方面意见，而在不具备可准确认定事实的证据的情况下根据存疑事实，作出留有余地的有罪判决。虽然法院有权作出法律允许范围内的任何判断，但目前的司法环境下，法院还不具备左右社会舆论并被社会舆论认可的制度性能力。司法实践中的问题要求我们下功夫解决的是，如何通过效率与公正关系的科学处理，更有利于维护法律的价值，更有利于实现社会的公平与正义。

四、上级法院与下级法院的关系

司法权作为一种专属性权力，相对于国家其他权力来讲，有它自身独特的特点。这方面由于我国与世界其他国家有着不同的发展经历，从而形成了更为特殊的发展样态。漫长的封建社会过程，皇权一统天下，司法权始终被行政权所吸收，司法权依附于行政权而存在，其作为行政权的一部分始终没有完全独立地存在过，而且这种形态所形成的思想观念及行为习惯到目前还根深蒂固地存在着。在我国要解决司法权方面的问题，摆脱不开与行政权的关系问题。处理上下级法院关系时，也同样如此。处理这一关系时应把握好以下几项原则：一要尊重历史，积极地适应现实；二要循序渐进，在适应中寻求发展之路；三要把握好发展趋势，注意按新时期的司法规律办事。

目前，上下级法院关系之间存在以下主要问题：

一是如何保证各级法院的审级独立和上级法院对下级法院监督指导的有效实现的问题。在实现公正司法、廉洁司法的制度设计方面，对于上级法院发现下级法院已经发生法律效力的判决和裁定确有错误而且错该追责的案件及责任人如何处理，还缺乏具体的程序保障措施。如上级法院在审理上诉案件或申诉、再审案件时，只负责对案件的处理，不负责对办案人应有责任的追究，而负责对办案人责任追究处理的部门则不管案件，两部门之间缺乏必要的程序衔接，从而使得个别法官产生侥幸心理，“大不了上级法院改判了事。”制度设计上缺乏对于判错案件要实行责任追究的预期压力。

二是上级法院对下级法院，特别是最高人民法院、高级人民法院对中级人民法院和基层人民法院判决中存在的整体性问题分析研究得不够，及时有效的指导培训抓的就更显不足。

三是上下级法院在审判之外的其他管理工作上是什么关系尚不明确，完全用审判工作上的程序关系代替其他工作的关系是不合适的。诸如政务管理、事务管理、人事管理、监察管理、执行管理等等，不同工作有不同的特点，不同的管理体现不同的功能。对此，我们应按科学发展观的要求根据实际需要，建立完善法院管理方面的各项监督、指导、管理机制。既保证上级法院在行使监督、管理权限时不影响下级法院的审级独立，又要在加强其他管理工作时，充分发挥法院和法官自身应有的职能作用，提高法院的审判效率，强化法官的自律意识，促进法院的廉政建设，确保司法公正目标的实现。

四是各级法院的审判职能配置不科学。四级法院同处一个基本应付审理案件，忙于处理信访的状态。总结审判经验、指导审判工作方面明显不够。四级法院间没有形成一个分工不同、职能定位有所侧重，协调一致的司法统一体。审级关系的核心在于上下级法院间职能的科学配置。基层人民法院作为初级法院，其职能重点应放在审理最普遍的、一般性矛盾纠纷案件上，审判程序上应在普通程序基础上进一步简化，应注重程序的简捷、方便，实际效果的充分有效性；中级人民法院作为承上启下的法院，应审理一般性矛盾纠纷以上的较大的一审案件和辖区内基层法院的上诉案件。审理程序应依照诉讼法基本程序进行，审理效果应重点体现在重特大案件的审理方面；高级人民法院除审理极少数特大案件、跨地区案件、涉及适用法律上有分歧的案件外，审理辖区内中级人民法院的上诉案件，高级人民法院的主要精力应放在辖区内的司法标准的统一、审判监督指导和法官审判水平的培训提高上；最高人民法院审理高级人民法院上诉、再审案件及涉及地方法院适用法律不统一，需建立社会行为标准的案件上，主要负责对全国法院审判的监督指导、司法解释及司法政策的研究制定工作。

五、建构式改革与进化式改革的关系

社会的发展，制度的形成，一般要通过两种方式，一是自然进化的方式，二是人为建构的方式。进化靠的是自然发展进程中的量变到质变的过程，如人类的发展。而建构靠的是对历史经验的总结及科学的理论论证，依循发展规律的要求，通过建立科学的政策机制，引领社会的快速发展，如改革开放。自然进化方式变化自然，但周期长，发展慢。建构发展方式可实现较快速发展，但要求论证科学，决策准确。在推进司法改革的过程中，我们一定要充分认知并科学地把握这两种方法的有机结合。既不要被动地跟着感觉走，完全靠自然发展，更不要脱离现实理想化地盲目建构，那样结果会更糟，因为我们本来就落后了，如果建构的政策机制不科学，会造成人力、物力甚至时间上的浪费，那会使我们更落后。

在社会制度的演变进程中，进化和建构都是社会发展进步的重要途径，两种方式通常相互作用，进化中有建构，建构中包含进化，关键是要把握好两者间内在的和谐统一。

从宏观的角度看，人民法院的改革，在党中央的统一领导下，是主动适应社会发展需要的一种适应性调整，是一种新形势下司法功能及审判运行模式在社会发展进化基础上的建构。从制度建设的角度看，公众对司法的认知态度在逐渐发生变化，司法人员自身的观念也在随着社会的发展而发生着改变，这些观念、思想的变化，又会对具体的司法行为产生潜移默化的影响，但由于经济社会发展的较快，上层建筑的改革又相对滞后，从而导致具体制度累积的微观变化跟不上社会发展和新时期人民群众新要求新期待的需要，迫切需要通过制度建构，缓解制度与环境间的紧张关系。以往的改革实践证明，司法改革在制度建构上应把握好这样几项原则：

一是要站在国家发展的角度去考虑问题，不要单纯从局部的需要去认识和考量。要以全局的、整体的发展需要为视角去设计调整现有机制、体制。部门之间要注意改革措施之间的关联性。

二是要用科学发展观指导改革工作，努力克服非黑即白、忽“左”忽“右”等简单化的思维惯式，采用科学务实的思维方法，按照平稳可持续的标准去解决目前存在的问题，要根据发展规律要求，探索新的改革措施，在努力改革那些不符合社会主义现实发展需要做法的同时，充分发掘现有体制、机制中应有的优越性，在改革中不断完善社会主义司法制度，

三是建构也要遵循进化的基本规律。改革的需要要根据现实的可能，绝不能揠苗助长。现实当中带有普遍性，行得通的才是对的，绝不能理想化地对待改革，更不能想当然。社会的发展进步有其自身的内在规律性。改革的过程就是发现并遵循规律办事的过程，规律是客观存在的，我们只能去发现，而不能创造。

四是在具体的改革方案制定上，要按照建构发展的基本程序要求，一定要经过科学论证，反复推敲，这当中最重要的是要把握住基本符合国情，基本符合现实需求，基本符合发展规律三者间的有机统一，绝不能有所偏颇。

五是要敞开胸怀，积极借鉴世界上发展的优良经验。世界各国在司法改革方面的有益经验反映了司法发展的普遍规律和基本

趋势，这些有益经验是人类文明的共同成果。我国司法改革应当立足我国基本国情，从实际情况出发，大胆吸收和借鉴世界各国司法改革的成果和经验。只有这样，我们的司法改革才不会远离人类文明发展的轨道，才能具有强大的生命力。在这个问题上，我们应当抛弃狭隘的民族主义，应当具有广阔的胸怀，战略的眼光。

六、改革目标与实现方法的关系

通过司法改革能否有效地实现建立和完善具有中国特色社会主义司法制度的目标，确定正确的指导思想、选择正确的改革方法十分重要。历史的经验证明，在实现确定的目标过程中，只有选择适合国情的改革方法，才能收到较好的改革成效。我们必须以辩证唯物主义和历史唯物主义的方法论为指导，真正从实际出发，真正从国家整体发展需要出发，真正从客观发展规律要求出发，改革才能取得成效。

1. 应明确司法改革的方向。方向问题是个常讲常新的问题。司法权作为国家权力的一部分，它不单纯是裁判案件的，它是通过裁判案件为实现社会的公平正义，维护国家稳定、促进经济发展服务的。对这一点的把握，要不断深化理解，要贯穿改革的全过程。

2. 应正确理解《宪法》规定的“独立行使审判权”的意义。任何国家的司法权都不可避免地带有政治性，这种政治性是以国家利益为标志的。在我国尤为明显。对于《宪法》的这一规定我们要在传统的具体的中国国情下去理解。对于审判权的行使过程，国家要保障的是防止外部干扰、法院自主承担责任的程序措施，而绝非一种政治上的独立。用西方国情下形成的方法标准解释中国国情下的现象是行不通的。

3. 在审判指导思想上，要注意实现两个转变。即由注重裁判向注重解决问题转变；由单纯法律思维向法律思维与社会思维相结合转变。法律产生于社会需要，服务于社会发展，运行于社会成员之间。法官的思维不应局限于“大前提、小前提、结论”式逻辑思维，单纯的法律思维会使法院离公众越来越远，这一点已经被一些国家的实践所证明，而应与社会思维结合，全面思考，兼顾合理、合情与合法综合进行判断。这样才会使法院和法律离社会越来越近，以便于更好地服务于社会公众。

4. 实事求是地选择诉讼模式。我国各地区经济社会发展极不平衡，与此相关联，人民群众的司法需求、对于法律的认知能力也呈现出明显的差异。在建设公正、高效、权威的社会主义司法制度过程中，诉讼模式的选择也是一个重要问题，切不可以简单方法解决复杂问题，不能一刀切。可以考虑根据不同地区的不同情况，采取有所不同的诉讼模式。在西部欠发达地区，诉讼案件类型相对单一，当事人的诉讼能力相对较弱，支付法律服务费用的能力偏低，对法院依职权查明事实的传统做法依赖性较强。在此情况下，我们不能强求这些诉讼当事人按照当事人主义诉讼模式要求，进行包括自主收集证据在内的诉讼活动，法官也不应当只是坐堂问案，而应侧重采用职权主义方法，依法官职权积极主动查明案件事实。而在东部相对发达地区，当事人法律认知能力、经济能力较强，聘用律师提供法律服务的意识较强，能够借助律师帮助积极主动参与各项诉讼活动。加上东部地区法院案件压力较大等因素，东部地区诉讼模式更宜侧重于当事人主义方法。诉讼模式是实现司法公正的程序方法，不同的地区采用不同的模式，不同的情况实行不同的方法是一种实事求是，是一种切实的司法为民。

5. 在改革的方法上，一是要让改革的措施适应环境及发展的形势，而不是让环境及发展形势适应改革措施。二是改革的措施要符合发展规律。既要有现实可行性，又要有发展的可持续性。三是改革的步伐应循序渐进，适度超前，引领社会的发展进步，而不是完全被动地跟在发展的后面走。四是要注意培育和整合改革动力。改革的过程中要注意发挥社会和人民大众改革的积极性，鼓励并引导广大人民群众和有关机构组织，积极参与投身改革，以促进改革工作的深入开展。五是积极推动和促进社会矛盾纠纷治理结构的社会化建设。在解决法院“案多人少”问题的改革思路上，随着案件的增多，适度地增加法官编制是必要的，但要克服简单化问题。法官的数量不是越多越好，而是越精英越好，法院审理的案件不是越多越好，而是法院审理与社会组织处理相结合，矛盾纠纷解决成本越低、越有效果越好。这有利于司法标准的相对统一，有利于法官整体审判水平的提高，有利于法官待遇乃至法律地位的有效提升。六是要深化司法改革的理论研究。新时期，新形势下的改革完全靠摸着石头过河已经不够了，应组织专门人员加强理论研究方面的深入探索，为今后的司法改革做好理论准备。

改革的方法必须要务实，要借助社会科学的实证方法，全面分析我国以及其他国家改革的成功与不成功的经验教训，反复论证，仔细考量，科学决策，以保证我们的改革始终在健康的道路上发展。

七、审判权与审判管理权的关系

司法改革对于法院自身来讲，重点之一是解决如何公正地行使审判权，如何科学地运用审判管理权促进审判权更加高效运行的问题。涉及法院的审判权运行机制和法院的审判管理体制问题。目前，实践中存在的主要问题，一是两权之间的界限不清，功能混淆、关系不明确。特别是在审判权和审判管理权被有些人同时拥有的情况下应如何界定，如何行使，什么情况下应当行使审判权，什么情况下应当行使审判管理权，什么属于审判行为，什么属于审判管理行为，缺乏必要的标准和规制程序。二是审判管理的行政化色彩过重。往往由于审判管理权过度行使而影响了审判权的正常行使。在有些情况下，行政级别的高低替代了按照审判程序办事。审判管理权作为一种司法行政性权力，其最大的特点是以服务保障为目标指向的，绝不能任意扩张甚至侵犯到审判权的独立性。三是对于审判权和审判管理权的行使，特别是两权之间发生矛盾时缺少必要的处理程序及处理权限规定。

目前，现有程序法对审判管理的规定与法院内部实际管理制度方式之间不配套，缺乏必要的衔接，从全国情况看审判管理方式多样，随意性强，一些法院的管理效果欠佳。经过多年的改革，审判权的运行规则以及审判管理权的操作程序有了较大发展进步，但还不完善，与制度建设的要求还有相当的距离。这些问题的存在直接影响着司法权公正高效的运行。

审判权以公正为目标，由审判程序构成，以审判程序管理为保障。审判权作为一种判断权，要求法官依程序法和实体法规定，独立、公正地审理案件并作出裁判，其关键在于法官依照审判程序对案件事实的科学认定并正确地适用法律。而审判管理权以规范审判权按规定程序行使为目的，是审判权的服务保障性措施。其关键在于要求法官按审判程序审理案件，是对法官的一种程序性监督，而不是一种实质性的管理。

科学地认定并处理好审判权与审判管理权的关系是当前法院改革的重点之一。要处理好两者之间关系应做到：

1. 完善审判权运行程序规范，解决好审判权程序化问题。进一步完善审判程序，充分保障当事人的知情权，充分履行法官的释明责任，使审判权的运行过程更加公开透明，有利于广大公众及当事人进行监督。

2. 与有关诉讼法相衔接，制定统一的审判管理程序规则，设立专门的审判管理机构统一负责包括审判委员会工作在内的审判管理工作。按照审判规律管理审判工作，克服审判管理多头负责，人为随意性强等弊端。

3. 科学设定审判权和审判管理权的功能定位，明晰审判权和审判管理权的权力界限及处理两权间关系的基本程序和原则。

4. 建立审判权与审判管理权相分离的管理模式。建立审判权与审判管理权各自独立的运行程序。实行审判权与审判管理权既相关联又相制约的管理方法。逐步实现审判权由法官行使，审判管理权由不行使审判权的专门管理人员行使的管理模式。实行两权的科学运行和有效管理。

八、司法的被动与能动的关系

司法权的被动性和能动性都是司法权自身应有的属性。两者从不同的角度体现不同的功能。司法权的被动性主要体现在两个方面：一是在程序启动上，不告不理。二是在审判程序运行过程中法官要保持中立、对双方当事人不偏不倚的角色定位。反映的是司法权的基本运行特点和程序价值。

司法权的能动性主要也体现在两个方面：一是指司法权在实现公正目标过程中法官在查明事实，进行价值判断和适用法律等方面必须要进行的能动活动。二是在司法政策和司法的指导思想的制定时，应体现的主动为大局服务的能动意识。

司法权的性质是判断权，其在形式上必须是被动的。但司法权的目的绝不是单纯为判断而判断，而是为解决纠纷而判断。这就要求在判断的过程中应该要有能动思维，判断的形式上是被动的，但判断结果形成的思维过程应该是积极主动的。司法权的运行过程，不应该只是一个简单的判断过程，而应该是一个明辨是非解决纠纷的过程。司法权作为国家权力中一项程序上的终局性权力，其在制度设计上、程序上必须是被动的，但在实现司法权目标指向的司法指导思想上，一定要体现主动为社会稳定、经济发展服务的意识。而不应该体现在主动介入具体程序上，且必须是在司法权的权限范围内进行。过去我们对司法权的认知多是从传统意义上司法权运行程序的被动性方面理解的。新时期强调为大局服务，强调要充分回应人民群众对司法的新要求、新期待。司法能动属性的特点越来越受到重视，在两者的关系的认知上，我们一定要持一种科学态度，根据其不同的属性特点充分地发挥其不同的功能作用。

当前，我国已进入社会转型关键期，矛盾纠纷复杂，利益诉求增多，案件审理难度增大，人民法院面临前所未有的挑战，公众对公平正义的需求比以往任何时候都强烈，人民法院在社会发展中的作用比任何时候都重要。我们必须把握好司法权自身的规律特点，把握好司法权维护社会公平正义在中国国情下的具体实现方式，认真处理好涉及改革的各种关系，不断深化司法改革，有效地推进改革，力求通过改革更好地发挥人民法院促进发展、维护稳定的职能作用。

九、法院自我评价与社会评价的关系

司法不是孤立的，社会需要了解司法、运用司法，司法需要从社会获得支持和信任，满足公众的需求。法院的发展离不开法院的自我评价与社会的外部评价。解决这一问题的实质就是要正确处理好法院工作法律效果与社会效果之间的关系。法律效果强调裁判标准的形式合理性，社会效果强调裁判标准的实质合理性。在形式合理性与实质合理性相冲突时，如何协调法律效果与社会效果之间的关系，这是不同国家的审判机关在不同时期所面对的一个共性问题。两者之间的辩证关系可以表述为法律效果是社会效果的基础，社会效果是法律效果的放大。也就是说，法律效果是第一位的，决定着社会效果的实现可能性；社会效果决定着法律效果的社会认可度和法律对社会的实际调控作用的程度，是法律效果社会化和法院发展状态的检验标准。以弱势群体的司法救济问题为例，法院改革与发展不应该使法官与社会特别是那些更需要司法救济的弱势群体之间的距离越来越大。从司法实践来看，弱势群体往往更需要司法救济，但是，这些人的诉讼能力又往往是最弱的。如何看待这种矛盾，对于一个法官来讲，如果仅仅关注这类案件的法律效果并没有可指责之处。但是，如果我们是在人文关怀基础上谈论法院审判的意义，那么，就需要法官能够兼顾案件审理过程中，由于弱势群体当事人诉讼能力不足而产生司法判决的社会效果。即使司法判断在坚持法律标准的同时，也应对纠纷所涉及的道德因素和政治因素给予必要的关注。

因此，法院改革与发展需要法官在进行司法判断活动时要有一种平衡感，在追求法律效果，求得形式合理性的同时，对司法判断的社会效果给予必要的关注，克服形式合理性所带来的保守倾向等局限性，回应社会生活对实质合理性的需求。法官要在司法判断活动中实现法律效果与社会效果的统一，就不能仅仅把自己的思维局限于以有形文字表现出来的法律规则中，而必须能够深刻领悟法律规则背后的无形的法律精神，并在此基础上对社会生活的态势及未来发展趋势进行深入的法律思考，从而使自己——司法判断者不仅具有法律家的头脑，还要有政治家的敏锐性和洞察力。在审理企业破产改制和涉及农民工等低收入群体的案件过程中，如果法官能够关注案件的法律效果与社会效果，就完全可以避免诉讼矛盾的进一步激化，这在法律意识相对不强，社会经济文化处于初级阶段的我国来讲，更应给予特别关注。这并不是主张法官在审判活动中要承担与审判职能相距甚远的社会职能。但是，也不要矫枉过正，只要我们不否定审判工作的社会责任和政治责任，我们就必须关注法院发展与人民群众的道德情感的有机联系，并自觉地以此作为法院发展的检验标准，否则，我们就容易丧失法院发展的社会基础。

十、借鉴世界司法文明与尊重国情的关系

处理好借鉴世界司法文明成果与尊重国情的关系，有助于正确选择法院发展的现实路径。借鉴世界司法文明成果与尊重国情的关系，就是要按照世界上一般的司法运行规律（或者说司法制度的发展规律）办事，结合现实国情条件，使司法制度发展

规律在规制对象之间的结构关系安排方面所体现出的基本精神与基本原理能够与特定国情条件下的对象载体能有机地结合起来，从而既能符合司法制度发展规律的基本要求，又能够适应特定条件下的国情状况。现代化理论研究成果表明，一个国家或社会在主动地、自愿地吸收和内化其他文明中的因素时，总是在这样两种条件下进行的：一是吸收那些与本社会或本土文明可相兼容的因素。这些因素必然能够为这个国家或社会所吸收，两者之间必须具有某种共同的特征。二是吸收那些具有一般性和普遍意义的因素，这些因素既可以为这些国家或社会所吸收，也可以为其他一些国家或社会所吸收，也就是说，这些因素具有人类社会的一般性特征。借鉴世界司法文明成果就像一个需要输血的人必须要选择与自己血型相融的血液一样，是不可任意进行的，对发达国家司法制度的有益经验加以借鉴必须从中国国情出发，必须考虑中国国情能否为被借鉴对象提供必备的运行支持条件，把借鉴的过程理解为一种本土化的过程。以法院的违宪审查制度为例，世界上已经有将近一半的国家建立了这种制度，应该说，这一制度已经在某种程度上具有了一定的普遍性。但是，这一制度在很大程度上只在以美国为代表的欧美国家获得了成功，而在以拉美国家为代表的采用这一制度的第三世界国家非但没有收到预期成效，有时甚至引起国家的混乱。这是因为，法院违宪审查制度的确立需要一个国家的社会成员能够普遍地具有分权观念作为制度基础条件，只有具备了建立违宪审查制度的观念前提，才能在制度设计与制度观念之间形成良性互动状态。就拉丁美洲国家而言，在这些国家赢得独立之时，继承并维系的是一个封建社会的基本结构，这种社会结构并没有发生过产生宪政分权观念的历史，虽然这些国家纷纷仿效美国建立了法院违宪审查制度，但对于社会大众来说，并不具备建立这种制度所需要的认识基础，或者说，他们并不需要这种司法制度。亨廷顿就曾指出：“在拉丁美洲，美国的政治目标——选举、民主、代议政府、多元制、宪政制度——和拉美的社会目标——现代化、改革、社会福利、更平均地分配财富、发展中产阶级——之间，存在着一种内在的冲突。在北美历史上，这两类目标并不冲突。而在拉丁美洲，它们却常常截然对立。”就中国司法制度的发展来说，有必要吸收人类司法文明发展的有益成果，特别是那些具有程序技术意义的普遍性价值观念，但是，必须充分考虑到中国特定的国情条件，只有这样，才能使当代中国的司法制度发挥出预期功效，才能使司法制度在国家政治制度整体功能中发挥出其应有的积极价值。

坚持社会主义司法理念

当前，人民法院的改革发展进入了一个新的历史时期。明确并深化社会主义司法理念，对于促进人民法院改革，完善和发展社会主义司法制度，具有极为重要的理论指导意义。因此，有必要对这一科学命题所涉及的相关理论与实践问题进行深入的探索。

一、社会主义司法理念的认知背景

所谓“理念”就是原理、信念或价值观，通常表现为一种制度在建构和确立过程中遵循的指导思想、原则和哲学基础，并体现在具体制度的实际运作之中。社会主义司法理念是对社会主义司法的本质规定性、功能要素、实践标准的体系化思考，是构建司法体制、工作机制及司法程序的理论基础或指导思想。

社会主义司法理念是建立在一定的观念与实践基础之上的，并由此形成了自身的认知背景。正确认识社会主义司法理念的认知背景有助于更好地理解其基本逻辑与理论轮廓。为此，可以从以下三方面来理解社会主义司法理念的理论与实践渊源：

（一）中国古代司法传统观念

自清末以来，完整意义上的中国古代司法传统观念已经不复存在，但是，这只能说明它不具有了正式制度的表现形式，在人们的社会生活中仍然以一定的法律意识与观念特别是司法评价标准等非正式制度的方式顽强地存续并表现出来。中国传统司法观念在总体精神上表现为国家至上，漠视个人权利；道德至上，法律依附于道德，追求实质合理，缺乏程序意识。显然，这不适应现代社会需要，与社会主义司法理念要求不同。但是，中国传统司法观念强调法律与道德的融合，注重法律对社会的亲和力，这对于社会主义司法的发展仍然具有不容忽视的现实意义。受中国古代主流意识形态儒家思想的长期熏陶，中国古代司法传统注重通过法律的实施实现对社会成员的道德教化，法律不过是道德教化的载体，从而导致人们更习惯于运用伦理道德标准而不是法律标准对国家的司法活动和其他人的行为进行社会评价。这种社会评价态度即使是在今天也没有得到根本性的转变，仍然以特有的“历史惰性”沉淀于当代民众的法律意识与观念之中，在相当程度上影响着当代民众对法院司法活动的外部评价。因此，社会主义司法理念应积极自觉地缩小法律职业逻辑与大众社会生活逻辑之间的差异，使法院司法活动不仅具有法律效果的正当性，也要有外部社会效果的合理性，实现法律效果与社会效果的统一，促进法官职业的法律评价标准与人民群众道德评价标准的逐步融合。只有这样，社会主义司法理念指导下的司法实践才能适应人民群众现有的法律意识水准，获得人民群众的认可。

（二）社会主义司法制度的历史实践

社会主义司法制度的历史实践肇始于新民主主义革命根据地时期，定型于建国初期，发展于改革开放时期。在这一历史过程中，社会主义司法理念不断得到丰富和发展，在社会主义司法实践中逐步形成了以下几方面的基本指导原则：

1. 坚持共产党的领导和人大监督。在我国，中国共产党是社会主义事业的核心力量，共产党的政策和国家的法律以各自不同的制定程序和表现方式表达了党对国家政治、经济、社会生活进行治理的基本主张。一方面，法院是党委领导下的职能机关，必须服从党的领导。法院工作要充分体现中国共产党在社会主义司法领域的执政理念和执政方式的内在要求，保证党的路线方针政策在法院工作中得到具体的贯彻落实。另一方面，法院审判工作必须置于人大监督之下，保证党领导人民制定的国家法律得到正确实施。

2. 要始终维护最广大人民群众的根本利益。人民当家作主是社会主义民主政治的基本要求之一，因此，社会主义司法必须充分体现全体人民的意志和利益，努力实现好、维护好、发展好广大人民群众的利益，从审判工作的角度促进党执政基础的进一步巩固。

3. 要自觉地把实现社会公平与正义作为人民法院的社会责任。如果说，司法公正要求法官应该具有法律之内的思考视角和法律责任感，那么，社会公平与正义就需要法官同时兼备法律之外的社会视角和社会责任感。在这里，社会公平与正义较之司法公正具有了更高层次的时代意义，从而使社会成员的权利诉求可以不因社会成员之间存在的诉讼资源和诉讼能力上的事实差异，平等地获得司法救济。

4. 按照社会主义法治的内在要求，促进实现国家管理的法治化。法治的要义在于，经济的社会的问题都有可能转换为法律的问题，通过法律程序得到解决。因此，人民法院不仅始终应“依法司法”，更要为社会成员对行政机关和社会组织的权利诉求依法提供司法救济渠道，增强这些权利诉求的“可诉性”，使行政机关和社会组织的社会管理行为始终受到法律的监督与制约。

（三）全球化时代的司法现代化趋势

对于我国而言，司法现代化的发展趋势集中体现为由国家本位型司法向程序本位型司法类型的转型。程序本位型司法权的基本特征在于，立足于当事人的权利救济，司法权的整个运行过程都依赖于一套合理、稳定和具有可操作性的程序，司法活动的每一个过程和环节都要受到相应的程序规则的限制，只有受到这种程序规则限制的司法权才具有正当性和可预见性，亦即，没有程序就没有司法权。具体来说，（1）司法权为纠纷当事人“接近司法”提供制度性保障，以此创造一个平等地保护每个社会成员法定权利的社会秩序，进而求得统治秩序的稳定。（2）程序在司法权运行过程中具有独立的价值诉求。法官的判断地位具有中立性，对双方当事人的主张给予平等的对待；当事人的诉讼主体地位得到尊重，能够按照法定程序规则就案件的事实问题和法律问题进行具有法律意义的交流和论证；法官的判断标准呈现出强烈的“规则中心”色彩，从而有效地维护了司法权运行过程的完整性，减轻了法官的判断责任，使司法判断具有了形式合理性。（3）法官群体的职业化要求得到充分发展，法官具有独立的判断地位和与法律职业相适应的法律思维方式，即对于社会纠纷能够尽量按照法律的普遍性和形式性的规则及法律程序使其转换为权利义务问题来进行判断并得出判断结论；法官群体能够形成职业共同体，并建立、完善与法官判断活动特性相适应的选拔任用、职业伦理、纪律奖惩以及职业保障制度。这一点体现了我们参与国际生活，与世界对话的趋势要求。

二、社会主义司法理念的功能要素

理念的生命力存在于对实践的指导功能与作用之中。社会主义司法理念的合理性在于其对完善社会主义司法制度的指导功能之中，社会主义司法理念的基本内涵决定了其具有以下几方面的功能要素。

1. 维护宪法和法律的价值

在我国，宪法和法律是党领导人民制定的，体现了党的主张和人民的意志，党的主张和人民的意志本身就是一系列价值选择的结果，因此，维护宪法和法律的价值，就是维护党的主张和人民的意志。在解决权利冲突与纠纷的各种制度化方式中，通过法官对事实问题和法律问题的判断排除法运行中的障碍，以维护法的价值是审判权所独有的功能，这就为社会主义司法理念发挥上述功能作用提供了基本条件。因此，社会主义司法理念在司法制度的建构与运行过程中，通过相应的制度安排，如立法机关与审判机关的职能划分、审判级别监督程序等，使法院和法官始终以法律适用者的身份出现在法律适用过程中，并以此界定审判权的运行边界，保证以法律价值形式所体现的党的主张和人民的意志得到有效维护。

2. 维护社会和谐稳定

深化改革，加快发展，离不开一个和谐稳定的社会环境。近年来，由经济因素、社会因素引发的刑事犯罪案件居高不下，社会治安形势较为严峻；各类社会矛盾与纠纷不断增加，身处解决矛盾前沿的人民法院已经成为社会矛盾的聚合点。社会主义司法理念在社会主义司法制度的建构与运行过程中，应通过相应的制度安排，引导审判机关把维护社会和谐稳定作为审判工作的基本政策目标，充分挖掘、发挥审判职能潜力，打击犯罪，化解矛盾与纠纷，为改革与发展营造一个长期稳定的社会环境。同时，要适度延伸审判职能，加强对人民调解工作的指导，参与社会治安综合治理，使矛盾纠纷和不安定因素的处置工作规范化、制度化，最大限度地把不稳定因素消除在萌芽状态。

3. 促进社会主义经济社会发展

法院审判工作必须坚定不移地服从、服务于党在不同时期的中心工作，把法院工作融入到党和国家发展的大局之中，保证党的路线、方针、政策在法院各项工作中得到切实的贯彻执行。这就要求社会主义司法理念在指导相应的制度安排时，既要坚持审判权所固有的启动与运行方式，又要在审判权启动之后，在审判工作指导思想上服从、服务于党和国家的中心工作大局，积极地运用各种技术性、程序性的法律手段和措施使社会纠纷的解决方案能够更为符合国家经济建设及社会发展大局的要求。为此，一方面，要不断完善服务渠道。人民法院应积极地与有关经济管理部门进行信息交流，熟悉、掌握经济发展动态，提高司法服务工作的前瞻性和主动性。另一方面，要不断完善服务评价标准体系，提高法官服务中心工作的积极性，促进法院服务中心工作质量与效率的稳步提高。

4. 促进社会主义司法制度的不断完善

当前，受诸多主客观因素的影响，一些法院的改革措施还没有充分发挥出预期效果，制约了人民法院司法能力的进一步提高，影响了人民群众对法院改革的心理期待。今后相当长一段时间内，我国经济社会发展面临的矛盾和问题可能更复杂，更突出，人民群众的权利意识和权利救济意识将不断增强，人们思想活动的多元性、多标准性、多变性、差异性也将有所增强，对社会主义司法的社会整合能力提出了更高要求。在这一形势条件下，人民法院所面临的主要矛盾仍然是人民群众日益增长的司法需求与司法功能相对滞后的矛盾。这就需要我们认真地思考应该以一种什么样的司法理念来进一步完善对法院改革与发展实践的指导，使法院改革措施既能符合司法权运行规律的要求，又能适应特定的现实国情需要；既有指导理论上的科学合理，又有司法实践上的切实可行，并在两者的统一中充分地实现人民群众的根本利益。社会主义司法理念不仅强调制度设计的理论合理性，也极为关注制度运行的实践有效性，并通过实践上的有效性来检验理论上的合理性，在理念与实践、制度安排与制度实效之间形成结构性均衡，使社会主义司法制度的不断完善能够逐步地适应上述形势背景所蕴涵的实践需求，科学地发展，平稳地发展，实现目标合理性与过程合理性的统一，减少或避免法院改革与发展实践中问题的出现。

三、社会主义司法理念的实践标准

社会主义司法理念在以往的法院改革过程中得到了充分体现。通过改革、规范审判程序，提高司法透明程度，体现了对尊重保障当事人权利，维护司法公信力的追求；通过加强司法救助，让经济困难的当事人打得起官司，体现了对困难群体的司法人文关怀和社会公平与正义的追求；通过对宋鱼水等新时期优秀法官的宣传，体现了对维护社会稳定，促进经济发展，实现法律效果与社会效果相统一的追求；通过强化法院内部监督，严格追究违法审判责任，体现了对树立正确的审判权力观，廉洁司法，有错必纠，维护好、实现好人民群众切身利益的追求；通过加强法官职业化建设，大力提高法官职业素质，体现了对建立高素质法官队伍，切实为人民群众掌好、用好审判权，实现社会主义司法目标的追求。

我们必须充分认识到，法院的改革与发展首先应主动自觉地适应外部环境，并在适应中积极地解决应该解决并能够解决的问题，努力实现维护人民群众根本利益的目标，而不应苛求外部环境适应法院的改革与发展。法院应该集中精力办好自己的事情，稳步提高办案质量和法官队伍素质，在提高法院审判工作的社会公信力上下工夫，求实效，取信于民。当前，深化并体现社会主义司法理念上应努力做好以下几项工作：

1. 建立完善适应国情需要的诉讼模式

在诉讼模式的选择上，既要发挥法院作为国家审判机关的主导作用，又要避免大包大揽，包打天下；既要充分发挥当事人的诉讼积极性，又要有效促使法院在当事人诉讼能力欠缺时及时给予必要的司法关怀。（1）这符合中国的司法传统。中国古代司法传统的主线是强调国家的道德教化职能，虽然导致了法律与道德在司法标准上的相混淆。但实际上反映了中国人在理解纠纷解决问题上的一种根深蒂固的文化态度，即重视司法活动的实质合理性，强调案件事实的客观真实，而对形式合理性缺乏足够的认同。一个国家的诉讼文化在诉讼模式选择上的影响力量，值得我们在司法改革中认真地思考，使诉讼模式的选择更能符合中国人的诉讼文化观念习惯，增强诉讼模式与社会成员之间的亲和力。（2）这有利于实现司法机关与当事人之间的司法资源和诉讼资源的合理配置。诉讼模式的选择在一定意义上就是如何配置司法机关与当事人之间资源投入比例的问题。受现实国情条件的制约，中西部地区、农村地区和城市的低收入群体无论是在自身的诉讼能力方面，还是通过法律服务市场获得诉讼能力的经济支付能力方面都不足以适应对当事人诉讼能力的过高要求标准，离不开对国家主导作用的依赖。因此，国家主导的诉讼模式作为过渡阶段的诉讼模式更能符合中国的国情，并在此基础上，不断朝着当事人发挥更大作用的方向发展。

2. 注重司法判断标准的社会效果，实现法律效果与社会效果的辩证统一

任何一个国家的法院审判工作都会有法律与社会两方面的效果，增强法律与社会之间的融合度，必然要求法律效果与社会效果的统一。目前的我国还缺乏与现代社会发展相适应的法治氛围。人民群众更愿意从道德实质合理性及自身利益的角度而不是从法律形式合理性和公共利益的角度来评价法院的司法裁判。而且，人民群众的权利意识虽然在不断增强，但是，还没有对权利与责任的内在关联形成相协调的认识。同时，受各种因素的影响，人民法院的司法权威还不能够在短时间内得到足够的提升。这就要求社会主义司法理念必须立足于社会主义初级阶段的现实国情，充分认识到道德评价标准与法律评价标准之间的差异，积极促进两者之间的有机统一。因此，要发挥社会主义司法理念对司法制度建构和运行的思想指导作用，确保法官在司法程序运行中辩证地运用政策分析与法律分析这两种认识手段，通过对案件事实的正确判断，科学地解释法律，实现司法活动法律效果与社会效果、法律评价标准与道德评价标准的融合与统一。

3. 为当事人提供诉讼便利，保证人民群众分享法院改革与发展的成果

（1）正确处理好判决与调解的关系。判决与调解作为两种

不同的结案方式，体现了法院对解决社会纠纷两种不同的思考路径。当前较为现实的选择是，能调尽量调，当判则判，调判结合。过分强调判决的地位与作用是不现实的，法院的现状及面临的外部形势还不具备这样的现实条件；过分强调调解的作用，乃至限定调解指标也是不科学的，这会相对弱化审判功能，不利于社会主义法治的长远发展。（2）加大解决涉诉信访工作力度。当前，当事人越级上访，缠访闹访现象比较突出，人民法院面临着很大的信访压力。为此，一是要及时倾听意见，做到有错必纠，只有对错判案件实行及时纠正原则才能从根本上减少乃至消除损害群众利益的审判行为。二是要全面推行信访工作责任制，通过领导包案、挂牌督办等方式，将信访责任层层分解，逐级落实，一级抓一级，以强化责任推动信访工作的有效开展。三是要成立专门的涉诉信访工作机构，提高信访工作的权威性和协调力度。以“有利于维护社会稳定、有利于双方当事人矛盾的解决、有利于经济发展”为原则，本着真正解决问题的态度，对信访案件进行认真复查和细致的分析研究，多种形式、多条渠道、多方协作解决问题。（3）在努力做好司法救助工作的同时，科学设定诉讼费收取标准，促进诉讼费用管理的科学化。目前，有些案件的诉讼收费标准过高，有些案件的收费标准又过低，应进行必要的调整。同时，可以探索在一定条件下建立败诉人承担有关费用的制度，更加公平地分散当事人的诉讼风险，让人民群众更容易走进法院。

4. 强调法官的社会责任，注重案结事了

法官是否尽到了社会责任，在相当程度上影响着一个纠纷是否得到了实际上的公正而有效的解决，这需要正确理解体现法官社会责任的司法意义。纠纷是当事人之间权利义务关系的应然状态受到破坏，当事人之间的诉讼主张处于对立冲突状态的一种法律状态。这一法律状态通过法院的司法裁决可以恢复到法律的应然状态。因此，“定分止争”是从法律层面对纠纷的解决设定了标准，通过对证据的认定、法律的适用、程序的保障等因素来确定。同时，纠纷不仅是一种法律状态，也是一种客观事实，纠纷在法律上得到解决并不等于在事实上得到解决。这就需要法院：(1) 不仅要关注案件的解决而且要注重纠纷的解决。法院要关注纠纷问题的解决，而不仅仅是案子的解决。法院是国家机关体系的组成部分，应通过自身的职能及与其他国家机关的协调配合，切实承担起法院作为国家审判机关的社会责任，把纠纷所涉及的问题努力予以解决好。(2) 法院的社会责任是有限的，不能越俎代庖。纠纷产生于法院之外，纠纷解决的事实风险不能由法院承担，特别是在穷尽司法手段和其他必要的手段情况下，法院的职能不可能无限延伸，使当事人的纠纷解决期望值限定在合理范围之内。必须明确的是，社会公平与正义是相对的，不能超越历史与现实；它是具体的，总是在一定的制度环境限定之下的公平与正义。

5. 实现审判权的科学管理，推动法院内部管理水平的稳步提升

责任与监督是管理的要义，法院内部管理水平的稳步提升，主要动力应来自于有效的法院内部监督。通过完善相关制度与机制，力争主动发现问题、主动解决问题，避免审判权力的滥用。这种监督即司法机关内部专设的监督职能部门对法官的司法判断行为和非司法性的法官个人行为进行的监督，这种监督方式是非审判程序监督，着力解决法官群体自身职业素质特别是在廉洁自律和职业道德方面存在的突出问题。这种监督对目前我国法院的发展是必要的，是法院发展过渡时期的一种科学选择。由于历史和现实种种因素的影响，相当数量的法官目前并不具备应有的法官职业能力素质，在审判实践中出现的违法审判问题往往与法官自身存在的主观故意有着密切联系。为此，从法官的现有素质状况出发，针对现实的司法环境，在法官的内部监督上应该以责任制约审判权为基点，建立起责任型审判权内部监督制约机制。从

而使对法官的监督能在一种客观、公正的机制保障基础上进行，以保证法官廉洁自律，公正司法。

社会主义司法理念是一个开放的、需要在实践中不断丰富和发展的思想体系，我们要积极稳妥地为社会主义司法理念的实践运行提供机制保障，努力推进社会主义司法的理论创新和制度创新。

法院改革的发展观

发展是党执政兴国的第一要务，也是人民法院面对的时代要求。实现法院的科学发展，必须紧紧围绕不断适应社会需求、提高司法能力这一重点，必须针对在构建公正、高效、权威的社会主义司法制度过程中人民法院承担的职能责任，深入探求并努力把握中国特色的司法规律，正确处理好涉及并制约法院科学发展的有关问题。

马克思主义哲学是我们观察和解决问题的世界观和方法论，是科学发展观的哲学依据，只有以此为本体论基础，才能正确理解法院科学发展的实质。唯物辩证法认为，发展是事物辩证的运动过程，特指事物前进的运动，由低级形态向高级形态的运动，由小到大、由旧到新、由落后到进步，不断推陈出新的创新运动。

1. 法院的改革发展是矛盾运动过程中的发展

矛盾是辩证法的起点，有矛盾才有发展。发展就是事物内部矛盾不断产生、不断解决的过程，而矛盾意味着事物之间及事物本身各构成要素之间的对立统一，发展就是对立统一的递进过程。从这个角度看，法院的科学发展就是发现矛盾、认识矛盾、解决矛盾的过程。在社会主义市场经济不断深化的今天，法院工作面临的形势可以集中概括为“三高”，即人民群众评价法院工作的“高标准”，法院审理与执行案件的“高难度”，法官职业在社会不正之风侵蚀下的“高风险”。这一形势的实质是对法院现有工作机制的制度性供给能力的要求，人们希望能够享有法院改革与发展带来的更为便捷、更为公正地实现自身权利诉求的好处。但是，国家社会积淀下来的法院现有工作机制不可能在短时期内一下子满足人民群众的这一愿望与要求。解决这一矛盾，处理好改革、发展、稳定关系仍然是今后一个时期法院工作的关键。要处理好这三者间的关系，我们面临的是法院日益成为社会矛盾纠纷焦点的趋势与法院自身实际处理能力间的矛盾；不正之风的侵蚀影响与法官的道德素质间的矛盾；法院维护社会发展、稳定责任与现有法院管理机制与社会有关管理机制之间的矛盾，等等。这些矛盾是今后法院改革与发展实践中面临的主要矛盾，法院改革与发展的实践动力也来源于此。

2. 法院的改革发展是全面协调的发展

社会的发展应当是系统的、全面的、保持内在各要素间相互协调的发展，必须兼顾、协调好事物之间、事物内部各构成要素之间的关系，而不能是片面的、局部的、单一要素突进的发展。也就是说，任何事物健康、科学的发展必然是整体协调的发展。法院的基本功能在于解决社会纠纷，打击犯罪，维护法律的价值观念体系。法院改革与发展的首要目的在于增强自身的这一基本功能并以此为发展的目的追求，否则，法院的发展意义就会受到质疑。审判工作是法院发展的中心所在，法院的改革与发展应主动地适应社会经济发展的需要，不断提高自身的社会纠纷解决能力和有效性。但是，开展审判工作，解决社会纠纷总是在一定制度条件下进行的，因此，一方面，从法院内部来看，这不仅仅涉及诉讼制度的完善，还涉及法官职业制度、法院内部管理制度等方方面面的问题。这些矛盾与问题能否得到有效的解决，直接影响着诉讼制度的运行质量，进而决定着社会矛盾与纠纷能否在公正科学的程序环境中得到妥善解决。我们应该把法院自身的发展看成是一个制度系统的发展，从而使制度系统的各要素之间能够形成良性互动。另一方面，从法院外部来看，法院的改革与发展还要与国家的其他相关制度相协调。司法制度是国家政治制度的组成部分，是政治制度系统的一个构成要素，其自身发展不是在一种孤立的环境中所进行的封闭式发展，而是在整个国家的政治制度系统各相关要素制约下，在政治制度系统内的一种开放式发展。因此，我们不仅要注意到，法院的发展是包括法院管理、审判程序、法官素质等在内的自身的发展，而且还应注意到法院的发展与司法制度及其相关政治制度之间的协调发展，亦即法院的自身发展必须服从于国家政治制度的发展。

3. 法院的改革发展是可持续发展

中国的现实国情条件决定了法院的发展应该是一个渐进的历史过程。这就要求我们，发展过程中仅仅关注解决摆在我们面前的问题是远远不够的，还要立足于本土资源与长远发展的需要，更要敞开胸怀，注意吸收人类司法文明发展的有益成果与经验，逐步形成符合司法运行规律，符合全球化发展趋势，又能与现实国情基本相适应的发展目标模式，这样，法院的发展才能不仅具有现实的实践意义，也能够具备对今后社会长远发展的实践价值。因而，法院的发展应该是一种可持续的发展，应按照统筹现实与长远协调的发展要求，逐步消解发展障碍因素，注意控制发展过程中通过改革调整利益的时机及力度，充分考虑社会各阶层的承受能力，在稳定中求发展，在小发展中求大发展，在适应国情的发展中求适应全球化需要的发展。以法院审判、法院管理、法官素质等为基本发展点，发挥出关键环节的辐射作用，不断地丰富并有效地运用法院发展的制度资源，进而带动、实现司法制度的体系性创新与完善。

在法院改革与发展实践中，正确认识法院科学发展的内涵具有十分重要的现实意义：

1. 有利于保持法院科学发展的正确方向

法院的改革与发展是建设社会主义民主政治，发展社会主义政治文明这一国家发展总体目标和历史进程的重要组成部分。社会主义民主政治的实质是党的领导、人民当家作主和依法治国的有机统一。因此，法院的改革与发展必须从根本上符合社会主义民主政治和政治文明的本质要求，并能够为其提供充分的制度支持，这也正是法院改革与发展的目的所在。法院的改革与发展是法院现有工作机制的自我完善，必须在党的领导下，把最广大人民群众的根本利益作为法院改革与发展的出发点与落脚点，正确反映和兼顾不同方面群众的利益，正确处理法院发展与相关方面发展的关系，使相关制度与机制在服从、服务于党的中心工作，维护和实现人民群众根本利益方面发挥出整体的社会效果。

2. 有利于克服法院发展过程中出现的两种不正确认识倾向

一是保守倾向，具体表现是习惯于留恋计划经济时期形成的法院管理体制，过高估计司法制度发展的困难与障碍，不想变也不愿变，因此，宁肯因循守旧，也不敢越雷池一步；二是激进倾向，具体表现是对司法制度发展过程中出现的困难估计不足，即使是看到了困难也不愿意对这些困难与障碍作出任何妥协或让步，主张激进式的变革，企望在较短时间内完成司法制度的现代转型。这两种倾向对实现法院的科学发展都是不利的，前者将导致创新动力不足，司法体制改革难以启动；后者由于带有情绪化的色彩，容易大起大落，可能给法院改革与发展带来负面影响。两者的共同之处在于，没有正确认识法院自身发展与发展环境之间的制约关系。因此，只有树立科学的法院改革发展观，才能以尽可能少的代价与成本形成一个保障司法制度功能正常输出所需要的制度结构，法院改革才有可能获得科学的稳步发展。

司法改革的现代化与本土化

司法改革的现代化与本土化问题既是一个理论目标问题，也是一个实践操作问题。实际上，法院改革发展的过程就是一个如何处理好司法现代化与本土化关系的过程。在这一过程中，正确认识、理解司法现代化与本土化之间的结构关系及其实践标准，有助于为实现司法现代化与本土化的有机结合提供有力的观念指导和正确的实践路径，使人民法院工作机制创新与完善既能符合当代司法的全球化发展趋势，又能够适应我国特定的现实国情，进而稳步提升法院改革的实际成效。

一、司法现代化与本土化的关系

司法的现代化过程是指一个国家的司法制度从传统型向现代型转变，相关现代性制度要素不断增加的过程，是司法的现代化要素通过与历史上形成的本土法律文化传统相互碰撞、冲突、排斥、融合不断适应社会发展需要的演化过程。

有些情况下，司法的现代化因素与本土化因素共存于一个国家司法制度的发展演变过程中，前者体现了司法制度发展方向上的普遍性，后者则意味着司法制度发展过程中的特殊性。事物的发展从来都是矛盾普遍性与特殊性相互作用的结果，当代中国司法制度的发展也不例外，同样需要正确处理好司法现代化与本土化之间的结构关系。为此，应在司法制度发展实践中注意把握好“四个结合”。

（一）共通性与个性相结合

各国司法制度在各自发展过程中，在解决社会纠纷方面积累了某些技术操作层面的共通性程序方式（诸如程序保障、公开审判、审级监督等），在一定意义上，这些共通性程序方式安排在体现人类共同特点的基础上，还体现出了人类的司法智慧，现在有相当一些已被视为各国司法现代化应普遍适用的基本标准。在人民法院改革实践中，一方面，应认真对待这些标准，因为我们需要同世界对话并不断融入国际社会，所以，我们应不断促进社会主义司法制度的技术安排能够更为充分地符合世界司法制度的程序规则和司法活动基本规律，这应该是推动我国依法治国方略贯彻实施的一个重要原则。另一方面，要充分认识由于各国文化传统不同而产生的司法发展模式个性化特点，在科学发展观指导下，正确地处理好个性化特点和现代化要求的结构关系，努力寻求这两者之间一种动态的、相对和谐的结构关系。积极探索符合我国国情的司法现代化道路。我们并不否认，作为一种历史现象，西方社会的司法具有现代化的特征，但西方社会现行的司法制度并不能等同于司法的“现代化”，西方国家的司法制度也不可能完全代表人类司法文明的发展坐标。从整个世界的角度讲，西方国家的司法发展模式也是个别的，也是具有西方特色的，即使在已经实现司法现代化的西方国家中也存在着不同的发展模式，如英美代表的是进化理性主义的发展模式，而德法等国则代表着建构理性主义的发展模式。因此，不同国家完全可以从不同的国情条件出发，探索出能够适应本国国情需要的司法现代化道路。

当代中国司法现代化所面临的国情条件存在两方面的突出问题，一是社会成员的法律意识偏低，主张权利的意识与履行义务的自觉性没有得到同步提高，当前法院涉诉信访工作中“缠访”现象的存在就是一个实际证明；二是司法判决的法律评价标准与道德评价标准并存。与西方国家的司法现代化相比较，当代中国司法现代化所要解决的问题往往不是共时性，而是历时性的。同时面临着个案性的司法公正与社会性评价效果的双重挑战。因此，当代中国的司法现代化进程面临着几千年根深蒂固的封建思想文化与大量涌入的西方文化相互交织、相互作用的独特发展环境，这样的问题在西方国家的司法发展实践中是找不到解决答案的，只能依靠我们自己在特定的国情条件下深入地研究，逐步探索，不断地发现，才能寻找到中国式的司法现代化发展道路。

（二）传统优点与现代基本特征相结合

实践证明，任何一个国家司法制度的形成都是在承袭本国司法传统基础上，借鉴国际先进国家司法经验的结果。现代特征提供制度建设发展方向的参照，传统优点则提供制度发展基础的个性特征。在这里，我们必须清醒地认识到，现代的并不一定都符合未来的发展趋势，传统的也未必都需要抛弃。我们必须用马列主义的科学发展观正确地加以甄别，去粗取精，去伪存真，才能得出正确的结论。在中国司法现代化进程中，必须始终坚持中国历史上优良的司法传统与发达国家中符合世界发展趋势的先进经验的有机结合。发达国家的司法制度在其自身的发展演变过程中，对经济和社会发展过程中出现的问题已经作出了有效的制度安排并推动了本国社会与经济的发展，当代中国在发展社会主义市场经济和民主政治过程中也会遇到这样或那样，相似或不相似的问题，同样需要司法制度对这些问题提供制度性的解决方案。

因此，在对发达国家先进的司法经验的借鉴中，必须坚持从实际出发。比方说，这些成型经验中更为注重甚至绝对化地法律的形式合理性（如辛普森案件），如果完全照抄照搬，起码在目前情况下，容易在司法职业思维逻辑与大众生活逻辑之间形成对立，使司法裁判在具有法律效果正当性的同时，失去外部社会效果的合理认同。对此，应通过对中国古代司法传统观念现实存在的承认，认同法律与道德相融合的现实，注重法律对社会的亲和力，尽最大努力在不违背法律的形式合理性前提下，考虑对道德标准实质合理性的认同，特别是注重通过司法调解解决纠纷，尽可能缩小法律职业逻辑与大众社会生活逻辑之间的差异，促使当事人能够对社会纠纷产生的道德根源进行必要的反思，把外在的法律义务转化为内在的道德义务，从而在深层次上不断增强对国家司法活动过程与结果的认同感，进而使通过借鉴外来优良法律资源所形成的相关制度具备现实实践的社会根基。

（三）学习借鉴与条件环境允许相结合

司法制度的任何一项内容都是在一定的环境条件下生成的，环境条件决定着制度的内容和变化。在一定意义上，改革措施是改革主体在一定环境条件下进行相关选择的结果。在认识、理解乃至借鉴外来优良司法经验时，只有充分理解其产生的背景条件，才有可能形成对相关制度的真正理解。例如，前一时期，有观点主张，应仿效发达国家，在法官的纪律与惩戒上实行弹劾制的做法就有些欠妥。这一观点的不当之处在于没有把法官弹劾制与其产生的背景条件结合起来考虑。发达国家在这一制度安排上体现出了这样一个思考前提条件，即只有真正具有相应职业能力的优秀法律人才才能进入法官队伍，成为法官群体的一员，这是法官所以成为法官的基本前提，对于任何一个已成为法官的人来讲都是一种巨大的职业荣誉，为了保持这种荣誉，法官自然能够自觉地守住道德底线，进而成为公众行为的表率，已经具备法官的职业判断能力。法官的价值观及信念在相当长的时期内都应该是比较稳定的，一般不会发生任命前与任命后完全不一样的变化。而我们相当数量的法官并不具备实行弹劾制国家法官那样的法官职业能力素质，由于历史和现实的因素影响，在审判实践中出现的违法审判问题往往与法官自身存在的主观故意和过失有着密切联系，目前我们还不具备实行法官弹劾制所需要的法官群体素质条件。因此，弹劾制的做法并不适合中国的法官群体。如果不能充分理解制度赖以存在的背景条件，进而盲目地引进外来司法方法中的相关做法，不仅其实施的有效性难以保证，而且，也容易与原有的本土制度体系做法造成不应有的矛盾与冲突，削弱制度体系的社会调控作用。

（四）目标与过程相结合

确定现代化的发展目标，需要科学发展观的指导和对民族文化传统、先进司法理念的深刻理解。实现司法现代化的预期目标需要一个历史的渐进过程，在实现发展目标过程中，必须确保过程的连贯性、稳定性，避免过程出现不应有的断裂，才能逐步接近并实现。当前，受诸多主客观因素的影响，一些改革措施还没有充分发挥出预期效果，制约了人民法院司法能力的进一步提高，影响了人民群众对法院改革的心理期待。今后相当长一段时间内，我国经济社会发展面临的矛盾和问题可能更复杂，更突出，人民群众的权利意识和权利救济能力将不断增强，人们思维活动的多变性、差异性、复杂性也将有所增强，对社会主义司法的社会调控能力提出了更高要求。在新的历史形势条件下，人民法院所面临的主要矛盾仍然是人民群众日益增长的司法需求与司法能力相对滞后的矛盾。

为此，在司法现代化实践过程中，必须通过每一项改革措施的成果积累，稳步提升整体改革的实际成效，让人民群众切身感受到切实的实惠与利益，分享法院改革发展的成果，从而在更大范围、更深层次上认同法院的司法现代化实践。应该说，这是确保法院司法现代化实践过程始终保持连贯性、稳定性所需要的最重要的社会支持力量。而且这种支持力量的来源是靠利益交换得来的，我们不要指望不通过努力而自然得来。因此，在司法现代化实践中，强调目标与过程的有机结合，有助于使法院改革措施既能符合司法权运行规律的要求，又能适应特定的现实国情需要；既有指导理论上的科学合理性，又有司法实践上的切实可行性，并在两者的统一中，以过程实践的实效性巩固、积淀司法现代化目标的正当性。同时，这也有助于把制度设计的理论合理性与制度运行的实践有效性统一起来，并通过实践上的有效性来检验理论上的合理性，在理念与实践、制度安排与制度建设之间形成结构性均衡，从而使社会主义司法制度的不断完善能够逐步地适应现实主义形势背景所蕴涵的实践需求，科学地发展，平稳地发展，实现目标合理性与过程合理性的有机统一，减少或避免司法现代化实践中问题的出现。

二、司法现代化与本土化相结合的实践标准

司法本土化与司法现代化科学结合的标准是尊重司法规律。在法院改革发展实践中，仅仅认识到司法现代化与本土化结合的必要性是不够的，更为重要的是，在实践中把握好这种结合结构的科学性，正确理解司法现代化与本土化相结合的实践判定标准。具体来说，司法现代化与本土化相结合的实践判定标准包括以下几方面内容：

1. 人权保障。司法现代化与本土化的相结合必须以权利本位为导向，使人民群众的政治、经济和文化权益得到切实尊重和保障，自觉地把人权的充分保障作为衡量司法制度合法性与有效性的最终标准和尺度。人权既具有普遍性，也具有特殊性。人权的普遍性意义在于，作为一个人，不论其种族、肤色、性别、语言、宗教、政见、财产、教育等状况如何，都享有普遍的大家都有的人的基本权利。同时，人权还有特殊性，人权的范围及其实现程度要受经济、政治、文化等种种条件的制约；它的内容与形式也受一个国家的历史传统及宗教和民族特点等方面因素的影响。在不同国家的不同历史发展时期，在人权制度的具体模式以及人权实现的具体程度上，总是存在着不一致性和差异。因此，司法改革实践必须充分考虑到人权的普遍性和特殊性的内在要求，既要为所有社会成员的人权提供制度保障，又要从本国国情出发，不能脱离现实实际，超越所处的历史阶段，逐步地提高人权保障能力。

2. 公平公正。当代中国的司法现代化与本土化的结合实践

面临着司法公正与社会公平正义的双重挑战，司法现代化与本土化的结合应自觉地把公平公正作为自身的实践判定标准。在当事人如何能有效地运用司法制度维护自身利益的问题上，司法公正更多的是强调当事人之间法律地位的平等而不是其对司法制度运用能力的不平等，而这种运用能力的不平等在它看来则是司法制度平等地适用于当事人所带来的自然结果。因此，司法公正仅要求法官应该具有法律之内的思考视角和法律责任感。社会公平与正义强调国家有道义上的义务与责任使所有的社会成员都能够事实上无差别地运用司法制度来维护自己的合法利益。事实上这两者之间在标准上是有差别的，在司法制度的运行结果上，社会公平与正义更愿意把这种结果理解为建立在国家道义责任基础上，具有某种平等主义倾向的结果，而不是司法制度特别是诉讼程序的自由放任的自然结果。因此，社会公平与正义则需要法官同时兼备法律之外的社会视角和社会责任感。在这里，社会公平与正义较之司法公正具有了更高层次的时代意义，从而使社会成员的权利诉求可以不因社会成员之间存在的诉讼资源和诉讼能力上的差异，而平等地获得司法救济。

3. 和谐司法。和谐的社会需要和谐的司法，司法现代化与本土化的相结合必须有利于促进司法和谐。具体来说，第一，司法职责分工要和谐。人民法院内部要在分工明确的基础上，相互配合，通过履行各自的职责，共同促进法律得到正确实施，确保社会主义法律所体现的党的主张和人民的意志落到实处。第二，司法过程各个主体之间要和谐。这需要法官能够切实尊重、维护当事人诉讼权利及选择。一是当事人享有自主实施诉讼行为的自由，即诉讼权利的行使与放弃依据当事人的自愿；在符合法律规定的条件下，自主选择有利于实现自己诉讼利益的诉讼手段，法官应予准许；在不违反法律规定情况下，当事人之间形成的纠纷解决合意应得到法官的确认和支持。二是实行公开辩论原则，使案件的事实问题和法律问题能够在规定的诉讼对话过程中得到解决。三是在发挥辩论原则的主导作用的同时，对于当事人在权利实现过程中遇到的无法克服的诉讼能力障碍，法官应适当介入，避免当事人之间在诉讼结构关系上的失衡。如在当事人因客观原因无法收集证据时，法官可以依职权调查收集证据。第三，司法工作模式要和谐。司法的基本职能在于，通过调整利益关系以解决社会矛盾和纠纷，这就要求司法工作模式能够立足和谐，促进和谐，减少、化解社会矛盾和纠纷对正常社会秩序的冲击。中国古代司法文化是一种和谐文化，不是对抗文化，始终强调法律与社会的融合，调解作为中国古代司法重要的工作方式在这其中发挥了很大作用，这对于社会主义司法仍然具有不容忽视的现实意义。当前，有必要弱化职权主义与当事人主义这两种司法工作模式的分立，要更多地发挥司法机关的主导作用，正确处理好判决与调解的关系，使社会矛盾与纠纷能够以一种更为和谐的方式得到解决。

4. 司法诚信。司法诚信的基本含义是，法官应诚实地履行法律适用者的法定职责，严格依照法律规定和公平原则适用法律，使社会成员正确的法律预期得以实现。从这个意义上说，社会诚信是司法诚信的前提，司法诚信是社会诚信的保障。司法诚信是国家公信力的基础。司法诚信的社会意义在于，司法诚信能有效地约束当事人按照法律预期从事社会行为，在与他人形成社会关系时，能够恪守信用，诚实不欺，从而使社会诚信得以维系。因此，司法诚信也是社会诚信的重要保障，一个社会如果失去了司法诚信，这个社会的信用体系迟早会瓦解。当前，司法机关的社会公信力不尽如人意，不要说普通老百姓，就是很多企业、事业单位都对打官司望而生畏，都对法官能否公正取证、当事人能否得到公正的裁决缺乏心理预期，都对判决能否及时、完整地执行缺乏信心，等等。因此，在法院改革发展中，必须将司法诚信作为司法现代化与本土化相结合的实践判定标准，进一步提升司法信誉，使司法判决成为社会诚信的保障。需要指出的是，强调司法诚信，目的在于把社会主义道德和司法职业伦理融入司法现代化与本土化相结合的实践过程之中，使法院改革发展的实践成效更具有道德品质和道德力量。

三、司法现代化与本土化相结合的重点问题

司法现代化与本土化实践必须坚持制度建设。在司法的现代化与本土化相结合过程中，对于那些经实践证明行之有效的做法要注意及时将其制度化，注意用法律的方式固定下来，为自身赢得正当性基础。给社会一种规范化指引。并以此检验司法现代化与本土化结合的实践成效。为此，应努力做好以下几项工作：

1. 建立适合我国国情的诉讼模式。在诉讼模式的选择上，选择一种真正适合我国国情的，所谓当事人主义与职权主义相结合的，不同地域有所侧重的诉讼模式。既要发挥法院作为国家审判机关的主导作用，又要避免大包大揽，包打天下；既要充分发挥当事人的诉讼参与作用，又要做到在当事人诉讼能力欠缺时给予必要的司法关怀。主要理由：一是这符合中国的司法传统。中国古代司法传统的主线是强调国家的道德教化职能，虽然导致了法律与道德在司法标准上混同与交叉。但却客观上反映出了中国人在理解纠纷解决问题上的一种根深蒂固的中华文化态度，即重视司法活动的实质合理性，强调案件事实的客观真实，而对形式合理性缺乏足够的认同。一个国家的诉讼文化在诉讼模式选择上的影响力，值得我们在司法改革中认真地考量，使诉讼模式的选择更能符合中国人的诉讼文化习惯，增强诉讼模式与社会成员之间的亲和力。二是这有利于实现司法机关与当事人之间的司法资源和诉讼资源的合理配置。我国地域辽阔，东中西经济文化差异太大，不像欧洲国家那样，具备较高的社会同质化程度。诉讼模式的选择在一定意义上就是如何配置司法机关与当事人之间资源投入比例的问题。受现实国情条件的制约，中西部地区、特别是农村地区和城市的低收入群体，无论是在自身的诉讼能力方面，

还是通过法律服务市场获得诉讼能力的经济支付能力方面都是存在问题的，离不开对国家主导作用的依赖。因此，国家主导的诉讼模式作为过渡阶段的诉讼模式更能符合中国的现实国情，但同时沿海发达地区，改革开放与世界接轨进行的比较早，且经济相对发达，多发挥当事人作用也是要给予考虑的。我国地域辽阔，地域差异明显，在制定政策时简单的一刀切是有问题的，应探索不同地区采用不同的诉讼模式，不同的当事人采取不同的诉讼模式，而且以当事人为主作出选择，我们需要的是在此基础上，渐进地朝着国家统一的当事人发挥更大作用的方向发展。三是特殊的国情就应采用特殊的诉讼模式。不要看别人是什么样的，怎么说的，关键要看我们需要什么。这才是真正的实事求是。

2. 注重司法判断标准的社会认知效果，实现法律效果与社会效果的辩证统一。任何一个国家的法院审判工作都会有法律与社会两方面的效果。增强法律认知与社会情理认同之间的融合度，必然要兼顾法律效果与社会效果两种效果协调统一。我们必须清醒地看到，我们要实行的法治对于我们来讲不是本土的，而是我们不得不接受的舶来品，目前我国还缺乏与现代社会发展相适应的法治氛围。人民群众更愿意从道德实质合理性及自身利益的角度而不是从法律形式合理性和公共利益的角度来评价法院的司法裁判。人民群众的权利意识虽然在不断增强，但是，还不成熟，还没有对权利与责任的内在关联形成相协调的科学认识。同时，受各种因素的影响，人民法院的司法权威还不能在短时间内得到足够的提升，法律评价标准与人民群众的道德情理评价标准发生错位乃至对立在所难免。这就要求司法的现代化与本土化相结合的实践必须立足于我国社会主义初级阶段的现实国情，充分认识道德评价标准与法律评价标准之间的差异，积极促进两者之间的有机统一。因此，要通过相应的制度安排，确保法官在司法运行程序中辩证地运用情理分析与法律分析这两种认识手段，通过对案件事实的正确判断，科学地解释法律，最大限度地实现司法活动法律效果与社会效果、法律评价标准与道德情理评价标准的科学融合与统一。

3. 为人民群众寻求社会公平与正义提供可能的司法便利，保证人民群众分享法院改革与发展的成果。

（1）正确处理好判决与调解的关系。判决与调解作为两种不同的结案方式，体现了法院对解决社会纠纷两种不同的思考路径。判决体现了法官以法律标准作为内在视角的判断结果。其优点在于，当事人权利义务关系界限划分明确，法律的价值得到明确宣示，价值整合效果明显，社会关系的法律正当性较强。其不足在于，司法逻辑与大众生活逻辑之间容易发生错位乃至对立，当事人的诉讼成本较高，司法的正当性支持条件需要较高的代价，特别是法院要享有较高的司法权威。调解则体现了法官以法律与情理相结合标准作为外在视角，指导双方当事人相互让步形成的结果。虽然不具备判决的优点，但是，能够有效地克服判决的不足之处。当前较为现实的选择是，能调尽量调，当判则判，调判结合。过分强调判决的地位与作用是不现实的，法院的现状及面临的外部形势还不具备这样的现实条件；过分强调调解的作用，乃至限定调解指标也是不科学的，这会相对弱化审判功能，不利于社会主义法治的长远发展。

（2）加大解决涉诉信访工作力度。当前，当事人越级上访、缠访、闹访现象比较突出，人民法院面临着很大的信访压力。为此，一是要抓早抓小，争取把问题解决在初始状态；二是要全面推行涉诉信访工作责任制，通过多方参与、谁的问题谁解决等方式，将信访责任层层分解，逐级落实，一级抓一级，以强化责任推动信访问题的有效解决；三是要完善违法审判责任追究机制，对有错误的判决及时给予追究，既提高司法的公信力，又促进社会和谐。

4. 强调法官的社会责任，注重案结事了。法官是否尽到了社会责任，在相当程度上影响着一个案件是否得到了实际上公正而有效的解决，这需要正确理解并具体体现法官社会责任的“定分止争，案结事了”的司法意义。案件是当事人之间权利义务关系的应然状态受到破坏，当事人之间的诉讼主张处于对立冲突的一种法律状态。这一法律状态通过法院的司法裁决可以恢复到法律的应然状态。因此，“定分止争”是从法律层面对案件纠纷的解决设定的标准，通过对证据的认定、法律的适用、程序的保障等因素来确定。同时，案件不仅是一种法律状态，也是一种客观事实，案件在法律上得到解决并不等于在事实上得到解决。这就需要法院：第一，积极而为。法院要关注纠纷问题的解决，而不仅仅是案件的解决。法院是国家权力体系的组成部分，应通过自身的职能及与其他国家机关的协调配合，切实承担起作为国家审判机关的社会责任，把案件所涉及的问题努力予以解决好。第二，量力而行。纠纷产生于法院之外，纠纷解决的事实风险不能由法院承担，特别是在穷尽司法手段和其他必要的手段情况下，法院的职能不可能无限延伸，应使当事人间的纠纷解决期望值限定在合理范围之内。必须明确的是，社会公平与正义是相对的，不能超越历史与现实，同时它又是具体的，总是在一定的制度环境限定之下的公平与正义。

5. 实现审判权的科学管理，推动法院内部管理水平的稳步提升。责任与监督是管理的基本要义，法院内部管理水平的稳步提高，主要动力应来自于有效的内部监督与制约。通过完善相关制度与机制，力争主动发现问题、主动解决问题，避免审判权力的滥用。这种监督即司法机关内部专设的监督职能部门对法官的司法判断行为和非司法性的法官个人行为进行的监督，这种监督方式是非审判程序监督，着力解决法官群体自身职业素质特别是在廉洁自律和职业道德方面存在的问题。这种监督对目前我国法院的发展是必要的，是法院发展过渡时期的一种科学选择。

司法改革与构建和谐社会

自古以来，和谐始终是人类孜孜以求的一种美好的社会生活状态。在中国传统文化中，和谐意味着平衡、协调、有序、融合与稳定。和谐被认为是万物生成的依据，也是万物生存和发展的基本规律。在西方传统文化中，和谐意味着事物之间的最佳结合或最大限度的均衡与协调。马克思主义认为，每一既定社会的经济关系首先表现为利益关系，人们奋斗所争取的一切，都同他们的利益有关。就社会而言，社会是由拥有不同利益主张的个体所构成的，社会和谐实质上就是社会成员之间的利益关系及利益格局处于平衡、协调、稳定的状态之中，社会成员之间的利益关系能否处于协调状态决定着整个社会是否和谐。

一、和谐社会的基本内涵

1. 和谐社会意味着不同群体、不同阶层之间的和谐。和谐社会是“和而不同”“不同而合”的社会。社会主义市场经济尊重个人利益并促使利益主体多样化，人民群众在事实上分属于各种不同的利益群体和阶层，从而形成了多样化的利益需求。因此，和谐社会是承认社会成员利益差别的社会。和谐社会的“和”并不是“等同”，“和”所反对的正是无原则的“同”，因为承认“不同”才追求“和”，在“不同”基础上的“和”才有意义。因此，不同群体、不同阶层之间存在着一定的利益差别或“不同”是正常的，但这种差别或“不同”应限制在不能影响不同阶层或群体之间和谐的利益格局范围之内。

2. 和谐社会意味着社会发展方式的和谐。和谐社会不是静态意义上的和谐，而是动态意义特别是发展意义上的和谐，是在科学发展观指导下动态发展着的社会和谐。科学发展观与社会主义和谐社会的根本宗旨在于以和谐发展的方式实现以人为本的发展目的，这样，科学发展观就可以理解为与构建和谐社会目标相一致的和谐发展观。科学发展观强调以人为本，把人理解为发展的主体与目的，使发展的成果惠及全体人民，实现人与人、人与自然的和谐，以最小的代价寻求最大限度的发展可能性，从而有利于实现社会的普遍和谐。

3. 和谐社会意味着社会发展目标合理性与过程合理性的和谐。任何社会不可能没有矛盾，人类社会总是在矛盾运动中发展进步的。构建社会主义和谐社会是一项艰巨复杂的系统工程，是一个不断化解社会矛盾并随着政治、经济、文化的发展而不断向前推进的历史过程，需要我们长期坚持不懈地努力，在这一过程中，一定要从特定的国情实际出发，量力而行、尽力而为，正确处理好改革发展稳定的关系，把改革的力度、发展的速度和社会可承受程度有机地统一起来，以改革促进发展，以发展促进和谐，循序渐进地逐步向既定目标推进，确保实现和谐过程的科学性、连贯性及可预期性，从而实现社会发展目标合理性与过程合理性的统一。

和谐社会的实现需要与实现和谐相适应的社会治理方式。当前，我国经济社会发展面临的矛盾和问题十分复杂。各种社会思潮不断涌现，人们思想活动的差异性及要求表达的程度的不同性，也在不断增强。这些问题的存在，加大了国家对社会进行整合与治理的难度，需要国家能够更为公平、公正地反映并兼顾不同阶层、不同群体、不同方面的利益需求。民主法治是解决这一问题的有效途径。民主的实质是多数人的参与和决策，民主能够保证在法律与政策的制定过程中，不同的利益群体和利益诉求可以在一定的程序展开过程中获得相对平等的参与机会，得以充分地表达，并按照少数服从多数，多数尊重少数的原则形成最终的法律规则，使法律真实地反映人民群众的根本利益和共同意志。法治的实质是法律成为国家治理社会的基本准则。经济的、社会的乃至政治的问题都可以转化为法律问题并通过法律程序加以解决。在这里，法治不仅是反映人民群众利益诉求的法律得到贯彻实施，更为重要的是，它使社会成员之间的利益关系能够在为全体社会成员所知晓、所认可的法律规则而不是其他规则下进行整合，从而大大降低了法外因素对这种利益格局的影响与作用，使之能够处于相对稳定的协调状态之中。

正因为如此，民主法治不仅是和谐社会的首要特征，更是构建和谐社会应遵循的基本原则，在这一意义上，和谐社会的问题都可以归结为法治问题，或者与法治密不可分。因此，民主法治在构建和谐社会中具有至关重要的作用，和谐社会在实质上也是法治社会，构建和谐社会的过程也是一个建设法治社会的过程。在这一过程中，必须牢固树立社会主义法治理念，确保司法工作能够始终符合构建社会主义和谐社会的内在要求。

二、法院在构建和谐社会中的责任

法治意味着和谐，贯彻落实社会主义法治理念的过程就是构建社会主义和谐社会的过程。

1. 切实转变观念，增加司法的和谐因素。构建社会主义和谐社会的过程就是最大限度地增加和谐因素并最大限度地减少不和谐因素的过程。应当看到，我国社会总体上是和谐的，但是，也存在不少影响社会和谐稳定的矛盾和问题，当前和今后一个时期，仍然是人民内部矛盾凸显、刑事犯罪高发的时期。在这种形势下，既要坚持“严打”方针不动摇，依法从重从快严惩严重刑事犯罪，又要减少社会对立面及不和谐因素的发生。

2. 坚持司法的人民性。和谐社会是以人为本的社会，在法律上，就是以主体的权利为本，充分尊重和保障人权。一方面，要正确认识国家权力与公民权利的关系。权利是利益的法律表达方式，权利的享有与维护是实现社会成员自身利益的基本手段。从一般意义来讲，国家权力的存在意义在于为个人权利的实现提供保护。在国家权力和个人权利之间，个人权利是国家权力的目的和本源所在，国家权力是个人权利得以维护和实现的手段，个人权利在两者之间的逻辑关系上处于本位的、优先被考虑的地位。因此，只有充分尊重和保护公民权利，才能使人民群众具有了利益诉求的理性渠道，使人民群众切身感受到在社会生活中的主体地位，才能增强对国家和社会的认同并为在此基础上形成对自己与其他社会成员之间的利益关系格局形成理性的认识提供了更为充分的可能。

3. 维护法律权威，保障法律整合的社会效果。通过法律进行的社会整合是实现社会和谐的必要前提。所谓法律的社会整合，可以描述为：协调社会行为，调适人际关系，发挥社会组织的正常功能，清除社会运行的障碍，建立社会正常的秩序，其结果体现为社会和谐。法律在社会整合中的作用表现为，通过将规范内化为个人的行为准则，将社会成员的行为纳入到统一的轨道，进而使社会成员之间的利益关系处于协调状态。法律权威是通过严格的司法程序、规范的司法行为向当事人和全社会所展示的一种权威、一种公信力。一个国家的法律越有权威，其在社会整合中的作用就越大，实现社会和谐也就越有保障。

4. 不断深化改革，实现法院与社会协调发展。再美好的理念也要通过与之相适应的制度才能发挥出对现实世界的影响，因此，必须不断深化改革，实现司法工作的科学发展，进而不断提高司法机关参与构建和谐社会的实践能力。

法院的科学发展总是在一定的制度环境和社会环境中进行的，涉及现实国情、队伍素质、系统自身的协调与互动等因素，因此，应协调这些相关因素之间的相互关系，使其能够形成实现科学发展所需要的来自于国家及社会的动力，最大限度地发挥出对司法工作科学发展的推动作用。要注重司法制度与工作机制的内在协调发展。从司法机关内部来看，这不仅仅涉及诉讼制度的完善，还涉及法官管理制度等方方面面的问题。这些矛盾与问题能否得到有效的解决与改善，直接影响着诉讼制度的运行质量，进而决定着社会矛盾与纠纷能否在公正科学的程序环境中得到妥善解决。我们应该把法院自身的发展看成是一个制度系统的发展，从而使制度系统的各要素之间能够形成良性互动。要注重司法制度、工作机制与外部制度环境之间的协调发展。从法院外部来看，司法制度的改革要与国家的其他相关制度相协调。司法制度及工作机制的发展必须服从于国家政治制度的发展状况。要注重司法制度及工作机制与现实国情之间的协调发展。按照统筹城乡发展、统筹区域经济发展等要求，逐步消解发展障碍因素。要注意控制发展过程中的利益调整时机及力度，充分考虑社会各阶层的承受能力，在稳定中求发展，在小发展中求大发展，以体制、管理、程序、专业化为基本点，发挥出关键环节的辐射作用，进而不断带动、实现司法制度及工作机制的体系性创新与完善。

三、坚持法院改革方向与构建和谐社会方向的一致性

在构建社会主义和谐社会过程中，法院要始终坚持法院改革与和谐社会建设的社会主义方向。

1. 要正确认识中国传统法律文化的现实意义

自清末以来，完整意义上的中国古代法律文化传统观念已经不复存在，但是，这只能说明它不具有正式制度的表现形式，在人们的社会生活中仍然以一定的法律意识与观念特别是司法评价标准等非正式制度的方式顽强地存续并表现出来。中国古代法律文化在总体精神上表现为国家至上，漠视个人权利；道德至上，法律依附于道德。显然，这不适应构建和谐社会的需要。但在具体操作层面，受中国传统主流意识形态儒家思想的长期熏陶，中国古代法律文化强调法律与道德的融合，注重通过法律的实施实

现对社会成员的道德意识的养成，如通过司法调解或民间调解，尽可能缩小乃至消除法律职业逻辑与大众社会生活逻辑之间的差异，进而促使当事人能够对社会纠纷产生的道德根源进行必要的反思，把外在的法律义务转化为内在的道德义务，从而在深层次上增强对国家司法活动过程与结果的认同感。这就在一定程度上使中国传统法律文化更多地体现了和谐文化的特征而不是对抗文化的特征，应该说，这符合社会主义和谐社会的现实发展需要，仍然具有不容忽视的现实意义。因此，应积极引导司法行为不仅具有法律效果的正当性，也要有外部社会效果的合理性，实现法律效果与社会效果的统一，促进法律职业的法律评价标准与人民群众道德评价标准的逐步融合。只有这样，司法实践才能适应人民群众现有的法律意识水准，获得人民群众的认可。

2. 切实警惕西方法治思想的负面影响

西方法治思想是现代法治文明的重要组成部分，是资产阶级进行反封建斗争的思想武器，与封建法律观念相比较具有重要的历史进步意义。在资产阶级革命取得胜利后，西方法治思想成为西方发达国家进行法治建设实践的观念基础，影响着西方国家法治运行体系的基本面貌。改革开放以来，同国外法律制度和思想的接触，一方面，使我们有效地借鉴吸收了其有益的成分，促进了司法水平的提高。但另一方面，西方国家各种法治思想的消极影响也不容忽视。在执法和司法实践中，有的简单套用外国的一些“法律术语”，造成司法思想的混乱；有的不从国情出发，片面崇尚外国的法律思想和制度，主张全盘照搬照用。对此，我们应该有一个清醒的认识态度。必须看到，西方法治思想产生于西方社会，是在西方国家特定历史条件下形成的，不是放之四海而皆准的普适性认识体系，特别是在制度运行实践过程中，出现了当事人权利救济时间和金钱成本过高，法律职业逻辑与社会生活逻辑相脱离，法律与社会生活之间的亲和力较低等问题，这些负面影响都是我们在构建和谐社会过程中应加以避免的。当代中国的法治建设实践说到底是一种本土性的实践活动，它所要解决的是中国自己的实际问题，尽管在这一历史实践过程中，我们要具有一种国家性的思考背景和战略眼光，但是，我们所遇到的问题本身就决定了这种制度建设实践的本土性指向。因此，在借鉴人类文明发展的有益成果时，不能照搬外国法治思想和制度的已有模式，要充分考虑我们特定的国情以及这一国情所能够提供的制度运行环境和外部支持条件，正确判断其能否为我所用，从而形成中国特色的社会主义法治思想和制度运行体系。

3. 要积极抵制“左”的思想残余的影响

坚持一切从实际出发，理论联系实际，实事求是，在实践中检验和发展真理，是马克思主义最重要的理论品质。在社会主义法治建设领域，“左”的思想残余显然不具有这样的理论品质，其实质要害在于，不能从社会主义法治建设实践出发，把马克思主义法律观基本原理与中国社会主义法治建设实践有机地结合起来，实现马克思主义法律观的中国化。因而，“左”的思想残余要么表现为教条主义，以马列主义经典作家的只言片语对当代中国丰富多彩的法治建设实践进行生硬的解释，在人民群众生动的权利救济需求面前不具有理论的感召力和对实践的指导作用；要么表现为虚无主义，无视当代中国社会主义现代化建设事业所蕴涵的法治需求，片面否定社会主义法治的存在合理性，从而使人民群众的权利诉求在强大的国家权力面前极易处于被稀释、被侵蚀的境地。在抵制“左”的思想残余的影响的同时，我们必须始终做到两个“坚定不移”：一是必须坚持马克思主义法律观的立场、观点、方法，坚持马克思主义法学基本原理。二是必须继续贯彻解放思想，实事求是，与时俱进的思想路线。社会主义法治理念秉承了马克思主义优秀的理论品质，既坚持马克思主义基本原理，又不从书本、概念和抽象的原则出发，而是一切从社会主义法治建设实践特别是人民群众不断增强的权利救济需求出发，深刻总结社会主义法治建设实践经验并上升为一定的理论体系，从而在推动马克思主义的发展中创造性地坚持马克思主义。无疑，这为我们在社会主义法治建设实践中积极抵制“左”的思想残余的影响提供了极为丰富的理论资源。

法官职业化的建构与进化

伴随着人民法院在实施依法治国，建设社会主义法治国家基本方略中地位与作用的日益显现，法官群体职业素质的重要性和法官职业管理的特殊性正在逐步为全社会所认知。法官职业化建设目标的提出标志着法官队伍建设一个新的历史阶段的开始。法官职业化这一命题促使我们思考这样一个问题，即如何使这一命题所蕴涵的理论层面上的应然状态转化为法院改革实践的实然状态并取得相应的制度性成效，特别是从现实法官职业素质及管理机制的状态出发，认真研究、选择一条什么样的路径，作为以法治国家一个主要组成部分来推进中国法官职业化的历史进程，是很有意义的。

一、法官职业化的含义

按照社会学的解释，一种专门职业往往具有三方面的特定属性：

1. 知识性。几乎每一种专门职业都涉及不同的理论知识与经验知识，试图获取系统化的知识和专门技能，而这种知识与技能并没有被大多数人所普遍拥有。

2. 实用性。专门职业者运用他们掌握的专业理论知识所获取的能力与技巧去解决生活中的重大问题：疾病、不公正、犯罪和侵犯人权等。寻求解决的这些重要问题通常在人们的日常生活需要中占有重要地位。

3. 服务性。它包含在职业角色之中，并将知识与技能结合起来用于对他人提供专门的服务，专门职业再一次以其“服务观念”、“集体取向”和“服务于公众”的承诺区别于其他职业。①

法律职业属于一种专门职业，在韦伯看来，法律职业具有这样两方面的特征，一方面，法律职业者应该“为法律而生活”，即以追求法律的公正与衡平作为自己的职业使命并能够在职业实践中自觉地履行这种使命；另一方面，法律职业者在满足“为法律而生活”这一条件后，可以“靠法律而生活”，通过获取正当的制度性利益作为必要的个人生活来源。法官职业属于法律职业的一种，它与检察官职业和律师职业的根本区别在于，法官是以中立的第三者身份严格地按照法定程序对纠纷和案件当事人的事实主张和法律主张进行判断并确保司法公正的实现。

据此，我们可以对法官职业作这样一种概括，即法官职业是一种运用系统化的法律知识和建立在这一基础之上的法律技能对纠纷和案件当事人的诉讼主张进行判断，追求司法公正，体现法律的价值，服务于社会大众并以此获得制度性个人生活来源为职业目的的中立性专门职业。

那么，法官职业成为一种专门法律职业的正当性在哪里呢？现代社会，权利与义务是法律生活的枢纽，而在权利与义务之间的价值结构关系中，权利处于逻辑优先地位，对法律权威的崇尚意味着对权利及其正当性的认真对待与尊重。“大凡在人们为了强制实施行为规则而建构起了诸如政府这类组织的地方，个人都有正当的理由要求政府对他的权利进行保护并且对他所受到的侵犯作出补偿。然而，只有当这类要求所指向的乃是一个能够行动而且在行动中受正当行为规则约束的人或组织（比如政府）的时候，

① ［美］默顿著：《社会研究与社会政策》（中译本），三联书店2001年版，第131～132页。

这些要求才可能是正当的要求或权利。”① 也就是说，政府行为（自然也包括司法行为——引者注）的合法性与有效性是公民权利得到政府保障的前提条件，否则，公民的权利要求在不受合法性规则约束的政府看来，无所谓正当与不正当之分，公民的权利要求也就得不到政府的有效回应与保障。这就要求政府对公民的权利诉求以及在这种诉求背后的正当利益采取这样一种法律态度："承认某些利益；由司法过程（今天还要加上行政过程）按照一种权威性技术所发展和适用的各种法令来确定在什么限度内承认与实现那些利益；以及努力保障在确定限度内被承认的利益。”②

正如德沃金指出的那样，“在承认一个理性的政治道德的社会里，权利是必要的，它给予公民这样的信心，即法律值得享有特别的权威，正是这一点把法律同其他强制性规则和命令区别开来，使其更有效力。一个政府通过尊重权利表明，它承认法律的真正权威来自于这样的事实，即对于所有人来说，法律确实代表了正确和公平。……在所有承认理性的政治道德的社会里，权利是使法律成为法律的东西。”③

公民的权利诉求在司法过程中能否得到有效的确认与维护是与法官的价值评价活动密切相关的。而评价则是主体站在客体与自己的价值关系的立场，亦即自己作为一定价值关系的主体，以辨别客体对自己的意义为目的的认识，它所形成和表达的是主体对客体的态度，如肯定或否定，具有明确的价值倾向性。④ 法官的这种价值评价活动往往是在法律规定不明确或存在法律漏洞，

---

① ［英］哈耶克著：《法律、立法与自由》（中译本），中国大百科全书出版社2000年版，第180页。

② ［美］庞德著：《通过法律的社会控制法律的任务》（中译本），商务印书馆1984年版，第35页。

③ ［美］德沃金著：《认真对待权利》（中译本），中国大百科全书出版社1998年版，中文版序言。

④ 肖前：《马克思主义哲学原理》，中国人民大学出版社1994年版，第667页。

需要对法律条文的内容进行解释与补充，以便法官能够在两个或两个以上的法律前提和事实前提下进行选择，以此得出确定的判断结论，这一过程是通过辩证推理活动完成的。而在辩证推理过程中，由于缺乏确定的法律与事实前提，法官是在对两种或两种以上的都有一定理由的主张进行比较、选择，这就使以什么样的法律标准适用于具体案件以及法官会得出什么样的判断结论呈现出不确定性。

事实上，“只要有可能，有能力的法官就会使用判断标准，这些标准并不是那种毫无控制的意志或主观偏爱的产物，而是以整个法律与社会秩序、提供给法官的原始资料为基础的，这些原始资料渊源于传统、社会习俗和时代的一般精神。在对判案过程中的意志要素起着限制作用的客观因素中，主要是那些业经牢固树立的文化价值规范、贯穿于法律制度中的基本原则、显而易见的情势必要性以及占支配地位的公共政策方针。”① 这既使辩证推理受到了更多的理性标准的约束，把辩证推理与武断的判断区别开来；也使辩证推理的难度增大，法官必须在上述相关因素中进行权衡，确定相关因素的价值位序，而这有赖于法官必须具备成熟的法律信念。由此可以看出，在辩证推理过程中，法官的法律信念和法律解释技能越成熟，就越有利于法律推理合理性程度的提高，这样一来，维护法的价值进而促进和保障公民权利的自觉性和实效性也就越强。

二、法官职业化的标准

法官职业化是观念、知识、技能与制度相互支持、相互作用的有机整体，各要素之间缺少任何一个方面，对法官职业化的理解与把握都是不完整的。具体来讲，法官职业化包含着这样几方

---

① ［美］博登海默著：《法理学——法哲学及其方法》（中译本），华夏出版社1987年版，第484页。

面要素：

1. 完善的保障系统。韦伯认为，现代官吏集团是一支高度素质化的专业劳动力，经过长期的预备性训练后各有专长，若没有一种高度的身份荣誉意识，可怕的腐败将给这个集团造成致命的威胁，甚至国家机构纯粹技术性功能也会受到威胁。[①] 充分的法官保障对专业型法官队伍的重要意义也正在于此。法官保障包括三方面的内容：一是资质保障，即法官的从业资格标准，保证法官队伍学术背景的高层次、专业性；二是身份保障，即法官非有法定事由不得被剥夺审判权；三是经济保障，即在国家财力允许的条件下，不断提高法官待遇，保证法官在物质生活方面享有与其制度化社会地位相一致的制度利益。

2. 成熟的司法理念。一是以权利和义务作为视角来观察、分析、解决问题，通过权利义务的分析完成合法性的认定与排除，这是法律思维的重心所在，也是法律思维区别于政治思维（利弊的权衡、取舍）、经济思维（成本与收益的分析）、道德思维（善恶评价）的关键之处。二是普遍性为原则，特殊性为例外。以普遍性为原则，在于维护法律的稳定性，为社会成员提供充分的理性预期，体现了法官对一般正义和形式合理性的要求。特殊性要求当坚守普遍性原则就有可能在具体问题的处理与法律的目的发生令人难以容忍的冲突时，法官应本着衡平精神对案件作出妥当处理，体现了法官对个别正义和实质合理性的追求。三是程序优先。自由的历史基本上是奉行程序保障的历史。[②] 对法官而言，程序的本质既不是形式性的，也不是实体性的，而是过程性和交涉性的。[③]程序是国家权力与个人权利实现平衡的制度空间，程序优先要求国家权力尊重个人权利能够对国家进行有效

---

① ［德］韦伯著：《学术与政治》（中译本），三联书店 1998 年版，第 67 页。

②③ 季卫东：《法治秩序的重构》，中国政法大学出版社 1999 年版，第 9 页、第 20 页。

制约，以两者之间充分的过程性交涉求得司法裁决的正当性。四是判决理由必须公开并具有说服力，不能以法官的实质判断取代程序理由的充分陈述。五是法官关注司法政策目标的实现。在强调法官摆脱外部压力的影响与冲击，依照法律独立进行审判，保证法律的确定性与可预见性的同时，也应看到，这容易加剧法律的形式合理性与实质合理性之间的紧张关系，导致漠视司法政策目标的实现。因此，法官不仅要具有法律家的头脑，忠实于法律，维护法律的统一与尊严，更要有政治家的头脑，丰富自己的思维视角，准确把握现实生活的走向与趋势，充分考虑司法裁决可能带来的社会效果与影响，以司法裁决表达法官的社会关注，实现司法的完整性与开放性、法律规则与法官裁量权、法律效果与社会效果的统一。

3. 强烈的职业道德自律意识。对法官专业技术的强调并不排斥对法官职业道德自律意识的肯定，法官的职业道德自律意识越强烈，就越能在解释和适用法律过程中自觉地依据职业义务与责任准则进行自我评价，更为自觉地尊崇、奉行法律，当事人在接触司法过程中越能感受到司法公正。

法官职业道德的内容应该包括这样几个方面：一是公正。法官是社会公正的维护者，法官如不能公正司法，其危害性如培根所言：一次不公的判断比多次不平的举动为祸尤烈，因为这些不平的举动不过弄脏了水流，而不公的判断则把水源败坏了。二是敬业。对于法官而言，审判工作不仅是谋生的职业化手段，而更重要的是造福于人民的崇高事业。三是坚强。法官要忠于现行政治秩序，崇尚法律权威，为此，在任何时候都要有富贵不能淫、贫贱不能移、威武不能屈的浩然正气。四是克制，法官应对自身在司法过程中产生的异常情感、欲念、冲动予以克制，始终保持充分的、清醒的司法客观理性。

4. 有力的职业责任监督制度。在法官的法律信念中，“有关司法职责的信念应当成为法官的核心信念，法官有责任维护法律，而不是根据与法律不一致的个人观点来判决，法官所作出的判决应该与法治以及该理想所要求的一切相互协调一致。”① 但是，仅仅依靠法官的自律意识，在我国目前的客观现实及文化传统的情势下还无法保证法官能够真正地履行好自身的职业责任，还应通过相应的制度安排，特别是依靠监督制度形成对法官权力的制约。这不仅能够通过制度的他律作用增强法官的职业道德责任感，而且也能促进法官对监督制度的认同感，提高自身履行制度义务的自觉性，从而使制度约束与道德自觉有机地结合起来，减少由于法官权力的扩大所带来的道德风险。

三、中西法官职业化的比较

通过对法官职业化意义的分析，我们似乎可以这样理解，即法官职业化似乎仅仅意味着为我们提供了一个现代法治社会中法官群体在观念和制度方面应该具备的标准与模式。实际上，法官职业化不仅仅是一种标准与模式，更是一个国家司法传统历史发展演变的结果。在中国古代司法传统和西方司法传统中，受各自的包括法律在内的社会形态观念的作用与影响，对法官职业化采取了各自截然不同的历史态度，法官职业化在各自司法传统历史进程中显现出了不同的历史命运。

中国古代司法传统的观念基础在于儒家思想的“天人合一”理论，按照这一理论，“天道”与“人道”之间是可以形成一种和谐统一关系的，“‘天道’即‘人道’，人事与天意相呼应认同，成了中国人的基本信仰方式和道德准则。”② 但在“天道”与“人道”之间形成一种理想的关系形态，需要人不断地加强自身的道德修养，不断地提高人之“义”的天性，逐步祛除人之“利”的天性，从而在道德层面上不断地净化自己，避免因

① 解兴权：《通向正义之路》，中国政法大学出版社 2000 年版，第 202 页。

② 李泽厚：《历史本体论》，三联书店 2002 年版，第 53 页。

自己的私欲而导致社会成员之间的关系处于一种不稳定状态，只有这样，才能使社会秩序也就是儒家思想里的“人道”符合“天道”的要求，“人道”才能在“天道”那里获得存在的合理性和基础。那么，怎样才能做到这一点呢？在儒家思想者看来，这需要具备两个条件，一是需要为社会成员制定一个能够涵盖社会生活方方面面的体系化行为规则，也就是儒家学者所宣扬的“礼”。二是国家应该对社会行使一种道德教化职能，“教化立而奸邪皆止者，其堤防完也；教化废而奸邪并出，刑罚不能胜者，其堤防坏也。古者明于此，是故南面而治天下，莫不以教化为先务。”① 儒家思想的这种价值观念给中国古代司法传统中的法官职业带来了这样几方面的影响：

1. 道德教化成为当时国家对民众管理的主要职能。道德教化涉及国家对社会生活进行管理的方方面面，这样一来，行政机关在行使行政权时履行这一职能便成为合理的制度选择。而司法职能在通过司法的强制性方式对社会成员进行道德教化时，缺少其他制度运行空间，两者都是通过处理一定的事务来对社会成员进行教化。相同的职能，不同的方法，使司法权一定程度被行政权替代，司法权成为行政职能的一部分成为可能。

2. 司法没有成为一个专门的职业。由于司法职能始终是行政职能的一部分，因此，只能由行政官员而没有必要设置专门的司法官员来行使司法职能，国家对各级官员的管理能力的要求是“通才”而不是“专才”，即能够在处理广泛的社会事务的同时对社会成员进行有效的道德教化。这就对行政官员的道德素质和职业能力素质提出了相当高的要求，由于在中国古代，特别是在唐代之后，科举制成为选拔各级官员的主要途径，但是，科举制的考试内容是按照国家对社会成员实施道德教化职能而设置的，以儒家经典为中心内容，法律内容并没有在这里获得应有的位

① 《汉书·董仲舒传》。

置，专门的司法职业技能训练并没有成为士人通向仕途的必然要求，以至于自唐宋以后，士人以习律为耻，以通经为荣。因“儒者未仕时多未尝留意法律，一旦通籍为牧令长，每遇研鞫，茫然莫测其端绪，况能通律意哉。”① 所以，行政官员在其自身的司法职业素质方面出现这种状况也就不足为怪了。

3. 裁判案件缺乏明确统一的法律标准。一般来讲，法官在处理案件时，需要考虑在国家法律规范体系中有哪些具体规则可以作为自己对纠纷进行判断推理的参照标准，特别是在刑事案件的审理上更是这样，往往强调不得“舍法用情”、“违法徇情”。但是，就总体情况而言，所有的司法判断活动都要严格依据国家颁布的法律规则体系来进行并没有成为司法官员的自觉意识和实践行为。不论是对民事案件还是对刑事案件的处理，“为了夸张统治者的德化仁政，加强法律与民心的沟通，提高伦理的凝聚力，在特定情况下也主张‘法顺人情’，甚至‘舍法用情’，以至从州县官到皇帝都以‘执法原情’、‘原情定罪’相标榜。”②

---

① 吴吉远：《清代地方政府的司法职能研究》，中国社会科学出版社 1998 年版，第 319 页。

② 张晋藩：《中国法律的传统与近代转型》，法律出版社 1997 年版，第 47 页。在中国古代司法传统的历史进程中，“执法原情”所确立的司法判断操作标准的典型表现当推西汉董仲舒的“春秋决狱”。“春秋决狱”又称“引经决狱”、“经义断狱”，就是以儒家思想为断狱指导思想，法官在审理案件的过程中，用儒家经典，特别是《春秋》一书中的“微言大义”作为分析案情、认定犯罪的根据，并按照经义的精神解释和适用法律。他提出，法官在审理案件时，应贯彻“原心定罪”的原则，即“《春秋》之听狱也，必本其事而原其志。志邪者不待成，首恶者罪特重，本直者其论轻。”（《春秋繁露·精华》）为此，董仲舒“作《春秋决狱》二百三十二事，动以经对，言之详矣。”（《史记·儒林列传》）董仲舒提出的“春秋断狱”思想进一步确立了儒家思想在法制实践中的地位与作用，特别是在司法实践中如何处理好法律与情理之间的关系问题上，这一思想起到了决定性的历史影响，塑造了法律与情理两者之间在中国古代司法传统中的各自地位与作用，从而使法律规则始终未能完全成为法官进行司法判断活动的操作标准。后世学者在评价董仲舒的这一历史作用时指出：“是以儒家经义应用于法律的第一人。”（瞿同祖：《中国法律与中国社会》，中华书局 1982 年版，第 313 页。）此言并不为过。

西方司法传统的观念基础在于自然法理论。《牛津法律大辞典》对自然法在西方法律文明中的这种法律意识形态地位作出了这样的解释："关于自然法的信念和自然法的理论一直是哲学、法律史和法律理论中最古老、最长久的内容之一。……它用不同的方式提供给许多法学家一个基本原则，从这个原则中，源导出法的观念和法的正义秩序，这个原则也是评判实在法的标准。自然法的观念从未消亡，似乎永不衰竭。"① 自然法对西方法律（司法）传统的观念塑造作用表现为两个方面：

一是法律的形式合理性。在自然法思想的理论视野中，法律世界是一个二元化世界，即自然法与实定法，自然法是理性的化身，实定法不过是这种理性的模仿与具体化，实定法只有符合自然法的要求才是正当的。在这种信念支持下，法律具有了一种不可质疑的普遍性，法律的这种普遍性必然意味着它对一切人和一切行为都是适用的，没有任何改变的余地，这样一来，"规定实在法规则中的普遍性和适用规则的一致性也就成为效忠于高级法的证据而不是行政上的权宜之计了。从这个角度看，赋予模糊的普遍性和一致性概念以具体的内容成为政治和法律思想的核心内容也就不奇怪了。"②

二是法律的自治性。如果实定法天然地具有自然法的神圣背景，那么，任何人和任何组织都有一种宗教性的神圣义务，那就是，对法律的这种逻辑给予必要的尊重与宽容。与此同时，法律自身也应该在现实运行中始终能够抵御外界的影响与干预按照自己的逻辑运行，避免自己偏离自然法所代表的理性轨道，以此求得自身的不断完善。"就人法试图分享高级法规范秩序的特点而

---

① ［英］沃克著：《牛津法律大辞典》（中译本），光明日报出版社1989年版，第629～631页。

② ［美］昂格尔著：《现代社会中的法律》（中译本），中国政法大学出版社1994年版，第72页。

言，它也必须是摆脱主权者主观意愿和特定社会习惯的相对自治的领域。……通过接近神圣的模式，实定法变得愈完善，它就愈不愿受具体时代和地域实践的限定。它的规则应当具有某些关键性的脱离政治和习惯的独立性，……如此说来，走向某种认可法治理想的社会意识的道路已经铺好。”①

法律的形式合理性和自治性对于进行法律适用活动的主体——法官提出了这样的要求：（1）法官必须具有充分的系统化的法律知识与技能，只有这样，法官才能正确地对法律作出解释，特别是在复杂疑难案件中，在面对多种法律前提和事实前提进行辩证推理以求得确定、妥当的判断结论时，法官要想对法律规范中涉及的概念与原则进行解释时更是如此；（2）法官必须具有足够的外部保障，保证其能够没有任何后顾之忧地把自己掌握的专业知识与技能适用于具体案件。既然法律是普遍的，对所有的人与组织都平等适用，这就意味着法律有它自己的运行逻辑，任何人都不能用自己的逻辑来取代法律的逻辑，法律是法官进行法律适用活动的唯一标准，至于应否把道德观念吸收到法律中来，那不是法官的责任而是立法者的责任。

当然，仅仅依靠自然法观念并不能把对法官的这种职业素质与职业保障转化为现实形态。与中国古代社会相比较，西欧各国直至11世纪和12世纪期间才从原始社会进入封建社会，比中国古代进入封建社会晚了将近1500余年。如英国，在1066年诺曼征服前，“英国没有封建制度，也就是说，没有一个以土地占有来服役且骑马作战的骑士阶层，没有封臣与封君的权利与义务的纽带，也没有封建的采邑，……封建制度是诺曼征服导引过去的，起源于诺曼征服。”② 由于西欧各国大多都是从原始社会直

① ［美］昂格尔著：《现代社会中的法律》（中译本），中国政法大学出版社1994年版，第71～72页。

② 孟广林：《英国封建王权论纲》，人民出版社2002年版，第50页。

接进入封建社会的，在社会制度形态上的转变是一种历史的大跨越，封建王权权威的形成缺乏如同中国古代封建王权权威形成所具有的历史延续阶段（中国古代在奴隶社会时期就已经确立了君权神授观念），这样一来，封建王权权威的强化只能是在与社会历史形态进行转变的过程中同步进行。在这一过程中，以国王为代表的封建王权始终没有成为国家的绝对主导力量，自始至终受到教会、分封贵族和商人阶层的牵制与制约，因而，虽然在西欧各国的封建社会阶段，封建王权较之其他利益集团有了相当程度的强化，取得一种程度的优势地位，但资产阶级革命的爆发则迅速瓦解了封建王权这种并非绝对的力量优势地位。结果导致任何一个利益集团都没有足够的力量自始至终地取得对国家的绝对支配地位，这样，一个相对独立的是非对错的裁判机构得以被认可并成为了客观现实。自然法理论对法官职业素质的观念性要求也得以延续下来，而资产阶级革命的胜利更为这种观念转变进一步提供了更充分条件。反观中国古代社会，奴隶制王权和封建王权始终非常强大，无论是官僚阶层还是商人和知识阶层都没有取得能够与之相抗衡的优势地位（即使是在观念层面上也没有这种地位），缺乏西欧各国封建社会存在的多元利益集团这种历史条件，因而也就缺乏西方司法传统中法官职业化能够得以进行历史进化的发生条件。

四、我国法官职业化的路径选择

法官职业化是我国法官制度发展的基本方向，它对于提升法官队伍素质，提高司法公信力，树立司法权威，建立公正高效权威的社会主义司法制度具有重要意义。

（一）法官职业化的制约因素

在中国封建社会的漫长历史进程中始终缺乏法官职业化的历史传统，没有形成法官职业化的历史发生机制。建国后，受各种因素的影响，法官职业化始终没有成为法官队伍建设的努力方向。因此，在法官职业化建设进程中，我们必须清醒地认识到这样几方面现实问题仍然存在的制约因素：

1. 法院管理的行政化。行政化的科层制作为权力运行制度安排，适应于行政权的效率性运作，而不适应于司法权的公正性运作过程。法院管理行政化表现为：法院管理基本是行政化的，行政管理与审判管理相混淆，甚至行政管理吸收审判管理，导致案件决定权由合议庭或独任法官向庭长、院长运行，案件决定权的归属按照行政职务高低来确定，形成行政权运作体系和方式在司法机关的翻版——等级裁判体系。法官职业化意味着法官能够自主地进行司法判断活动，只能接受监督而不能接受命令。无疑，职业化会对于长期形成的法院内部等级裁判体系以及建立在这一基础之上的观念与利益表达形成相当大的冲击。

2. 审判权的地方化。由于管理体制的原因，法院在处理审判职能与非审判职能、法律利益与地方利益之间的关系时难以消除地方色彩，易以法律之外的权威或影响力确定其功能指向，导致地方保护成为带有普遍性的客观存在。法官职业化要求法官只能维护法律的利益而不是包括地方利益在内的其他利益。审判权的地方化使法官职业化成为难以逾越的障碍。

3. 法官群体职业素质的大众化。表现在三方面：（1）政治素质亟待提高。政治素质的一个重要方面就是要通过适用法律体现党的路线和方针，但在实践中有些法官往往把党的路线和方针与法律对立起来，要政策就不要法律，要法律就不要政策，不能很好地把忠实于法律与实现具有司法政策目标意义的党的路线和方针有机地结合起来。（2）专业化水准亟待提高，表现在：法官队伍的知识背景高低不一，无法形成“法律解释共同体”；重实质判断，轻法律解释技能的培养与应用，裁决的形式合理性与实质合理性有时不能很好地统一起来。（3）职业道德水准需要提升，自律意识不强。从一定意义上讲，法官队伍还缺乏应有的维护公平和正义的职业品格，缺乏为维护法律而献身的职业精神，极个别法官对金钱和权力的顺从胜过对法律的忠诚与维护。“专门职业者因其原则上对利他主义的制度化承诺而受到尊重，但是，跟其他制度化领域所不同的是，当他们在实际工作中所做的稍稍有点低于期望时，公众对他们的不信任就会明显表现出来。”① 由于法官群体职业素质在短期内难以改变目前的整体性大众化水准，因此，社会公众对法官职业的高期望值与法官群体职业素质的提升进度方面的矛盾会逐步显现出来。

4. 法院对法官职业化的改革代价承受能力有限。代价是人们在满足一定的价值需求活动过程中造成的对其他价值的否定或抑制，它既是人们创造和实现新的价值的内在环节，对于人们的价值追求活动具有促进意义，也是一种旧的价值的损失，抵消人们在已往的社会生活中获得的一部分价值成果。法官职业化使法院直接面临着两方面的无法回避的代价选择，一方面，法官职业化使人们对法官专业化活动的重要性给予了重新认识，法官专业化活动的价值含量和法官的智力付出越来越为人们所认同，与此同时，这又减少了法官获得制度外利益的机会和可能性，制度内利益成为法官获得自身利益的基本来源，这样一来，法官专业化活动的价值含量增大与法官利益获得渠道的减少之间的平衡有赖于加大法院经费供给；另一方面，法官队伍过于庞大，知识背景参差不齐，加大了维系法官队伍这一价值共同体的难度，这就需要适度精简法官队伍，在科学分工保证适应工作需要情况下，使其具备基本相同的知识背景，与现代司法活动相协调的法律价值观念能够在法官之间具有可通约性，为法官队伍这一价值共同体的维系提供从形式到内容上的保证。这种司法改革的代价对于司法机关而言无疑是相当巨大的，实际上其承受能力是有限的。

关于社会秩序的形成和发展，历来有建构理性主义和进化理

---

① ［美］默顿著：《社会研究与社会政策》（中译本），三联书店 2001 年版，第 144 页。

性主义两种认识。建构理性主义认为，所有的社会制度都是而且应当是审慎思考之设计的产物，因为人生而具有智识和道德的禀赋，这种禀赋能够使人根据审慎思考而构建文明；进化理性主义认为，文明乃是经由不断试错，日益积累而艰难获致的结果，或者说它是经验的成果。[①] 实际上，人类文明进步的进程是建构理性与进化理性相互作用的过程。二者之间，肯定一方面否定另一方面，都不能对人类文明的进步给予有说服力的解释。以此观之，法官职业化的进程亦应如此。建构理性能使我们始终保持理论思考的能力，把复杂的进程抽象成一系列可把握的一般性规则，减少试错成本，推进改革进程。进化理性则使我们保持对现实的把握能力，在改革的每一个阶段能充分运用已有的改革资源，在实践中践行理论，在积累中引致新规则的生发。

（二）法官职业化的指导原则

在充分考虑到我国法官职业化建设所面临的上述几方面的现实制约因素后，我们认为，在进化基础上的有限建构应该成为中国法官职业化建设的改革路径选择的指导原则。这一改革路径的指导原则意味着：

1. 法官职业化不仅仅是一种制度化建设过程，更是一个观念更新的过程，如果没有观念层面的更新和一定时间的自然蜕变积累，既无法保证制度设计的科学性与合理性，也难以保证制度安排能够受到预期的成效。这是因为，制度的运行是以国家对制度安排蕴涵的价值观念所形成的社会体认为基础的，如果缺乏这种观念性的体认，就会缺乏实行这种制度的积极性与自觉性，特别是在实施者的自身利益与制度利益相冲突时更是如此。我们现行的法官职业管理制度在建国后实行了较长时间，人们在相当程度上已经形成了与这种管理制度相适应的制度观念，无法在短期

① 邓正来：《哈耶克的社会理论》，参见哈耶克：《自由秩序原理》（中译本），三联书店 1997 年版，代译序。

内实现观念上的彻底更新，这就使法官职业化制度建设的实效性成为一个随着观念逐步更新而逐步积累的过程。

2. 法官职业化不仅仅是法官管理制度的变革，更是国家政治体制改革的一部分。这是因为，法官职业化必然带来司法机关与立法机关、行政机关之间的各自职能范围的制度性调整，而这种调整在相当程度上是通过实践性的探索来进行的，然后才有可能形成一个能够为各方所接受的职能划分格局，并通过法律形式固定下来，这不是在短期内就能完成的，只能随着政治体制改革的逐步展开并经过多方面力量的相互作用才能完成。

3. 由于法官职业化建设涉及法院内部审判权运行新机制的生成，这一点为法院自身提供了一定程度的内部改革空间，法院可以在自己力所能及的范围内进行相应的制度建设，但这仅属于法官职业化制度建设的一部分，因此，法院自身所能进行的制度建设空间是有限的。

（三）建立法官职业化的运行机制

目前，在法官职业化建设过程中，法院还是能有所为的，主要是通过提高法官的素质及建立符合审判权运行规律的新机制，为促进法官职业化建设的进一步展开奠定基础性基础。具体来讲：

1. 法官动态管理机制。法院与行政机关在权力运行方式上的一个重要差别在于，权力行使的主体是分散的而不是集中的，加之法官群体整体性的职业素质和能力又不尽如人意，因此，有必要根据各地法院的案件受理数量确定审判岗位数量，并通过严格的考试与考核，由那些相对政治素质高、业务能力强、职业良知优秀的法官行使审判权和执行权。在确定相应数量的行使审判权、执行权法官的同时，确定一定比例的审判、执行岗位的候补人选，实行科学评价定期动态流动管理，形成必要的岗位竞争压力，强化这些人员提高自身职业素质的积极性与紧迫感，并通过法官考评机制把那些不合格的人员坚决淘汰下去，及时地把具有候补资格的优秀法官补充进来，保持一线审判队伍应有的生机与活力。

2. 责任型审判权内部监督机制。监督对权力主体来讲是来自外部的一种影响力量，由于我们现有监督机制的设置程序问题，“不可避免地带有某种被动性和偶然性，极易造成权力滥用者逃脱惩处。”① 法院现有的监察机构和审判监督机构在监督制约审判权方面带有相当大的被动性和偶然性，监察机构游离于审判程序之外，只对人不对案件；审判监督机构身处审判程序之中，只对案件不对人。这样，就使审判权的监督制约出现结构性失位，因此，有必要建立一种权威性的监督机构对审判权运行的各个环节进行全面监督，并建立起完善的责任追究程序，以保证审判责任的落实。这一点在目前法官职业化起步阶段到相对成熟的职业化阶段的过渡时期是非常必要的，应该说，也是具有中国特色的。

3. 考评机制。法官主要是通过庭审来进行司法判断活动的，案件的卷宗则是这种司法判断活动的书面载体，因此，可以通过旁听庭审、阅卷、了解当事人等方式对法官的审判作风和审判业绩进行考评，并把考评结果与法官的职务晋升、等级评定结合起来，使之能够与法官的阶段性职业能力素质水准更为吻合，而且，还能够有效地消除法官对自身职级的不必要的过度关注，减少法外因素在法官司法判断活动过程中的影响机会。

4. 培训机制。“专门职业对不断发展的理论和技术知识的依赖，要求某些专门职业者把他们的当事人不仅看作在提出‘要解决的问题’，而且看作在提供‘理论问题的解答’”。② 因此，应及时地根据当前审判工作的需要对法官培训工作目标进行调

① 刘海年：《依法治国与廉政建设》，中国法制出版社 1999 年版，第 271 页。

② [美] 默顿著：《社会研究与社会政策》(中译本)，三联书店 2001 年版，第 140 页。

整，知识型培训与能力型培训并重，通过各种有效方式提高法官解决疑难、复杂案件所需要的专业能力。

5. 流程管理机制。通过上下级法院之间的微机联网，运用案件流程管理软件对案件从立案到归档的各个环节进行分解管理，保证案件流程的各个环节能够得到及时、有效的控制，并通过预警程序对案件在流程运行中出现的问题及早发出监控警告，实现案件流程的即时监控，使审判权在其运行过程的各个环节都能够受到有效的监督。

6. 法院内部管理机制。法官的司法理性是法院实现审判职能的根本性内在力量，因此，法院的内部管理必须凸现法官的主体地位，这就要求：

（1）行政管理与审判管理相分离。行政管理是一种等级化的集中管理，只适用行政事务，不适用于以案件裁决权为核心的审判性事务。行政管理与审判管理相混淆，实质在于以行政管理为中心，而不是以审判管理为中心构建法院的内部管理体制。因此，应实行行政管理与审判管理之间的功能分离，突出行政管理的服务功能以及与此相适应的制度运行逻辑，淡化审判管理的行政化色彩，从而使行政管理与审判管理之间的职能分工得到有效的协调。

（2）法官享有案件的审理权与判决权。审判工作是一种亲历性活动，需要裁判者亲身感受当事人之间相互冲突的意见与主张，这样才能形成较为客观的内心确信，并在此基础上作出公正评断。因此，打破现行等级裁判体系，实现审理权与判决权一体化是法官职业化的本质要求。

（3）法官职务序列与其他职务序列相分离。法官职务代表着国家授予的审判权，它是国家对法官专业能力的确认，意味着神圣的使命与责任。因此，只有具有法官从业资格并从事审判工作的特定人员才能被授予法官职权。从事非审判工作的人员只能根据其职责特点授予相应的职称，列入非法官职务序列管理，其职责在于为具有法官职称的审判人员提供其履行职能所需要的服务与保障。

总之，在一个法治社会，法律是政治生活、经济生活和社会生活中最重要、最常规的调控标准，国家不仅通过法律对社会进行调控，而且它本身也为法律所支配。法律是借助于法官降临尘世的，在一定意义上，法官群体是法治社会一支重要的维系力量。法官职业化这一科学命题的提出对于加快我国法治社会的发展进程有着非同寻常的理论与实践意义，但法官职业化建设所需要解决的一系列实践问题往往不是历时性的而是共时性的，因此，既需要足够的历史积累，又需要抓住时机通过必要的制度建设来推动这种历史积累的形成，从而实现法官职业化建设进程目标合理性与过程合理性的统一。

对法院调解制度的反思

法院的诉讼调解制度是中国特色司法制度的重要组成部分。正确认识法院调解的功能定位有效地运用调解机制，对于化解案件纠纷，维护社会稳定，促进社会和谐具有十分重要的现实意义。

一、法院的现行调解制度需要反思

调解作为重要的纠纷解决机制，在减少当事人诉讼利益和诉讼心理的对抗性，促进社会和谐与稳定等方面具有独特的优势与作用，曾被国际司法界誉为“东方经验”。新民主主义革命时期形成的“马锡五审判方式”是法院积极运用调解手段解决社会纠纷的典型代表，并为新中国成立后的民事诉讼制度所吸收，成为人民法院民事审判权的主导性运行方式之一。

改革开放以来，社会成员的权利意识不断增强，特别是随着中国特点法律体系的形成，进一步提高了社会纠纷的法律可诉性。司法改革初期，为了缓解审判压力，一些法院追求快审快判，力图通过“一步到庭”、“当庭宣判”等措施加快办案进度，提高法院的案件审结率，从而在一定时期内判决成为法院的主要结案方式，调解结案一度受到忽视。近年来，人民法院所面临的整体信访压力不断加大，民事调解在缓解这一压力方面的作用又一次受到关注，并为此采取了有针对性的措施，在审判质效考评指标中专门设置了调解率一项，开展了大调解等一系列促进诉讼调解的活动，取得了一定成效。

但是，一个时期的实践以来，我们清醒地看到，人民法院现行调解制度仍然存在着与社会发展需求和人民法院职能不相协调的结构性矛盾和问题，如果这些矛盾和问题不能通过相关的制度建设与完善加以解决，只注意在一些具体工作方面进行改进，这必然会抑制人民法院司法功能的充分发挥。目前，人民法院现行调解制度仍然存在调解与判决的关系不明确，法院调解缺乏程序规范等一些问题，需要进行认真思考并尽快予以解决。

二、调解与判决的关系

《民事诉讼法》将调解与判决两种性质不同的解决纠纷方式共同作为人民法院行使审判权的方法规定在民事诉讼程序中，一定程度上造成了两者关系的紧张和冲突，冲突的结果是调解功能的扩张和判决功能的萎缩，形成了调解主导型的审判体制。根据《民事诉讼法》的现有规定，调解并不是判决的必经程序，只属于判决形成过程中程序性环节的组成部分，目前其自身还没有独立于审判的制度性地位。在案件进入法院审理过程中所经历的各程序环节的运行结果指向均是判决，都是为形成最后的判决结果而实施的，调解只是这一结果出现之前可能出现的另一种结案方式。

因此，在民事案件的调解与判决之间，现行的民事诉讼制度在运行机制方面并没有为调解作出专门、完整的制度安排。但实践中，在导向判决结案的运行过程中增加了调解这一环节，在具体操作过程中，缺少相应的操作标准、原则与具体的运行程序，容易形成在调解与判决之间的左右摇摆。在法院的司法政策倾向于调解时，就容易人为地延缓本应导向判决的运行机制的运行速度，不惜牺牲审判效率求得调解结案，甚至对当事人进行强制调解；在法院的司法政策倾向于判决时，又人为地加快能够导向判决的运行机制的运行速度，对调解环节又容易视而不见，忽略调解，甚至能调也不调。

三、法院调解程序应规范化

由于对调解结果的过度追求，调解过程中有的法官往往忽视当事人的意愿。客观上导致了两方面消极后果。一是容易产生当事人与法官之间的对抗。法官本来是中立的第三者，是当事人纠纷是非的判断者与处理结果的调解人，与当事人之间不应该产生对抗。但由于有时过于强调调解的功能作用，在进行调解时容易超出中立地位的要求，要求当事人接受法官提出的调解方案，容易导致该方当事人对法官的行为产生错误认识，认为法官在调解过程中存在偏向一方的问题，这样一来，法官事实上由中立者变成了积极主动的求人者，无形中加大了当事人对法官审判行为的评价压力。这种做法超出了审判法官的角色定位，且容易同人民调解方式相混淆，这种方式在程序设计上缺少分散法官可能承受的对这种调解方式评价压力的必要安排。二是削弱了法院调解制度的社会亲和力。调解本来应该体现民事诉讼中当事人意思自治的处分原则，强调当事人的积极参与，通过当事人意愿而不是法官的意愿实行调解，但是，现行调解方式及具体程序设计并没有为当事人提供这种制度性渠道，当事人在调解过程中的诉讼主体地位并没有得到很好的尊重与体现，容易造成当事人对不得不接受的调解方案的认同与服从。三是人为地割裂了调解与和解之间的有效衔接。调解与和解本没有本质性的区别，都是建立在当事人自愿基础上的纠纷解决方式，但是，在审判实践中有些法院却机械地把调解理解为必须是在法官的主持之下进行，把和解理解为当事人在庭外进行的纠纷解决活动，排斥了和解在实现法院调解方面作用的发挥，或者说，在调解过程中不能很好地发挥当事人的主体作用及吸收当事双方和解成果，以促进法院调解结果的实现。四是调解法官与审判法官身份不宜混同。由于法院的调解与审判一般都在同一合议庭或法官的主持下进行，调解建议的提出更多地体现了法官对案件的先期判断，法官可以运用这种先期判断在当事人之间施加压力，使其同意调解并接受法官提出的调解方案。这样一来，可能带来以下消极后果，首先是容易导致调解过程中一定程度的强制。法官由于对案情已经有了一定的了解和认识，对案件的判决结果有了一个基本的估计，在进行调解特别是在当事人不接受审判人员提出的调解方案时，往往以在对案件问题认识上的判断先入为主地来对当事人施加强制性影响，以求得当事人能够接受其提出的调解方案。其次是调解人由法官担任，可能造成情理标准与法律标准混淆，不利于提高法律的社会价值和威信。再次是为了追求调解率，法官往往不遗余力地长时间进行调解，甚至求当事人达成调解一致，结果是法院独自承担来自双方当事人的诉讼评价压力，使法官和法律的威信受到影响。

四、法院调解与社会调解的制度衔接

在现行的民事诉讼制度中，人民调解是一种法院之外的社会纠纷解决机制，并不具有强制效力，当事人仍然可以在不服人民调解的调解结果时向人民法院提起诉讼。

但是，与法院调解相比较，人民调解有着自己独特的优势。人民调解已经形成了自身的体系网络，在组织机构方面，人民调解委员会这一群众性的自治机构已经遍布城乡各地，在人员方面，全国各地已经形成了一支庞大的人民调解员队伍，在调解方式上，人民调解方式灵活，不拘泥于繁琐的法律程序环节，能够有效地降低当事人的纠纷解决负担。

更为重要的是，人民调解员可以充分发挥出自身的社区优势，特别是对当事人生活情况的掌握，可以有针对性地进行教育疏导，使纠纷得以迅速、低成本地解决。但是，在现行的民事诉讼制度中，法院调解的主持人是法官，法官显然不如人民调解员更了解当事人的社区生活情况，在进行教育疏导时往往缺少足够

的信息来源推动当事人形成和解的愿望，往往依靠强制性影响来推动调解。

另外，对于一般性矛盾纠纷，诸如张三欠李四50元钱之类，由人民调解等社会调解解决会更快捷，更简单，甚至效果可能更好。当前，进入法院的案件相当一部分属于事实清楚、法律关系简单的一般性案件，如果将法院调解与社会调解（包括人民调解）通过一定程序有机地联系起来，将一般性社会矛盾纠纷由社会去解决（法院作为后盾），既提高了社会自身治理的程度，又有利于矛盾纠纷的化解，也解决了法院案多人少的问题，有利于法院集中精力解决重大疑难案件。

五、建立中国特色的法治化调解制度

法院现行调解制度存在的上述问题可以集中概括为三点，一是制度滞后于实践，还处于粗放式操作和情理性认知阶段。缺乏对于调解的原则及程序的规制。二是对我国历史上调解方式的社会作用分析总结及社会主义市场经济条件下调解的规律性研究的不够。感性的认识还没上升到理性认识阶段。三是对全球化形势下创新发展调解的社会功能及方式的探索的不够。还没有将其纳入到社会管理创新的范畴里来。

中国传统社会主张社会成员之间发生矛盾纠纷应采取调解的方式解决，对通过诉讼解决社会纠纷一向持否定态度，孔子就曾经说过："听讼，吾犹人也，必使其无讼乎。"实现社会成员的无讼，要靠国家对社会成员的道德教化，通过社会调解来消除纠纷，回复到和谐状态。这就使调解成为中国传统法律文化的典型代表之一，早在西周时期的文献中就已经出现了关于调解活动的记载，这说明，通过调解来实现儒家文化中的无讼观念在很早以前就为古人所认识。

但是，尽管我们的传统法律文化早在古代就已经形成了民事纠纷的调解观念，在相关的调解制度特别是实现调解的方式与途径方面的制度安排上却相当滞后、非常单一，乃至在一定程度上影响了今天的调解制度在技术操作层面的运行面貌，使相关的制度安排滞后于调解运行实践所要实现的预期目标。应该说，这与人们对调解制度功能的社会认知有很大关系。中国传统法律文化的观念基础在于“天人合一”，强调人只有不断地加强自身的道德修养才能实现体现最高道德准则的“天道”与具有道德观念可塑性的“人道”之间的和谐。受这一观念的影响，在中国传统法律文化中，道德具有绝对优先的地位与作用，特别是与法律相比较时更是如此，因此，由国家对社会成员进行并实现道德教化成为国家各种正式制度的首要的和根本性的运行目标，各种制度安排也都体现了这一思想，调解制度就是在这种背景下被赋予了道德教化功能。在调解制度的运行过程中，特别是官府进行调解时必须要由官员们主持调解活动，以确保能够对当事人进行有效的道德教化，从而实现无讼的社会状态，调解的途径与方式未及时制度化，且过于单一也就成为必然。

实际上，调解还有两方面更为根本性的功能，一是实现当事人之间的纠纷的自主解决，二是社会成员都有责任解决社会纠纷，其理论根据是社会责任论，解决与自然人、企事业单位、行业协会及行政机关有关的矛盾纠纷，是每一个社会成员应尽的社会责任。调解是直接针对当事人之间的纠纷而形成的一种解决方法，其目的在于减少社会纠纷对社会秩序可能带来的更大冲击，并通过节约国家的司法资源和当事人的诉讼资源来使纠纷得到有效解决。应该说，这才是调解这种解决纠纷方法的基本功能，而对当事人进行道德教化则是在纠纷解决过程中被赋予的辅助功能，如果把这一辅助功能理解为基本功能，则有违调解制度产生的最初本意，进而也就不可能以一种更为务实的态度创造出更多的方式与途径去解决纠纷。美国的民事纠纷中有90%的案件是通过多种方式与途径的调解或和解解决的，只有10%左右的案件进入庭审阶段，应该说，这与其所拥有的多种方式的替代性纠纷解决机制有着密切关系。

社会主义市场经济社会不是一个政府包揽一切管理，法院包处绝大部分纠纷的社会，而应该是一个人人有责、企业部门有责，人人及各企业部门都应尽自己应尽之责的社会。因此，在社会矛盾纠纷解决机制的设计上应充分考虑新时期市场经济、法治社会的特点，在充分发扬我国调解传统中优良成分的同时，借鉴国外先进的经验，通过社会管理创新，建立一个符合市场化要求的调解制度。社会纠纷主要社会解决，法院主要解决重大疑难及需要建立社会行为标准的问题，这样既节省了司法资源，又强化了社会责任；既促进了社会和谐，又树立了法律的威信。

司法公开制度的功能

司法公开是实现司法公正、促进司法廉洁、树立司法权威的重要制度保证，是当前和今后一个时期人民法院工作中必须着力坚持的重要原则。从理论与实践相结合的视角深入探讨这一问题，对于深化依法治国方略，树立法律权威具有重要意义。

一、司法公开的制度地位

司法公开是指司法机关在解决社会矛盾纠纷过程中，有义务公开解决案件纠纷的过程、结果、法律依据等，避免当事人对诉讼程序、实体处理结果产生合理怀疑。司法活动应置于公众监督之下，避免司法活动中可能产生的不当之处。司法公开的基本要求是实现司法机关审判活动的透明，并以此促进司法公信力的提高。

司法公开是有历史渊源的。在古罗马，一般民、刑事案件，都实行公开审理，在当事人到庭后才开庭审理。采取法庭辩论原则，允许当事人及其保护人进行辩护，判决只能在辩论终结后作出。法官在宣判时，应公开朗读其判决书全文。应当说，当时采用的审判公开制度、是与古罗马开放的政治氛围有密切关系的。到了罗马晚期，这种状况发生了很大变化，随着司法审判中专制主义的萌生，使得王政时期的诉讼开放情形朝着秘密审判的方向发展，司法专断变得十分普遍。在中世纪，无论是教会审判还是世俗审判，一般都采用秘密方式进行，诉讼的整个过程基本上是封闭的，不仅对社会，而且对当事人也保持着一种隔绝状态。司法专横和擅断在封闭中得以恣行，司法活动的不透明，强化了审判的恐怖感和神秘性。

近代资产阶级革命时期，审判公开的思想重新得到了推崇和倡导。黑格尔把诉讼的进行和审判的展开看作是法律在审判过程中的实现，“根据正直的常识可以看出，审判公开是正当的、正确的……，公民对于法的信任应属于法的一部分，正是这一方面才要求审判必须公开。公开的依据在于，首先，法官的目的是法，作为一种普遍性，它就应当让普遍的人闻悉其事；其次，通过审判公开，公民才能信服法院的判决确实表达了法。”随着公平、正义及法治理念的传播，审判公开已经成了无可辩驳的司法规律性要求。资产阶级民主革命时期为反对封建专制主义实行的秘密审理原则而提出的公开审判的口号，是人们政治上、思想上要求民主、解放和自由的产物。资产阶级革命取得胜利后，法国于1806年民事诉讼法中首先确立了这一制度。随之，公开审判正式在世界大多数国家得以确立和推行。

公开审判制度在我国得以施行是近一个世纪的事。从中国古代到19世纪末、20世纪初的晚清，诉讼基本以不公开为特征。进入20世纪以后，迫于国内外形势压力，清政府仿效西方改革了法制和司法制度。1906年在沈家本主持下起草的旧中国第一部独立的诉讼法典——《大清刑事民事诉讼法草案》、1910年颁布施行的《法院编制法》、1911年在日本法学家松冈正义协助下起草的《大清民事诉讼律草案》等吸收了西方资产阶级的立法原则，均采用公开审判原则。革命后建立的南京临时政府继续沿用资产阶级诉讼法律的内容，进行了具有革命性和先进性的诉讼法制实践活动，采用了西方国家的公开审判制度。

新民主主义革命时期，广大革命根据地实行新民主主义诉讼制度，以马克思列宁主义、毛泽东思想作为诉讼立法和司法的根本指导思想，反映了无产阶级领导的广大人民群众的意志和根本利益。始终坚持审判公开原则，充分体现了新民主主义法制的广泛民主性，不仅使法院通过审判活动对群众进行了法律教育，而且使审判工作置于群众监督之下，提高了审判质量。例如，土地革命时期创制的《中华苏维埃共和国裁判部暂行组织及裁判条例》第16条规定："审判必须公开，倘有秘密关系时，可用秘密审判的方式，但宣布判决时仍应公开进行。"1941年5月10日《陕甘宁边区高等法院对各县司法工作的指示》中说："判决案件完全是公开的，在必要时可以举行人民公审来判决。但法律规定的不宜公开审判的案件除外。"新中国成立后，审判公开作为国家制度的重要组成部分在《宪法》中明确规定下来，并在三大诉讼法中得到了具体体现。从我国《民事诉讼法》、《刑事诉讼法》和《行政诉讼法》的规定中，可以看到，在我国，公开审判是原则，不公开审判是例外，只有法律规定的特殊情形，才允许不公开审理。

通过对司法公开制度的历史考察，可以看到，这一制度不仅仅是一项诉讼制度，具有审判公开的涵义，且包含更全面、更高的要求。特别是从国家与社会之间的结构关系来理解，这一制度更是一项司法机关必须遵循的具有宪法地位的基本司法制度。

制度的地位取决于制度的功能。司法公开制度之所以在现代法治社会中有着举足轻重的地位，这是与其自身的外部功能分不开的。具体来讲，在现代法治社会，司法公开制度具有以下几方面的功能：

1. 公众知情的功能

公众享有对国家权力运行过程和结果的知情权是现代民主政治的基本要求。司法公开要求法院诉讼程序的每一阶段和步骤都应当以当事人和社会公众看得见的方式进行，让公众对诉讼程序有个全面客观的了解，这是法院的司法过程与司法结果获得正当性的基本要求。亦即，"正义不仅应得到实现，而且要以人们可以看得见的方式加以实现"。公众的知情权在内容上包括对法官身份的知悉、对审理过程的见证和对审判结果的知晓，更重要的是对审判结果形成过程的公正性、真实性的知情。具体来说，一是对法官身份的了解。在现代的诉讼活动中，将法官的身份资料告知诉讼参加人及公众是一项必经程序。通过公开法官的身份，保障当事人行使申请回避的权利，同时也有利于公众通过个案对法官的能力、品质、社会责任等给予评价，约束法官的行为，使其符合法律的公正标准。二是对审理过程的了解。审理过程的公开是司法公开制度的重要内容，它要求法庭的开庭审理向公众公开，向社会公开，允许利害关系人、当事人亲属及其他公众到庭旁听。同时要求法官在诉讼中公开告知当事人其享有的诉讼权利与义务，保障当事人有机会行使自己的诉讼权利。三是审判结果及其理由的了解。审判结果的公开是指将案件的处理结果向当事人、公众公开。四是对审判结果形成的法律依据的了解。法官对法律的理解因为个体素质的不同而不同，所以对案件的同一事实、法律适用、裁判结果会形成多种意见。司法机关的任务就是明辨是非，公断曲直，并将这一裁判的过程及结果形成的理由给予权威确认。这就要求裁判文书要做到事实清楚，法律适用准确，说理透彻。也就是说，对一个案件的公正处理不仅要让参加诉讼的当事人信服，而且要让没有参加诉讼的公众在看到审判结果时，通过了解裁判结果的形成过程，信服该结果。

2. 社会监督的功能

司法公开是与社会主义民主的本质相辅相成的，相互促进的。社会主义民主就是大多数人管理社会事务。我国《宪法》第2条规定：“中华人民共和国的一切权力属于人民。”“人民依照法律规定，通过各种途径和形式，管理国家事务、经济和文化事业，管理社会事务。”因此，作为国家主人的人民当然享有对司法工作了解和监督的权利。这种了解和监督表现在社会公众不仅有权对代表人民行使司法权的审判组织进行监督，也有权对每一名法官进行监督，这样才能充分体现社会主义民主的真实性和广泛性，才能真正达到以权利监督权力，防止权力滥用的目的。司法公开制度使法官的判断活动对当事人而言，处于一种开放状态，法官必须认真倾听当事人的权利主张，以认真回答当事人主张的方式，对自己作出决定的根据进行充分的说明，法官作出的决定必须建立在当事人提出的证据和辩论的基础上。在这里，法官的判断必须对当事人的辩论作出回答和回应，不是仅仅把当事人的程序主体性作用限定在为了帮助法官作出正确判断而提供足够的资料这一狭窄的范围内，而应是在把当事人双方的辩论内容约束法官判断的同时，把法官的存在和决定权纳入自己解决自己的问题这样一种主体性相互作用的过程。正是在这一过程中，司法公开制度为当事人和社会成员监督法官行使审判权的一系列过程和相关活动提供了监督的可能性。

3. 阻却功能

法官的判断活动是一种认识活动，法官只有凭借自己的司法良知和理性自主地进行判断而不受他人意志的左右，才能够专注于运用法律思考方式即权利义务思考方式来看待、理解当事人之间的纠纷。实际上，每一个案件的正确处理以及判决的正确性都离不开实际上客观存在的法官内心确信，如果不能形成这种内心确信，就难免使法官对案件的处理心中无数，或被假象所迷惑，进而盲目下判。法官判断活动的这一自主性特征需要司法公开制度为其提供制度保障方能实现。具体来说，司法公开制度使诉讼程序的每一个环节和相关运行过程都处于向当事人和社会公开的状态，法官个人的判断活动作为一种主观思维运动固然无法向当事人和社会公开，但是，司法公开制度使诉讼程序的参与者限定为法官和当事人，并为其设定了与其角色地位相适应的活动规则，为纠纷的解决营造了相对独立的制度性空间，这样一来，就使案件纠纷的解决过程具有了一定的独立判断封闭性，通过排除各种偏见、不必要的社会影响和其他法外因素的影响，可以有效地避免外界力量的左右。这就加强了待解决案件的法律适用的纯粹性，分散、减轻了法官运用法律视角看待、理解当事人主张的压力，从而有效地防止和抵御来自法外因素的干扰和影响，抑制法官的恣意判断。司法公开制度的这一功能促使国际社会形成了这样一种共识，即每个法官均应自由地根据其对事实的评价和对法律的理解，在不受来自任何方面或由于任何原因的直接或间接的限制、影响、诱导、压力、威胁或干涉的情况下，对案件作出裁决，这是审判人员的应有职责。在作出裁决的过程中，司法系统的任何组织，以及等级和级别方面的差异，都不应影响法官自由地宣布其判决的权力。

4. 证成功能

按照公共选择理论，司法裁判与立法决策的不同之处在于，前者不需要受此决策影响的当事人的同意，而是由法官或合议庭独立进行裁判；后者则由受此决策影响的社会成员在立法机关的民意代表按照多数同意原则进行决策，因此，司法裁判的正当性依靠司法公开制度来提供相应制度保障。亦即，通过司法判断者的中立来证成司法裁判的客观性。司法裁判的客观性寻求法官价值判断与法律规范背后的立法价值取向相一致，客观地表达立法者的价值评价倾向，从而对案件当事人的主张给予肯定性或否定性评价，从这个角度看，司法裁判的客观性本身虽然意味着法官在进行着带有评价倾向的价值判断活动，但绝不意味着法官的判断立场也是带有倾向性的，如果这样的话，法官是在以带有个人偏见而不是法律偏见的评价标准进行价值判断，司法裁判的客观性也就无从谈起。

司法公开制度能够从这样几个方面保证法官的中立性地位：(1) 在庭审程序启动之前，不应对案件的事实问题和法律问题形成先验的主观倾向或偏见；(2) 对案件双方当事人的主张给予同等形式对待；(3) 在程序展开过程中，法官的个人情感不应渗透到法官的法律偏见中去，如法官在审理案件过程中，基于对案件事实的感受而形成的愤怒、同情、蔑视等不能干扰法官的法律偏见。从这一角度看，司法公开制度为当事人接受判决结果创造了一种客观性氛围，能够使其心悦诚服地接受法院判决，服判息讼，进而提高了当事人对人民法院的信任感。

二、我国司法公开制度的实践现状

从我国目前司法公开制度的实践状况来看，存在的主要问题可以概括为，缺乏实质性公开，审判的公开性特征有的还流于形式。司法公开要求法院对案件的实质性审判活动，即对案件证据的采用、事实的认定、对当事人是非责任的评判都应在公开的法庭上进行，法官只有通过法庭审理，才能形成对案件的认识，作出裁判，做到让胜诉方赢得堂堂正正，败诉方输得明明白白，旁听者听得清清楚楚。而我国目前的司法实践中，普遍存在着公开审理形式化的倾向，突出表现为：（1）审理之前已形成一定意见。尽管近年来随着民事审判方式改革的不断推进，法官“大包大揽”的状况已经有所改观，但总体而言，人民法院在诉讼过程中行使职权时仍显得过于积极主动。法官在开庭审理前过多介入诉讼，通过对证据的调查收集和对当事人的询问，事实上已经开始了对案件的实质性审理，评断意见也已经形成，有些时候使得公开审理仅是走走过场而已；（2）审理与判决脱离。审案的不判案，判案的不审案，还相当程度地存在。在我国，审判委员会是法院里的最高权力机构，一些重大疑难案件要经过审判委员会讨论后，才能定案，合议庭必须执行。事实上，审判委员会在决定案件时，一般由“主办人”汇报案情，如当事人争议的事实，双方各自的证据和理由、合议庭对证据和事实的认定、适用法律及最终的处理意见。审判委员会委员根据汇报的情况各自发表意见，最后少数服从多数形成决议。这实际上是在审判委员会委员未直接参与庭审的情况下，对案件又进行了一次审理。这种情况就必然导致“审”与“判”的脱节。这一环节带来的问题是：“主办人”能否把合议庭所有成员在案件审理过程中形成的真实感受都汇报给审委会。目前司法公开制度在我国司法实践中存在的上述问题，其主要原因在于：

1. 法官对司法公开制度的法治意义认识的还不到位

司法公开制度的法治意义在于，公开制度是现代法治社会关于处理国家与社会关系一般准则的必然逻辑。从法治的一般意义来讲，国家权力本身不具有独立的价值，它的存在意义在于为个人权利的实现提供保护，加之，国家权力拥有对合法暴力的垄断，任何一个社会成员在国家权力面前都是弱小无力的，国家权力如得不到有效制约，极易使个人权利受到国家权力的压制。因而，在国家权力和个人权利之间，个人权利是国家权力的目的和本源所在，国家权力是个人权利得以维护和实现的手段，个人权利在两者之间的逻辑关系上处于本位的、优先被考虑的地位。在司法权运行过程中，国家与社会之间的这种结构性关系的具体形态表现为：司法权应尊重、维护当事人的诉讼地位，通过对当事人权利的维护使当事人的诉讼地位和权利得到切实有效的保障，司法权应成为当事人权利的保护神；当事人应享有充分的权利来制约司法权的恣意判断，既要使当事人之间的纠纷通过司法途径得到公正、合理的解决，又能够使当事人的权利在这一过程中免受司法权的侵害。从这一角度看，司法公开制度对于法院来说，只能意味着一种制度责任。但是，在司法实践中，一些法官把司法公开制度理解为可以根据自身的利益需要随意限定这一制度的实践边界，更多的是把司法公开制度理解为法官个人给当事人带来的人格化利益而不是基于制度自身要求而带来的非人格化制度利益。显然，这与这一制度的法治意义是不相符合的。

由于在司法实践中对司法公开制度的法治意义特别是其所蕴涵的社会成员权利的维护与实现是国家权力运行的根本目的这一理论逻辑认识不到位，因而在司法实践中就难以正确认识审判管理权对法官案件审判权以及由此对当事人权利的维护与实现有可能带来的负面影响，由此进一步加剧了法院内部审判管理的行政化倾向，从而在相当程度上削弱了司法公开制度的实践效果。我们知道，法官的相对独立性，是法官的裁判者地位所决定的，没有相对独立的职权活动空间，法官的裁判者地位就无从保证，其裁判者的职务价值就无从实现。可以试想，在一个法院从事案件审判的法官，事事时时都面临着他人的指导和干涉，而且这些指导和干涉根本无法避免地带有法院行政领导的权力威慑和先入为主意识的影响以及由此带来的法外因素判断压力，它将对司法公正带来多大危害。裁判者的正当性地位来源之一是以中立来体现的，一旦法官没有了相对的独立性，要受到许多来自各个方面的不正当的事前或事中的影响或监督，受到对具体案件审判的不当指导和干涉，自然不能很好地保持其在对待各方当事人态度上中立的角色位置，纵然有强烈的公正观念，也可能在程序和实体两个方面走向公正的反面。

2. 法院与社会之间的“制度隔离带”还没有建立起来

司法公开制度的本意在于通过设置法官与社会之间的“制度隔离带”，保障诉讼程序应有的必要封闭性，使法官能够有效地排除法外因素的影响自主地进行司法判断。但是，法官对案件进行自主性判断仅有司法公开制度提供的制度保障是不够的，还需要其他相关制度与司法公开制度共同提供全面的制度保障。目前，存在的主要问题是法官职业保障制度不完善，在一定程度上抑制了法官在司法实践中落实司法公开制度的主观积极性。我们知道，司法公开制度的预期目的在于促使法官能够成为自主性的司法判断主体，这样一来，法官固然享有对案件的决定权，但是，法官的司法判断责任也随之加大。目前，法院内部审判管理的行政化倾向在短期内还难以消除，法院内部审判管理制度还难以完全按照审判权运行规律的内在要求和法官职业的内在逻辑来进行相应的制度安排，法院内部审判管理者的有形和无形影响仍然是法官在进行司法判断时不能忽视的一个重要因素，法官还难以具备承担司法判断责任所需要的自主性判断地位。同时，近年来，法官的职业素质固然有了一定提高，但是，我们的法官群体还缺乏发达国家法官群体在司法传统和人文传统方面所经受的熏陶，我们没有那样素质的法官或者很难选出一批能够依靠自身的职业素质自主承担司法判断责任的法官。上述因素的交互作用使法官不愿意、不敢承担司法判断责任，更愿意通过长期以来法院内部审判管理行政化倾向制度安排所形成的“路径依赖”来转移这种责任，进而削弱了法官落实司法公开制度的积极性。

3. 当事人和社会成员对司法裁决的评价标准还不都是法律的

就法院的司法裁决来说，其本质在于对当事人主张的利益进行的权威性分配，这必然减少一方当事人的现实利益，这就需要当事人和社会能够从法律的形式合理性的角度来评价法院司法裁决的正当性，否则，法院就无法承担起通过解决纠纷，进而实现对社会进行价值整合的制度功能。改革开放以来，社会成员的自身利益在国家权力体系面前逐渐具有了正当性，社会成员的价值观念的分化与差异也在不断显现出来。在这种条件下，社会成员的权利意识和权利救济意识也有了一定提高，但是，我们也必须冷静地看到，社会成员还没有形成一种成熟、稳定的自我利益的法律观念，尚不能通过理性的制度渠道来表达、维护、实现自身合法权益。由此而来的是，社会成员还没有形成理性的法院审判评价标准，人们更愿意从实质合理性的角度而不是从形式合理性的角度来评价法院裁决的正当性，进而就使法院和法官面临相当大的司法判断压力，特别是法院涉法信访工作所面临的形势进一步加剧了这种压力。司法公开制度固然为维护、实现当事人的诉讼权利带来了制度保障，但是，也在相当程度上凸现了法官的判断主体地位和判断压力，而在社会成员尚未形成理性、成熟的法院工作评价标准的条件下，法院和法官落实司法公开制度的积极性不能不在客观上受到一定程度的抑制。

三、我国司法公开制度改革的路径选择

司法公开是现代法治国家普遍实行的一项重要制度，但对其具体内容的理解不尽相同，概括起来大致有两种：一种是半公开的审判制度，一种是全公开审判制度。半公开的审判制度是指仅仅审理案件中的过程和判决的宣告公开，合议庭对案件的评议不对外公开。不仅合议的过程是秘密进行的，而且合议中的分歧意见也不对外泄露。全公开审判制度是指不仅审理案件的过程及判决的宣告公开进行，对实行合议的案件，评议过程中的少数意见也在判决书中写明或以其他方式向外界公开。这两种制度最具有代表性的国家分别是法国和美国。就我国而言，在三大诉讼法中得以确立和采用的是一种半公开的审判制度，判决中所反映的仅仅是合议庭多数成员的共同意见，少数成员的不同意见记入评议笔录，由法院内部保存，外界无法了解和查阅。

目前，法院改革与发展所面临的主要矛盾是法院现有工作机制的制度性供给能力与人民群众希望享有更多的法院改革与发展成果来更为便捷地实现自身权利诉求之间的差距。必须认识到，法院在国家权力体制中的现实地位不可能在短时期内使法院自身拥有解决这一问题所需要的法院外部的制度创新资源与能力。因此，法院改革与发展的预期目标和实现进度应该与法院在国家权力体制中的现实地位和能够实际运用的制度创新资源相适应，脚踏实地，量力而行，循序渐进，在现有体制允许的前提下，深入发掘现有工作机制中在回应新形势下人民群众权利诉求的制度性功能的有效部分，使人民群众能够逐步切身感受到法院落实司法公开制度的成果。基于上述考虑，我国司法公开制度的发展方向应该是从半公开状态逐步过渡到完全公开状态，在这一过程中，应完善相关制度，为实现彻底的司法公开创造必要的前提条件。

1. 强化法官的程序保障意识

司法公开制度的法治意义不言自明，但是，人们对于这一制

度更为熟知的是其程序保障意义。法官能否真正理解这一制度的程序保障意义，对于这一制度在司法实践中能够处于一种什么样的运行状态是非常重要的。我们必须充分认识到，司法公开制度有利于实现法官司法判断的正当化。正当化是对正当性（Legitimacy）的追求，据此，我们可以把正当化理解为正当性的实现过程。正当性意味着人们对于权力的行使及其结果作为正当的东西而加以接受的状态，用卢曼的话来讲，正当性就是意味着在一定的许可范围内，人们对于内容未定的决定也准备接受这一心理状态的一般化，即人们对于法律的妥当性、约束力及其基础价值的普遍确信。司法公开制度表达了这样一种理念：纠纷解决过程是按照程序设定的逻辑规则而不是按照程序外的逻辑规则展开的，衡量纠纷解决过程和结果的正当性标准在于法律生活的逻辑而不是日常生活逻辑。这样，我们就可以把程序视为由各种程序性规则组成的制度性空间，从当事人向法院提起诉讼，提出具体的权利请求开始，经过争执焦点的形成、举证、辩论、陈述以及上诉等阶段使判决得到确定，在这一过程中，解决一个具体纠纷的“法的空间”逐渐形成。在这个空间里，通过司法权和当事人诉讼权利的交互作用，问题以对话、辩论的形式处理，容许当事人之间的对抗，使得社会矛盾在受到规则控制的条件下寻求解决的机会和途径，把一般性问题转化为具体性问题，把价值性问题转化为技术性问题，从而使当事人之间的纠纷给政治和社会体系的正统性所带来的冲击得以化解。因此，司法公开制度能够使司法判断获得当事人和社会成员的普遍确信，从而使司法判断具有了正当性外观。

2. 正确把握司法文书的说理程度

当前，是否应该在司法裁决文书中公布法官对裁决理由和结论的不同意见是把握司法文书说理程度中一个很有争议的问题。在我国，在人民法院制作的裁判文书中，最早公开展示法官不同意见的是广州海事法院。该院决定，在制作裁判文书的判决理由部分时，一改传统的“本院认为”的表达方式，直接将审案法官的个人意见（包括合议庭的不同意见）标明出来。

笔者认为，公布少数法官的不同意见的积极意义在于，这是司法民主的要求，也有利于增强法官的责任感。在合议制的审判模式下，法官的确必须服从合议庭的裁判，然而，民主的要求之一就是允许少数人有权利表达其不同的意见和主张。所以，在司法领域当中，虽然判决是按照少数服从多数的原则作出的，但也应当允许法官在裁判文书中记载其个人的不同意见来自由表达其个人观点。而且，公布少数法官的不同意见，不但是对少数法官民主权利的尊重，从更深的层次来看，也有利于强化法官的责任。因为，相对不公布不同意见的判决书而言，判决书公布不同意见后，会引起当事人本人乃至社会公众更大的关注。因此，如果法官要提出反对意见，那么他必然要面对社会更严厉的评论；如果法官不愿提出不同意见，那么他就要被归类于可能是错误的却又不反映其真实意志的判决中去。这就容易使对判决理由和结论持不同意见的法官处于一种两难境地。

因此，在我国现阶段在裁判文书中表述法官的不同意见，尽管有其积极意义，但从中国的国情和目前审判机关的现状来看，似乎还为时太早。一是没有法律依据，不符合《刑事诉讼法》、《民事诉讼法》、《行政诉讼法》和《人民法院组织法》有关人民法院审判案件实行“少数服从多数”的原则和合议庭讨论案件时对少数人的意见只能记入笔录作为不公开的副卷存档的规定。二是社会公众难以接受审判机关居然对案件的定性处理还有不同意见的现实。三是与我国实行的是人民法院独立行使审判权而不是法官独立行使审判权的司法体制相悖。四是可能使法官因不同意见的公布可能引起当事人及社会各界的非议而产生后顾之忧，以致在审判案件和评议案件过程中因心有余悸而不敢“实话实说”。

3. 认真落实人民陪审制度

人民陪审制度的积极意义在于：首先，根据人民主权原则，国家的立法机构和行政机构是由人民通过普选权选举出来的代表组成的，同时还通过法定的常规机制参加政府的活动。在前者，人民通过选举权表达了抽象的政治意愿，在后者，人民通过陪审权实现了具体的政治意愿。陪审制和选举制是人民主权原则的两个重要的直接结果，也是它的最终结果；它们两者在实现多数统治的政治理念上具有同等重要的意义，缺一不可。其次，法院处理案件依法办事，但法律是原则性的、是有限的条文，面对丰富的社会生活来讲，法律规定难免挂一漏万。法官由于其职业特点和生活圈层的限制，对社会公众公认的公平、公正原则和社会公众的良心，对社会生活方方面面的经验难以全面了解和体验。当有些案件法律没有明确规定或者规定不具体，而需要借助社会经验来处理时，陪审员能够为职业法官提供丰富的民间生活经验，帮助法官处理案件，保证案件的正确处理，进而实现法官职业逻辑与社会成员的大众生活逻辑之间的互补。最后，陪审员参与审判可以督促职业法官秉公办案，减少法官的不廉行为，人民陪审员参与审判的监督和制约作用可以保障司法的廉洁，遏制司法腐败现象。

一般来说，一个人在有人在场的情况下会比在无人在场的情况下更注意约束自己的行为，而且在“外人”面前往往比亲友或熟人面前更注意约束自己的行为。因为参与审判的法官只有一个或者都是与其关系密切的同事，那么一个人敢于贪赃枉法的机会比较大。如果一个法官与数个其不相识的陪审员共同审判则该法官在各种诱惑面前必然要三思而后行。司法公开制度的核心在于审判公开，其意义在于把案件审理过程公开置于群众监督之下，增加公开度。审判公开不仅仅是公开庭审、让群众旁听这种形式上的公开，更重要的是从实质上公开，即由群众以人民陪审员的身份参与案件实体审理和裁判，这才是一种真正意义上的公开。由于陪审员一般不懂法，要想说服他们只能靠事实和证据，证据要公开，证人要出庭，这就避免了“暗箱操作”的可能。

人民陪审制度的上述积极意义与司法公开制度的基本理念是一致的，因此，落实人民陪审制度对于在司法实践中实现司法公开具有重要的现实意义。

4. 不断完善法官职业保障制度

就实现司法公开这一制度的预期目的而言，从法院内部工作来看，完善法官职业保障制度所遇到的一个重要的现实问题是处理好行政管理与审判管理之间的结构关系。就目前法院所面临的实际情况看，行政管理与审判管理还不能完全分离，只能是相对分离。原因在于，法官的整体素质特别是职业道德素质还没有达到应有的水准。就我们的法官来说，与法治国家法官所具有的那种法律职业荣誉感和敬业精神和理解自己的职业对全社会的意义方面是有距离的。因此，在法官还没有完成形成职业道德自觉的情况下，还需要外部的约束力量，特别是要依靠法院内部的行政力量所形成的必要制约。在目前的情况下，如果过分强调行政管理与审判管理的完全分离，容易导致审判权运行的失控，这不仅是对司法公正的另一种形式的伤害，更是与国家现行政治制度的总体原则不符（司法制度是政治制度的一部分，不能离开这个大背景单纯地研究司法制度）。

（1）实现行政管理与审判管理逐步分离。一是进一步改进法官任免体制。当前，在我国，法官任免体制存在着一定不足：地方组织人事部门在法院的人事管理工作中发挥着事实上的主导作用，按《公务员法》管理法官是与法官职业化目标不一致的；二是法官的任免仍然是在一个较为封闭的内部程序中运行，社会公众对法官任免情况缺乏了解，妨碍了社会公众的评价态度对法官任免的影响作用。从发达国家法官管理实践来看，一方面，法院发挥着主导作用，即使需要法院与司法行政部门协商，司法行政部门也是尽可能地满足法院的需要。为了使法官的任免能够更符合法院工作的特定需要，法官的任免应该尽可能发挥法院的作用；另一方面，应该适当提高法官任免的社会开放性，即一定程度地吸收社会公众特别是行政机关、社会团体、律师及普通社会公众的意见，使法官的任免能够更多地获得社会各界的认同，提高社会公众对法官所进行的审判工作的信任度。

（2）需要进一步完善审判委员会制度。审判委员会制度最大的缺陷是，它从设置时起就充满了行政色彩，导致行政管理与审判管理不分。但从实际效果看，审判委员会确实在特定情况下发挥了极其重要的，且不可替代的重要作用，考虑到法官群体的现实素质仍然需要发挥集体决策所具有的整合认识，提高司法判断理性程度的这一组织形式的作用，在今后一定时期，应该保留审判委员会制度。但是，应该在以下三方面改进这一制度：一是改善审判委员会组成结构，吸收那些审判经验丰富，法学理论素质高的优秀法官进入审判委员会，尽快改变审判委员会单纯地凭经验、凭情理、凭感觉讨论案件的局面；二是改善审判委员会的议事原则，弱化审判委员会的行政化色彩，建立责任性票决制程序；三是审判委员会应将重心放在宏观的审判工作指导及经验总结上，即使是对具体案件的指导，也一定要严格限于重大、疑难案件。而且，在适当的时候（法官素质相对提高后），审判委员会对审判组织的裁判意见应行使否决权而不行使变更权。

法官培训制度改革

法官培训制度是提高司法能力和司法水平，保证人民司法事业顺利发展的基础性制度。当代中国正处于前所未有的社会转型时期，人民法院的审判任务越来越重、责任越来越大，对法官素质的要求越来越高。为进一步适应法院工作面临形势对法官素质的新要求，有必要加强对现行法官培训制度进行深入研究，通过改革，建立完善以司法公正为核心，以职业化建设为方向，以增强司法能力、提高司法水平为重点的法官培训机制，为实现法院工作的科学发展提供有效的组织保障。

一、法官培训制度的理论认知

法官培训制度是法官职业化制度体系的组成部分。对法官职业化这一命题的探讨是形成法官培训制度理论认知的重要前提。法官职业化，即法官以行使国家审判权为专门职业，以独特的职业意识、职业技能、职业道德形成职业地位。法官职业化的基本要求，首先是对法官的素质要求，国家根据法官职业的特点，依据法定的条件和程序，选拔能够真正胜任法官职业的人员担任法官，逐步改变法官职业大众化的现状。其次是对法官行使审判权的程序要求，国家要建立和完善法官职业的保障机制和适应法官职业特点的程序机制，以确保法官依法公正、独立地行使审判权。再次是对职业化的目的要求，在法官职业化建设中逐步提高法官的职业素质和审判水平，通过将法律诉诸于社会矛盾纠纷案件的审判实践，不断地树立、提高法律的社会尊崇度，为实现依法治国作出法院应有的贡献。由此，对法官培训制度可以形成三方面认知。

1. 法官培训制度是司法制度建设的重要元素

为实现司法公正，服务于国家法治建设这一职业目的，国家需要从法官职业准入、职业保障、职业培训、职业监督、职业道德等不同方面对法官职业加以规制，从而形成系统化的法官职业化制度体系。在建设这一制度体系过程中，要用整体的、系统的观点，注意各个方面制度安排之间的相互衔接，要有一种制度建设逻辑上的连贯性与一致性，避免相互之间可能出现的矛盾与冲突。在这一前提下，还要针对法官队伍的素质现状特别是存在的主要问题，有针对性地加强相关制度建设的力度与改进措施，从而为法官职业化制度体系的不断完善创造具有与时俱进特征的推动条件。以对法官审判的监督为例，由于历史和现实种种因素的影响，相当数量的法官目前并不具备应有的法官职业能力素质，在审判实践中出现的不当审判问题往往与法官自身存在的主观故意或认知判断水平不够有着密切关联。为此，有必要从法官的现有素质状况出发，针对现实的司法环境，在法官的内部监督上以责任制约审判权为基点，建立起责任型审判权内部监督制约机制。

2. 法官素质的整体提高是一个动态的发展过程

目前，由于社会整体发展的原因，法官的整体职业素质特别是职业道德素质还没有达到应有的水准。对于法官在业务素质方面存在的问题我们可以通过培训来逐步地加以解决，因为业务素质的一个重要标准是法官掌握的法律知识总量及运用这种专业知识的能力，但是，法官职业道德素质的提高远没有这样简单，这种素质更多的是靠一种内在的自觉。所以，有人说，法官的人格是法官公正的最终保障，这不是没有道理的。这种自觉或者说自律的形成是一个社会进化过程的一部分，需要法官的文化程度、经济条件、世界观、人生观、价值观等各方面条件达到一定水准时，才能促成法官的道德自觉。西方国家在解决这个问题上，主要运用了三种手段：一是法官保障；二是法官荣誉，把法官作为一种少数社会精英才能从事的职业；三是宗教的影响，特别是把法律理解为一种具有普遍超越意义的超自然的命令（自然法的传统原因），能够让人对法律有一种敬畏感，同时，把法律职业在内的所有职业都规定为完成上帝指派的任务。这在西方宗教传统中是极为明显的，韦伯在研究西方资本主义的兴起与发展时对此给予了充分的关注。但是，就我国的法官来看，与西方法官所具有的那种法律职业荣誉感、敬业精神和理解自己的职业对全社会的意义方面是有差异的。

司法制度是政治制度的一部分，在研究司法制度时不能离开国家政治体制这个大背景，如果单纯就法官制度谈法官制度，反而会不利于法官职业化建设的稳步推进。因此，从法官职业化的内在要求来讲，法院内部的行政管理与审判管理应该完全分离，否则，行政管理就可能吸收审判管理，法官的判断活动就容易受到行政管理者的干预与影响。但是，就目前法官职业化建设所面临的实际环境状况看，完全这样做是不可以的，应该以辩证的、发展的观点来理解、把握法官职业化建设不同时期的标准，行政管理与审判管理还不能完全分离，只能是相对分离，逐步地分离。

3. 法官素质是国家法治建设与发展的重要因素

法官职业化的基本标志是法官的思维方式、行为方式及对法官的管理方式符合司法规律要求，充分体现其职业特性。但是，长期以来，现行的法官管理体制没有在审判机关与行政机关、法官与公务员之间作出必要的区别划分，没有把法官群体作为单独序列加以管理，从而在相当程度上加大了实现法官职业化建设目标的距离。造成上述情况的一个重要原因在于，国家法治发展的现有水平还没有足以使法官职业的特殊性凸显出来。徒法不足以自行，法治绝不是单纯的法律制度规范的汇集，一个国家的法治建设在司法领域有效运行的前提条件起码有二：一是社会成员具备足够的法律信仰，能够自觉地把经济社会等社会问题转化为法律问题，使法律成为调控社会关系的基本标准；二是法官群体具有足够的职业素质。一个国家的法治发展水平越高，法律规范体系越是精密复杂，对法官职业素质的需求也就越高。目前，社会公众对法律应该成为调控社会生活的基本标准的认知较之以往有了相当程度的提高，但仍然未形成全社会的法律的自觉意识，涉法涉诉信访现象大量存在的现实就说明人们仍然对行政式的纠纷解决机制情有独钟。在这种情况下，社会公众还没有形成足够的法治需求，对法官在法治社会中的重要作用及其职业的特殊性也还缺乏足够的认知动力，进而现行的法官管理体制无形中掩盖了法官职业的特殊性。因此，我们必须充分认识一个国家法治发展水平与法官职业化建设的内在联系，自觉地从一个国家的现有法治发展水平的实际状况出发，循序渐进，积极稳妥地推进法官职业化建设步伐。

法官培训是法律职业教育体系的组成部分。一般来说，在大陆法系国家，法律职业教育体系包括大学法学教育、法律职业资格考试、预备法官培训（司法研修）和法官在职继续教育；在英美法系国家，法律职业教育体系中则不包括大陆法系国家中的预备法官培训（司法研修）。大陆法系国家与英美法系国家在法官培训制度方面存在上述差异的深层次原因在于各自不同的司法传统。大陆法系国家的司法传统表现为典型的理性主义倾向。这种认识倾向强调理性在人类认识世界、改造世界过程中的主导作用，就法律体系而言，这种认识倾向认为，人类凭借自身的理性可以制定出涵盖全部社会生活，具有内在逻辑性、连贯性的法律规范体系，从而为国家调控社会生活提供了一般性的标准。法官对法律规范体系不必作出过多的解释，法官的作用也仅仅在于把法律规范与具体的事实联系起来，并从中形成纠纷案件的解决方案，这就足以保证社会生活能够始终处于法律规范体系的涵摄范围之内。在这里，法官仅仅是立法机关所制定的法律规范体系的执行者。因此，法官职业的准入标准强调法官应掌握足够的法律专业知识，只要具备了这样的基本条件，就能够保证法官具有相应的理性认识能力，就能够把法律规范与案件基本事实联系起来并形成对案件的裁决，至于法官在从事司法职业之前是否具有必要的实践能力则并不重要。尽管法国、日本等国在法官培训实践中增加了预备法官培训（日本称之为司法研修）内容，但从根本上来说，仍然是对大陆法系国家理性主义司法传统的局部发展与完善。

英美法系国家的司法传统表现为典型的经验主义认识倾向。这种认识倾向认为，社会生活是复杂多样和变动不居的，人类凭借理性是无法认识外部世界的，只能凭借自身的经验加以感受，从而逐步形成对事物的认识，人类也只有在此基础上才能进行选择与决策。就司法而言，法官在面对一个个具体案件时，应将这一具体案件与先前发生的某类案件进行经验性的对比，两者之间的相似性越多，先前案例处理标准和方法的指导作用就越大，法官就可以按照先前的处理标准和方法处理当下的具体案件。在这种认识倾向看来，只有这样，法官的案件裁决思路才能与具体的社会生活情境相契合，才能是真实的而不仅仅是法官的主观臆断。因此，法官职业的准入标准强调的是法官处理具体案件的实践经验与能力而不单单是法律专业方面的理性逻辑知识体系，这就使职业律师成为法官职业的主要来源。实际上，在英国，从爱德华一世时起，随着司法工作对专业实践能力要求的不断提高，职业法官就开始从具有丰富法律专业实践能力的职业辩护律师中选任了。公元1290年，国王任命的四个普通诉讼法庭和王座法庭的首席法官都是出类拔萃的职业律师。在14世纪初，法官必须从职业辩护律师中任命已成为一条不成文的习惯法原则，如果任命没有法律职业背景的人担任法官，会被社会当作是一件不可思议的事情。因此，在英国法制发展历史进程中，法官与律师之间的联系极为紧密，形成了一个统一的、排他性很强的职业阶层，进而强化了职业律师是法官职业主要来源的这一制度性事实。

尽管法官培训制度在不同的国家有着不同的表现形式，但作为一种职业教育，其基本培养目标是相通的。具体来说，各国法官培训的基本目标可以概括为三个方面：一是法官应具有成熟的法律思维能力与水准；二是法官应关注司法政策目标的实现；三是法官应具有强烈的职业道德意识。以上三方面的基本目标之间存在着极为紧密的联系，缺少任何一个都不足以保证法官在审判实践中始终具备必要的职业能力。如果一个法官不具备成熟的法律思维，就丧失了法官职业的基本特征，就不能称之为法官；如果一个法官不关注司法政策目标的实现，特别是自觉促进法律效果与社会效果的统一，就容易在审判实践中只顾法理而忽视社会公理，极易削弱司法裁决的社会亲和力，降低社会公众对司法裁决的认可度；如果一个法官没有强烈的职业道德意识，就会缺乏起码的社会责任感和司法良知，即使具有成熟的法律思维和清醒的司法政策目标意识，也难以担当维护社会公平正义的重任。

二、法官培训制度的改革原则

我国《法官法》对法官培训制度的相关规定较为原则、抽象，如何从法官队伍的素质现状出发，通过自身的探索与实践，创造性地落实好法官管理与审判管理制度，促进法官管理与审判管理的科学化、规范化水平的不断提高，是一个迫切需要回答的实践课题。我认为，从目前法官队伍职业素质的现实状况出发，在落实法官培训制度的探索与实践过程中，把握好“三个结合”，就能够一定程度上保证法官培训工作收到预期成效。

1. 知识与能力相结合

审判权是一种判断权，在法官的司法判断过程中，事实判断需要法官拥有足够的证据法专业知识和丰富的社会生活经验，而价值判断在相当程度上是一种实践理性色彩十分强烈的法官认知活动，法官能否具有充分全面的判断信息资源决定着价值判断活动是否具有坚实的客观性基础，法官能否在具备了一定量的判断信息保证前提下作出准确、公正的判断还必须具备丰富的社会阅历，由此我们可以得出这样的结论：法官所从事的司法活动是一种以知识为基础，以经验为保证的职业活动。这一定位要求法官培训工作必须促进法官不断地更新、补充法律专业知识，不断地丰富其他相关社会经验，以充分的知识储备和必要的社会认知能力适应审判工作的需要。

法官职业的直接意义在于使社会纠纷得到有效解决。因此，法官培训工作必须有效推动法官能够把所掌握的专业知识转化为相应的实践操作能力，这种实践操作能力的基本标志就是在一定法律专业知识基础之上形成的司法裁决能够有效地弥补当事人的大众生活逻辑与法官职业思维之间的差距，进而具有一定的社会亲和力，获得当事人及社会公众的认可。同时，受各种因素的影响，人民法院的司法权威还不能够在短时间内得到足够的提升，法律评价标准与人民群众的道德评价标准仍有很大差距。这就要求法官培训工作必须立足于社会主义初级阶段的现实国情，充分认识到道德评价标准与法律评价标准之间的差异，推动法官在司法运行程序中自觉地、运用政策分析与法律分析这两种认识手段，通过对案件事实的正确判断，科学地解释法律，实现司法活动法律效果与社会效果、法律评价标准与道德评价标准的融合与统一。

2. 适应现实与尊重规律相结合

严格来说，法官培训是一种职业教育而不是学历教育，其基本任务在于维持或提高在职法官的职业能力而不是学历层次，西方发达国家对法官培训范围的认定及其培训实践也充分地体现了这一规律性要求。就我国法官素质现状而言，受历史和现实的各种因素的影响，原来的法官职业准入标准过低，导致法官队伍学历背景参差不齐。在这种情况下，学历教育曾经是法官培训的工作重点。当立法要求法官具备大专学历时，法官培训就组织大专学历教育；当立法规定法官应达到本科学历时，法官培训就组织本科学历培训。应该说，这不是发挥法官培训的职业教育优势而是重复高等教育的劳动，当然，这是特殊时期不得已而为之的特殊方法。过去这种填空白式的学历教育不仅耗费了法院的财力，也淡化了法官培训的职业化色彩。

这种培训方式却具有当时的现实合理性，能够使法官队伍的整体职业素质得到一定程度的提升，对于促进司法统一，提升司法权威有着积极意义。这是因为，不同的知识背景、文化层次很难用统一的法律原则来解释法律、适用法律，而是站在自己不同的角度来解释法律，这就容易使不同的法官在面对相似或相同的事实面前得出不同的裁决结果。如果一个裁判结果在法官群体中无法形成必要的共识，那么，也就更难以指望能够在社会公众中得到认可，法院的司法权威也就无从谈起。另外，这种培训方式也有利于在既定的历史条件下尽可能地加快法官队伍专业化建设进程，增强法官群体内部的司法职业认同感，尽快形成统一的职业意识和职业理念，这对于法官队伍专业化建设有着极为重要的长远意义。

3. 引导与激励相结合

一方面，要立足于实现法院的科学发展，充分发挥出法院管理的引导作用。以人为本，是科学发展观的本质与核心。就法院工作而言，法院的科学发展是在两个层面上展开的，这两个平行的层面犹如法官实现科学发展的两翼，缺一不可。在诉讼层面上，就法官与当事人之间的诉讼结构关系来说，应该突出当事人权利本位，法官应充分地尊重、维护当事人的合法权益，促进当事人有效地通过诉讼程序实现权利救济；在法院内部管理层面上，应该强调法官在法院日常管理中的主体地位。进行不间断的学习乃至终身学习，不仅是法官的义务，更是法官的权利，法院的管理工作有责任为法官提供良好的职业教育培训环境，有效地把每一个法官纳入到法官考评制度的管理范围之内，接受这一制度的外部推动。否则，法官就很可能因为缺乏足够的知识储备和必要的人文关怀，不能很好地回应当事人的权利救济需求，也就不可能使其自身与当事人之间的诉讼结构关系始终在法律理性的轨道上运行，法院的科学发展也就无从谈起。

另一方面，要充分发挥相关制度机制的激励作用，提高法官参加在职培训的积极性与自觉性。长期以来，法官培训提高法官素质的实际效果不能尽如人意，一个重要原因在于没有充分发挥制度与机制的激励作用，促进法官自身生成不间断学习的自觉性和紧迫感。因此，通过强化法官培训工作，在法院内部形成浓厚的学习氛围，特别是充分发挥出相关制度与机制的激励作用，有利于尽快培养一大批研究型、专家型法官，提升法官队伍的整体素质。这不仅有助于不断提高案件审判质量，更能够在深层次上为实现法院的科学发展提供推动力。这是因为，法官培训工作可以使法官通过不断的学习逐步深化对法院工作规律的认识与理解，不断地把自己的思想认识从在计划经济时期形成的、不适应实践发展的观念、做法的束缚中解放出来，自觉地投入到理论创新与制度创新实践之中。同时，这也能够促使法官群体正确地理解法院改革实践中的制度创新特别是改革进程中的权力与利益的调整，使制度创新在司法实践中尽快地发挥出预期作用，在一定程度上有利于加快法院改革的进程与步伐，使法院工作的主体——法官真正成为推动法官职业化建设的内在力量。

三、法官培训制度改革的重点问题

1. 提高法官培训工作的科学管理功能。在坚持对法官进行经常性培训的同时，加强对培训结果的宏观分析，及时发现、总结审判执行工作的倾向性问题。对于这些倾向性问题，一方面，通过有效载体准确、及时地反馈给全体法官；另一方面，进一步完善法官培训制度与其他相关法官管理和审判管理制度之间的衔接，使这些问题的解决能够及时获得制度性解决渠道。

2. 提高法院法官培训工作的一体化水平。近年来，各地法院普遍开展了法官培训工作，但是，培训标准很不平衡，方式方法也不尽统一，在一定程度上制约、影响了法官培训的整体效果。为此，最高人民法院国家法官学院有必要加强对基层法院法官培训工作的监督、检查与指导，统一培训标准和方法，切实加大培训结果在高级人民法院法官管理各项制度运行过程中的应用强度。

3. 提高法官培训内容的人文水准。目前的法官培训内容仍然偏重于法律专业知识与能力的提高，对法官的人文素质与休养重视不够，从而限制了法官的思考视野，一定程度上形成了机械司法、片面司法的思维态势，影响了法官对人民群众切身利益的应有关注。为此，今后应适当从大专院校、科研机构聘请心理学、社会学、文学、历史学、哲学、经济学等领域的专家学者为法官授课，在法官培训实践中造就更多的具有社会责任感和人文情怀的法官。

四、法官培训制度改革的实践方法

在注意把握好上述三个原则基础上，还应把握好以下方法：

1. 务实的培训目标

在法官培训实践中，要注意从社会主义初级阶段这一基本的现实国情出发，把社会主义法治理念作为法官培训的基本内容，通过引导，提升法官的认识层次与视野，使其能够成为牢固树立社会主义法治理念，适应现实国情需要，具有强烈社会责任感的社会纠纷裁决者。社会主义法治理念是对社会主义法治的本质规定性、功能要素、实践标准的体系化思考，是构建社会主义司法体制、工作机制及司法程序的理论基础或指导思想。社会主义法治理念注重引导法官判决不仅具有法律效果的正当性，也要有社会效果的合理性，促进法官职业的法律评价标准与人民群众道德评价标准的逐步融合。

因此，社会主义法治理念更为关注法官群体的社会责任感，强调法官的社会责任。法官是否尽到了社会责任，在相当程度上影响着一个纠纷是否得到了实际上的公正而有效的解决，为此，我们在法官培训实践中应引导法官正确理解法官社会责任的“定分止争，案结事了”的司法意义。纠纷案件是当事人之间权利义务关系的应然状态受到破坏，当事人之间的诉讼主张处于对立冲突的一种法律状态。这一法律状态通过法院的司法裁决可以恢复到法律的应然状态。因此，“定分止争”是从法律层面对纠纷案件的解决设定了标准，通过对证据的认定、法律的适用、程序的保障等因素的确定。同时，纠纷不仅是一种法律状态，也是一种客观事实，纠纷在法律上得到解决并不等于在事实上得到解决。这就需要充分体现法院的社会责任，在关注案件纠纷解决的同时，关注纠纷问题的解决，这是我们不同于西方法院职能的重要区别。

2. 科学的培训内容

法官在审判实践中要实现法律效果与社会效果相统一的目标，针对社会主义初级阶段的客观审判实际，在如何有效解决我国社会审判现实问题上下功夫，根据不同地域的不同情况和不同经验，开展有针对性的培训。针对部分法官对法律的理解还停留在表面化阶段，单纯死抠法条，就案办案，机械司法的实际情况，有意识地引导法官深刻领会法律精神，切实了解社情民意。法律精神是法官进行价值判断的基本前提，而价值判断则是实现法律效果与社会效果相统一的基本途径。因此，法官能否领会法律精神对于履行法官的社会责任，实现案结事了具有重要作用。法律精神是法律制度的理性精神和价值原则，它支配着对社会、经济、文化生活进行的法律制度安排，是法律制度的灵魂或枢纽。法律精神通常表现为正义、公平、平等、秩序、自由等法律价值以及国家在一定时期的经济、社会政策，也就是我们通常所说的“立法目的”。

为此，在培训实践中，应围绕典型案例，从分析实际个案中探寻法律的基本原则、具体规定、立法精神和纠纷解决思路，在分析和解决问题中加深对法律精神的理解，使法官对法律的理解不仅要知其然，更要知其所以然，这就能够使法官拥有更为宽广、灵活的法律解释空间，不再死抠法条，使自身的司法行为更为符合立法目的。同时，要组织法官到企业、社区走访，感受社会生活的习惯原则，感受社会转型时期困难群体的现实生存状态及其所蕴涵的司法需求，强化百姓意识，关注社会公平正义，通过之后的审判工作让人民群众切身感受到来自司法机关的人文关怀，提高司法裁决的社会亲和力。

3. 多元的培训方式

在法官培训实践中，应注意采取多样化的培训形式，充分调动广大法官的学习积极性，从多角度形成法官培训工作合力。

一是开设法院领导干部论坛。充分发挥法院领导班子成员和资深法官的引领作用，由培训部门定期安排院长、审判委员会委员、庭长及资深法官为全体法官授课，每位领导干部必须确保每年授课至少一次。讲课前要进行认真调研并亲自撰写讲课提纲，保证授课的针对性与实效性。

二是根据审判工作需要，开展各类专题讲座。每年年初，培训部门在征求各方面意见基础上确定年度重点培训课题，提前聘请上级法院资深法官和大学院校的专家学者进行专题讲座。为了使讲座更紧密地联系审判工作实际，培训部门要主动搜集相关案例，提供给授课老师，使讲座既有深刻的理论阐述，又有生动的实践论证。

三是充分发挥青年法官的知识优势，形成良好的学习研究氛围。根据青年法官对当前审判工作的难点、热点问题比较了解，并保持着较高的学习积极性特点。培训部门从这些青年法官中选出一定数量的业务骨干，把收集到的审判热点、难点问题提供给这些骨干进行专题研讨，充分发挥这些青年法官的理论优势，形成一定的意见之后，提供给相关授课老师在讲座中进行评析，进一步加深法官对法律精神的理解与掌握。

四是利用网络资源开展法官培训。针对集中培训占用时间多，培训成本较高等实际情况，积极探索尝试运用网络资源开展培训。将相关多媒体教学片放在网络上，法官可以随时通过网络，自学相关培训课题，也可以借助网络交流培训成果。

4. 有效的培训保障

一是机制保障。为了使法官培训工作能够始终在规范、有序的轨道上健康发展，按照全国法院系统教育培训规划的基本要求，对在职法官参加培训提出了明确甚至强制性要求，要求在职法官每年必须确保参加至少两周的培训，并规定了相应的奖惩措施，建立了法官培训工作的长效机制。二是师资保障。按照“专兼结合，以兼为主”的原则，建立法官培训工作的兼职教师保障机制。同时，要下功夫培养法院自己的专业兼职教师，选拔那些政治、业务素质好，有发展前途的审判干部担任授课教师，在职级晋升等方面给予必要的政策倾斜，使其能够保有从事法官培训工作的积极性。同时，积极探索专职教师深入司法审判实践一线，通过采取旁听案件审理、列席业务庭审判长联席会议等具体参与形式，有效避免专业教师的思考视野与审判实践的脱节。三是经费物质保障。切实为法官培训工作提供有利条件。建设结构合理、功能齐全的现代化法官培训场所，改善法官的培训环境。

5. 综合运用培训结果

应注意发挥培训结果的功能辐射与渗透作用，使其能够成为其他相关管理制度的运行依据与补充，以这种多种功用的培训考评结果的运用，促进法官培训制度与其他法官管理和审判管理制度之间的联动，发挥法院管理制度的整体优势与作用。培训部门对参训法官的进班考试成绩、培训期间表现、培训考核结果等情况应逐人建立培训档案。

培训部门据此掌控全体法官的教育培训动态，合理安排和调整法官参加培训；对参训法官的培训结果等次较低或不及格者，培训机构有权督促其限期改进，或在多次出现此种情况时可以向院领导提出调整其工作岗位建议；对于在培训中发现法官培训结果突出的，培训机构有权建议给予表彰和奖励。

另外，人事管理部门在对法官的职业素质与能力进行综合评价时，也可以把法官的培训结果作为参考性的评价依据，对于不能严格要求自己，学习态度不认真，培训结果较差的法官，在进行晋职晋级测评时，则对其综合评价等级给予严格的限制，以保持法官培训机制的积极向上功能。

五、法官培训制度改革前瞻

今后一个时期在落实法官培训制度过程中，应注意把握好以下几方面的工作重点：

1. 进一步加强机制建设

做好法官培训工作不能离开动力机制的支持，最高人民法院应该在总结经验基础上，结合全国法院系统的实际情况，加大法官培训工作相关机制建设力度，强化法官培训结果的多角度、多层次运用，推动地方法院在自身工作中真正落实以责任制约审判权的法院内部监督机制、科学考评法官审判业绩的法官评价机制、择优录用的法官准入机制和优胜劣汰的法官流动机制。

2. 发挥法官学院的培训主渠道作用

法官学院在与审判工作紧密结合方面有着其他教育培训机构无可比拟的优势。为此，一是在总结以往培训工作经验和借鉴国外司法培训工作经验基础上，提出明确的培训目标与培训课程体系，尽快编写、出版符合法官在职培训规律的系列化培训教材；

二是对通过司法考试进入法院工作的人员统一进行一年以上的司法职业岗前培训，使其进入法院后能很快适应工作需要。同时，不同地方法院应根据各地的不同情况设置有所不同的培训课程，更好地适应不同地区经济发展状况不平衡给法官培训工作带来的不同需求。

3. 进一步着眼自身挖掘培训资源

注意依托全国法院系统丰富的案例资源，进一步提高案例编辑出版水准，对于经过最高人民法院审判委员会讨论通过并经最高人民法院发表的案例，可以定期约请著名专家学者撰写案例点评，切实提高这些案例的权威性指导作用。密切关注符合我国国情的国外和港澳台地区法官出版的理论与实务专著和著名案件的判决书，并及时引进出版。同时，适当出版介绍国外法官工作、学习、生活情况方面的书籍，使国内法官能够形成对国外同行必要的感性认识，拓宽视野，在潜移默化之中增强学习的自觉性。

4. 充分发挥最高人民法院的指导作用

万事人为本，法官培训工作的意义在于为实现法院的科学发展提供人力资源能力保障，在这一意义上说，法官培训有着与法院改革等量齐观的重要作用。最高人民法院应该像指导地方法院改革那样切实加强对地方法院法官培训工作的统一规划与指导。要从宏观层面对建设学习型法院工作进行规划和部署，并以每五年为一个周期制定全国法院系统建设学习型法院规划纲要，确立不同时期的建设目标任务和相关措施，使地方法院明确学什么，怎么学，学到什么程度，从而尽快形成在社会主义法治理念指导下的统一的法官培训模式。当然，各地法院也可以根据自身实际情况在培训内容上加以适当调整，从微观层面整合学习资源，如统一规划最高人民法院各审判业务庭出版的审判指导资料，定期发布推荐阅读书目，避免法官学习资源的分散、重复，减少法官学习资源取舍上的难度，有效降低培训成本。

法院审判质量和效率评估机制的实践思考

评价机制是社会发展的动力机制，科学规范的法院审判质量和效率评价机制则是实现法院科学发展的重要制度性推动力量。法官是审判工作的主体，法院审判质量和效率的科学评估是通过对法官审判行为和审判业绩的科学评估来实现的。人民法院改革的任务之一就是要建立科学、规范、有效的审判质量和效率评估体系，在确保法官依法独立办案的前提下，确立科学的评估标准，完善评估机制，有力地促进法官队伍职业素质的稳步提高。

一、审判质量和效率评估机制的实践意义

当代中国的社会发展要求人民法院在司法实践过程中切实尊重、维护公民的合法权益，回应人民群众日益增强的权利诉求主张。但是，从法院自身来说，现有的审判管理机制还不能充分发挥应有的激励功能，不能有效地激发并淘汰不合格人员，激发法官提高自身职业素质自觉性的作用还没有充分发挥出来。审判质量和效率评估机制的基本原理在于，通过经常性的能力水平定位积累形成对法官素质的外部评价，以实有与应有素质水准之间的差距促成法官自我评价，促进法官产生提高自身职业素质的内在动力。因此，建立健全审判质量和效率评估机制是克服现有审判管理机制的不足，有效回应人民群众权利救济需要的制度性途径之一。在完善法院管理过程中，法院审判质量和效率评估机制的实践意义在于：

1. 司法能力的提高需要评价机制的促进

在法院改革与发展实践中，我们面临的一个重要的国情条件就是需要应对人民群众审判工作评价标准的快速提升与法院现有工作机制供给能力不足的双重挑战。在市场经济不断发展的今天，尽管人们的权利观念和司法救济意识不断增强，但仍然习惯于从道德伦理的实质合理性角度来评价自身权利诉求思维方式并没有完全改变，尽管社会各阶层之间的差别正在逐渐显现出来，但是，人们的整体诉讼能力并没有多大的提高，仍然习惯于依赖国家投入更多的司法资源来实现自身的权利诉求。尽管国家立法的不断完善使人们的权利诉求较之过去增加了更多可诉性，但是，法官队伍整体素质特别是审判能力和职业道德操守等方面的提升幅度与此仍不相适应。这一形势要求的实质是对法院现有工作机制的制度性供给能力的要求，人们希望能够享有更多的法院改革与发展成果来更为便捷地实现自身的权利诉求。但是，法院现有的工作机制不可能在短时期内完全满足人民群众的这一愿望与要求。审判质量和效率评估机制则为法官群体的审判行为的尽可能快的提升提供了一条制度性渠道，虽然这些评价标准并不能从根本上消除法官法律知识背景不一的既定历史事实，但却能够为法官的审判行为和法律推理的实际质效提供一个引导性的外部限定框架，有助于避免法官之间判断结论的差异性过大，有效提高人民法院对人民群众权利救济需要的回应力度。

2. 初级阶段的长期性决定了法官评价机制的制度化要求

科学合理的法院审判管理机制标志在于体现司法权的运行规律，淡化乃至逐步消除现有审判管理机制的行政化色彩，并促使有限的司法资源效益最大化。但是，目前现有的法院管理机制存在着两方面的局限与不足，一方面，行政管理与审判管理不分，法官的审判主体地位需要进一步明确。另一方面，审判管理机制仍处于从粗放式管理向集约式管理转型的过渡时期，法官审判业绩评价标准注重结案率，忽视裁判的社会效果；注重审判工作的结果控制，忽视审判工作的过程控制；注重单一制度的作用，忽视制度体系的相互配合。审判质量和效率评估机制应该在充分尊重司法权是一种判断权这一基本的司法权运行规律特点基础上，在其所设定的外部引导性限定框架内，强调法官的自主判断。同时，这一制度安排与法官培训、监督、选任与晋升制度之间存在着密切的互动关系，为实现审判质量和效率评估机制的功能辐射提供了制度渠道，影响、推进其他相关的法官管理制度逐步吸纳审判质量和效率评估机制的非行政化管理理念，不断提高法院审判管理机制体系的科学化与合理化水准。

3. 法院的社会形象和社会公信度方面存在的问题决定了必须加强评价机制建设

司法不是孤立的，社会需要了解司法、运用司法，司法需要从社会获得支持和信任，满足公众的需求。因此，法院的发展离不开法院的自我评价与社会的外部评价。法院社会形象的好坏和社会公信度的高低来自人民群众对法院的外部评价，影响这种外部评价的关键因素在于，一是法院在国家机构中的制度性地位能够引导人民群众树立起这样的信任与信赖，即法院是实现社会公平与正义的终局性机关；二是法院的审判行为能够充分地实现、代表人民群众的根本利益。但是，由于历史的原因造成了法官队伍整体审判能力基础薄弱，提升速度缓慢，一定时期内还难以形成整体性的以权利优先、程序本位为基本特征的法律思维方式和法律推理能力。与此同时，人民群众的权利意识和权利救济意识随着经济发展和社会进步在不断增强，加之受理想化传统的影响，对法官队伍整体审判能力的社会评价往往是情绪有余，理性不足，从而形成了对法官职业素质与社会形象的理想化期待。目前，人民法院的制度性地位与经济发展和社会进步契合度仍需进一步理顺，但在这种状况短期内不能得到有效改善的情况下，应着力在现有的空间内先办好法院自己的事情，通过落实法官考评制度及其他相关内部管理制度，扎扎实实地规范法官的审判行为，以审判质量的稳步提高赢得人民群众满意度的不断提高，进而逐步提升法院的社会形象和社会公信度，应该说，这是在目前情况下一种较为现实的策略选择。

二、审判质量和效率评估机制的实践标准

基于上述认识，一些法院在审判质量和效率评估机制的实践操作中始终以法官考评制度的落实与完善作为突破点，进行有益的探索与尝试，确保审判质量和效率评估机制能够收到预期成效。法官审判行为和审判业绩的科学评价历来是法官管理领域一个具有重要实践意义而又具有相当操作难度的课题，我国《法官法》为人民法院组织实施对法官审判行为和审判业绩的科学评价提供了法律依据，《法官法》规定：人民法院设法官考评委员会，法官考评委员会的职责是指导法官的培训、考核、评议工作。结合这一要求，结合审判工作实际，我认为，审判质量和效率评估机制应具备以下几方面的特点：

1. 超然的考评主体。法官考评属于法官管理范畴，这一制度直接、基本的功能在于推动法官形成职业素质能力的自我评价和反思，同时，通过法官考评形成的素质评价结论又与法官的选任与晋升、培训等有着密切联系，考评结果在这些领域的运用可以使这些领域的法官管理工作更具有针对性和实效性。法官考评既然是一种素质评价，就需要评价者具有比被评价者更高的职业素质并具有超然的评价地位，避免同行之间的竞争意识损害评价的客观性，否则，素质评价结论就不能得到被评价者的充分认可，法官考评制度的权威也就无从谈起。基于上述考虑，应考虑请具有丰富审判经验，公平公正、作风过硬的老法官担任考评员，以保证考评主体的超然性和考评结果的公正性。

2. 适度的考评标准。《法官法》规定，对法官的考核内容包括审判业务实绩、思想品德、工作态度、审判作风、法学理论水平等。实践中，应注意考评标准的适度性和循序渐进性，标准过

低，起不到应有的作用；标准过高，法官的素质现状又无法与之适应。为此，一是考评标准要科学。在充分总结以往经验基础上，采用“苹果理论”确定规范、系统的考评指标体系。站在那里不努力达不到目标，只有踮起脚向上做些努力才有可能实现目标。二是动态管理，使之不断向纵深发展。随着法官队伍逐步适应了考评制度的运行，应对以往的全部考评标准适度进行修订，适度地提高考评标准对法官职业素质能力的评价要求，使广大法官在适当的考评标准压力下始终保持着一种自觉提高的积极性。

3. 严谨的考评程序。应对考评程序作出全面、详尽的规定，不仅要确保考评工作的规范性，而且要维护被考评法官的正当权益。年终时，考评办应根据平时积累的资料和数据，运用考评数据运算程序对每名法官作出综合性评价，并将评价结论以书面形式反馈给被考评法官本人，被考评法官如有异议，可以在接到考评结果之日起10日内向考评办提出异议，考评办必须在接到申请之日起10日内进行复议，并确定最终考评结果。

4. 多用的考评结果。考评结果不仅是对法官职业素质能力的外部评价，而且应该是法官不断进取的动力。必须充分发挥考评结果的功能辐射与渗透作用，使其能够成为其他相关管理制度的运行依据与补充，以这种多种功用的考评结果的运用，促进法官考评制度与其他法官管理和审判管理制度之间的联动，发挥出法院管理制度的整体优势与作用。（1）考评结果与法官动态管理。在考评中，法官虽未达到不称职的程度，但相关项目的考评结果等次较低，考评办有权督促其限期改进，或向院领导建议调整其工作岗位或下岗培训；法官在考评中多次被评为不称职的，有关部门有权提请予以免职、降职降级或辞退。同时，对于在考评中发现法官业绩显著、能力突出的，考评机构有权建议给予晋升、表彰和奖励。（2）考评结果与法院内部监督机制相呼应。把考评结果与法院内部监督有机地结合起来，增强监督工作的实效。考评机构在考评中发现案件有重大质效问题时，有权将案件移送有关部门进行审查。（3）考评结果与法官培训。考评机构的考评结果定期反馈给培训管理部门，培训管理部门可以从考评结果中反映出来的法官职业素质中的倾向性问题有针对性安排业务培训计划，确保培训工作的针对性。

三、审判质量和效率评估机制的实践

审判质量和效率评估机制与法官考评机制存在着极为密切的内在联系，如何通过法官审判行为和审判业绩的科学评估实现审判质量和效率的有效提升是当今世界各国司法机构面临的一个共同问题。英美法系和大陆法系国家的审判机关在这方面进行了必要的实践探索。

美国建国以来，法院管理始终采取一种较为松散的方式，用美国法官自己的话来讲，就是每一个法官都在以独自撑船的方式从事着自己的工作。这种管理方式虽然有效地维护了司法独立，但是，随着时间的推移，人们发现，这种管理方式呈现出两方面的问题，一是法院管理效率低下，审判的时效性不强，案件积压严重；二是法官自觉提高自身职业素质的积极性不高，特别是由于缺少足够的外部评价，仅凭法官的职业荣誉感尚不能有效地维系法官的社会责任感。正是在这种背景下，美国学者庞德在上个世纪提出，美国法院应该加强自身的内部管理，否则，美国的法院不能担负起自身的宪法职能。1983 年，全国州法院中心启动了一个由六个州法院参加的法官工作表现评估项目。该项目从三个方面对法官工作进行评价：（1）司法礼仪，即法官在主持庭审诉讼程序过程中表现出来的个性和行为，如在司法诉讼程序中注意力是否集中，是否因诉讼方或其他参与者的宗教、性别、民族和种族而持有偏见或歧视。（2）法律能力，即对法律知识的掌握和理解以及在诉讼程序中的法律应用能力，如有关实体法、程序法和证据法方面的知识，判决的明确性与正确性，对陪审团指令的正确性，分析复杂案件的能力，是否能够有效促成当事人之间的和解。（3）司法管理技能，即在可能造成陪审团成员偏见或发生无效审判的情况下作出果断决定的能力，迅速稳妥地进行诉讼程序的能力，在恰当情况下向陪审团成员解释法律程序的能力，等等。法官工作的评估主体包括律师、陪审团成员及其他社会人士，评估结果除了向法官本人披露外，还向该法官的任命、培训机构披露，以作为任命、培训法官的重要依据。

在德国，法官的工作表现由其他法官同事进行定期评估，法官所在法庭的主管法官负责进行这项工作，主要评估法官在其主持的法庭庭审程序中的表现（如对待当事人、证人的态度）和案件书面裁决的质量（特别是对疑难、复杂案件的分析能力），此外，还包括案件的审理速度、对下级法院判决的处理结果是否准确等。德国的法官和学者对这种评估方式已经形成了这样的共识：对法官的工作表现进行定期评估是为了鼓励法官了解案情，紧跟当前的法律发展以及公正、准确地支持开庭审理和作出判决。

美国、德国等发达国家法官的整体素质较高，即使在这种条件下，为了激励法官不断保持、提高案件的审判质量和效率，仍在法官工作评估机制方面进行了积极、有效的探索。近年来，随着法官职业化建设步伐的加快，法官队伍的整体素质有了一定提高，但是，这与社会发展对法院工作的客观需求仍然存在相当大的差距。在这种条件下，我们是否有必要加强法官审判业绩考评，促进审判质量和效率的稳步提高呢？不言而喻，答案是肯定的。法官考评机制将会为法院各项工作的深入开展提供了有力的推动作用。一是促使法官审判行为的规范化程度不断提高。二是促进法官自身职业素质的不断提高。三是促进审判作风的切实改进。四是促进案件结案方式结构的比例构成逐步趋于合理，民事案件的调解率逐年提高。

当然，也应看到，《法官法》对法官考评制度的相关规定较为原则、抽象，如何从法官队伍的素质现状出发，通过自身的探索与实践，创造性地落实好这一重要的法官管理与审判管理制度，促进法官管理与审判管理的科学化，是一个迫切需要回答的实践课题。

四、审判质量和效率评估机制的发展前景

今后人民法院审判质量和效率评估工作应通过强化科学的法官考评制度的落实来推动审判质量和效率的稳步提高，在这一过程中应注意把握好以下几方面的工作重点：

1. 要尽快提高法院内部管理的科学化、规范化水平。法院内部管理机制只有充分体现司法权的运行规律与特点，才能为审判质量的稳步提高提供保障。要深刻认识审判权与行政权在运行观念和方式上的差异，逐步改变以行政管理代替审判管理的管理现状。法官考评制度所涉及的核心问题在于保证法官依法独立审判的前提下，如何对法官所进行的这种极为复杂的脑力劳动进行科学评估，特别是在进行这一评估过程中既保持适度的外部评估压力又不影响法官的独立判断。这不仅仅是中国法院面临的问题，也是世界各发展中国家司法机构面临的共同问题。应该说，解决好这一问题，也就抓住了法院内部管理的关键所在，对于提高法院内部管理的科学化、规范化程度有着重要的推动作用。

2. 以法官考评促进法官内部监督的强化。就法院而言，在法官群体的社会评估尚不尽如人意的现实条件下，应立足于强化内部监督，以责任制约审判权，在建立责任型审判权内部监督制约机制上下功夫，先把法官队伍监管好。而法官考评则能够为实现这一目标提供功能补充，这是因为，法官考评是一种经常性不间断的评估活动，强调日常性评估的积累，能够涵盖每一个法官的审判活动中，否则，就不可能对每一个法官作出素质评估，这就能够为法院内部监督提供丰富的监督线索，提高法院内部监督的针对性和及时性。

3. 以法官考评带动法院内部管理机制的完善。法官考评是对法官的素质评估，而这种素质评估又能够成为法官流动机制、培训机制的运行依据。因此，通过开展法官考评工作有助于发挥这一制度在法院内部管理中的基础性作用，并应始终注意法官考评制度与其他法官管理机制之间的配合，这不仅能够使法官的整体素质和法院的管理水平得到稳步提高，而且，更能够在渐进的、相对稳定的状态中逐步实现法院改革的预期目标。

4. 充分发挥最高人民法院的指导作用。目前，一些地方法院开展了多种形式的法官考评工作，虽然最高人民法院作出了具体的考评标准要求，但有些地方法院没有完全落实，甚至各取所需，对于法官考评工作的标准和程序所作出的具体规定不尽一致。因此，应该充分发挥最高人民法院的统一指导作用及时发现现有考评规定的不足，及时进行调整，尽快建立起一套符合中国国情需要、简便可行、行之有效的考评机制。更多地运用理论探索、小范围试点等改革方法，减少落实法官考评制度过程中的试错成本，使法官考评制度尽快收到预期成效。

创建学习型法院

在知识经济时代，知识在经济发展和社会进步过程中所起的作用越来越明显，建设学习型社会，通过人的素质的全面提高促进社会的全面发展已经成为人们的共识。人类法律文明史的演化进程也一再昭示知识对于法治观念生成与发展及其实践转化所具有的决定性力量，人民法院在实施依法治国，建设社会主义法治国家中具有不可替代的地位与作用。提出建设学习型法院这一科学命题，对于进一步加快法官职业化建设步伐，实现法院的科学发展具有重要的现实意义与长远的历史意义。

一、建设学习型法院的必要性

1. 司法权的性质决定了法官要终身学习

法律相对静态，但生活之树常青。审判权是一种判断权，在法官的司法判断过程中，一方面，事实判断的结论是建立在法律真实而不是客观真实基础之上，法官对事实的认定如果缺乏足够的证据法专业知识和丰富的社会生活经验，就不可能有效地弥补当事人的大众生活逻辑与法官职业思维之间的差距；另一方面，价值判断对于实现立法者的立法意图，实现法律权利与义务在个案中的合理配置有着举足轻重的地位与作用。而价值判断在相当程度上是一种实践理性色彩十分强烈的认知活动，法官能否具有充分全面的判断信息资源决定着价值判断活动是否具有坚实的客观性基础，进而影响着社会成员能否认同和服从法官的判断结论。因此，法官所从事的司法活动是一种以知识为基础的职业活动。这就要求法官能够不断地更新、补充法律专业知识、社会生活知识和其他相关知识，以充分的知识储备适应审判工作的需要。长期以来，法官队伍的整体素质不尽如人意，一个重要原因在于没有充分发挥制度与机制的激励作用，促进法官自身生成不间断学习的自觉性和紧迫感。因此，通过建设全员学习的学习型法院，在法院内部形成浓厚的学习氛围，特别是充分发挥相关制度与机制的激励作用，有利于尽快培养一大批研究型、专家型法官，提升法官队伍的整体素质。

2. 社会转型期的变化要求法官要加紧学习

以人为本，是科学发展观的本质与核心。就法院工作而言，法院的科学发展是在两个层面上展开的，这两个平行的层面犹如法官实现科学发展的两翼，缺一不可。在诉讼层面上，就法官与当事人之间的诉讼结构关系来说，应该突出当事人权利本位，法官应充分地尊重、维护当事人的合法权益，促进当事人能够有效地通过诉讼程序实现权利救济；在法院内部管理层面上，应该强调法官在法院日常管理中的主体地位。进行不间断的学习，不仅是法官的义务，更是法官的权利，法院的行政管理工作有责任为法官提供良好的职业教育培训环境，否则，法官就很可能因为缺乏足够的知识储备和必要的人文关怀，不能很好地回应当事人的权利救济需求，也就不可能使其自身与当事人之间的诉讼结构关系始终在法律理性的轨道上运行，法院的科学发展也就无从谈起。从这一角度看，建设学习型法院对于实现法院的科学发展有着不可低估的基础性作用。

3. 当下法院面临的困难和问题要求审判人员要努力学习

在市场经济不断发展的今天，法院工作面临的形势可以集中概括为“三高”，即人民群众评价法院工作的高标准，法院审理与执行案件的高难度，法官职业在社会不正之风侵蚀下的高风险。在今后一个时期，改革、发展、稳定仍然是法院各项工作的大局，与此同时，人民群众的法律意识与受传统法律文化制约的诉讼心理在短时间内难以改变，在这种条件下，人民群众评价法院工作的高标准、法院审理与执行案件的高难度要求法院工作应尽可能地实现大众的社会生活逻辑与法官职业思维、司法判断的形式合理性与实质合理性、案件审理与执行的法律效果与社会效果之间的有机统一，而这需要法官具备成熟的司法实践理性。司法实践理性是一种选择与取舍的理性，有赖于法官具备深厚的法律专业知识功底、娴熟的司法技能、丰富的社会生活经验。法官职业的高风险要求法官具有良好的职业道德操守，而这有赖于法官对司法实践中的司法良知与司法责任的切身体悟与理解。因此，通过不断提高法官的职业能力与素质，从而有效地化解法院工作面临形势中存在的“三高”问题，则是极为必要的。建设学习型法院，则能够为法官具有上述能力与素质提供必要转化条件。

4. 缺乏法治传统的国情要求审判人员要向世界学习

法治对于我们国家而言是舶来品，必须结合国情不断地学习。就法院工作而言，与时俱进意味着要体现时代性，把握规律性，富于创造性，也就是法院工作应在不断发展的实践之中，不断进行理论创新与制度创新。实现法院工作的与时俱进，一是要读懂我们自己的本土司法传统；二是一切都要从我们现实的国情实际出发；三是要借鉴人类司法文明的有益成果。只有建设学习型法院，使法院工作的主体——法官通过不断的学习逐步深化对法院工作规律的认识与理解，才能够把自己的思想认识从在计划经济时期形成的不适应实践发展的观念做法的束缚中解放出来，自觉地投入到理论创新与制度创新实践之中。更为重要的是，这有利于法官群体正确地理解法院改革实践中的制度创新特别是改革进程中的权力与利益的调整，使制度创新在司法实践中尽快地发挥出预期作用，在一定程度上有利于加快法院改革的进程与步伐，使法官真正成为推动法院改革的有效力量。

二、建设学习型法院的动力机制

法官是建设学习型法院的主体，就法官群体的现有素质及其在日常生活与工作中表现出来的价值取向来看，法官能否具有自觉学习的愿望与自觉性对于能否实现建设学习型法院的目标具有至关重要的作用，因此，建立完善相关的内部动力机制是实现建设学习型法院目标的重要前提条件。

1. 法官评价机制

按照《法官法》的规定，应建立法官考评委员会办公室，制定法官业绩评价标准和实施细则，给每个法官建立考评档案。在评价标准方面，确定具体的规范系统的考评指标体系。分别制定刑事、民商事、行政、执行等各类案件的考评标准。既全面系统，又相对具体地体现《法官法》对法官考核工作规定的基本精神和要求，覆盖业务岗位工作的全部内容。注意发挥评价机制在法官动态管理工作的延伸作用，对考评结果等次较低的，促其限期改进或建议调整其工作岗位或下岗培训；法官在考评中被评为不称职的，有关部门应予以免职、降职降级或辞退。对业绩显著、能力突出的，考评机构有权建议给予晋升、表彰和奖励。

2. 内部监督机制

建立一个专门实行案件监督的审判监督委员会，专司违法审判案件的发现、审查并提交审判委员会确定的职能。对于审判委员会确认存在问题并通过进一步审理予以改判的案件应评析，警示法官要引以为戒，激励审判人员要抓紧学习，尽快提高。通过不断的监督，不断的评查，使广大审判人员看到自己的不足，从而不断增强其学习的自觉性。

3. 法官流动机制

目前我国正处于传统社会向现代社会转型的过渡时期，法院也不例外，为了尽快提高广大法官的司法能力，应对审判人员实行动态管理，对年度考核不称职人员、被追究违法审判责任人员和完不成年度岗位责任目标者应下岗培训，对培训后仍没有达到标准或没有部门接收的人员，应另行安排工作，以促进法官自觉提高素质的积极性。让那些年富力强的同志在一线审判岗位上更快、更好地发挥作用。使流动机制的运行更为顺畅，使法官知识结构有所提高且更加年轻化，人才结构更加合理化。

4. 法官交流锻炼机制

通过群众测评、组织考核、公示等程序，按照审判人员等级标准梯次建立起每一个等级审判人员的后备干部队伍，实行动态管理，让每一个审判人员都有目标、有动力、有办法，逐步形成一个人人在学习、个个想提高的良好氛围。对后备干部在上下级法院之间进行交流锻炼，使其成为提高基层法官素质和审判能力的制度性途径。

上述四项机制从不同角度为建设学习型法院提供了制度性动力支持，评价机制使法官随时掌握自己在整个法官队伍中的具体位次，知道自己努力的方向和学习的目标；监督机制使法官感受到不学习就有可能使裁判能力落后，就有可能受到追究；评价机制特别是考评结果的运用突出了择优选任，使法官能够准确地对自身的职业能力与素质进行自我评价，激发了提高自身素质的积极性；流动机制使法官在审判岗位上能上能下，有了危机感，主动要求学习；当然，上述四项机制的作用还是立足于引导、推动法官进行学习，要使这些机制真正发挥作用，还需要领导干部发挥出表率作用，带动学习风气的形成。

三、建设学习型法院的几点建议

1. 最高人民法院成立法官学习指导委员会。万事人为本，建设学习型法院的意义在于为实现法院的科学发展提供智力资源保障，在这一意义上说，建设学习型法院有着与法院改革同等重要作用。最高人民法院应该像指导地方法院改革那样通过建立学习指导委员会加强对地方法院建设学习型法院工作进行统一规划与指导。该委员会的主要职责应该是，一方面，从宏观层面对建设学习型法院工作进行总体规划和部署，并以每5年为一个周期制定全国法院系统建设学习型法院规划纲要，确立不同时期的建设目标与任务和相关措施，使地方法院明确学什么，怎么学，学到什么程度；另一方面，从微观层面整合学习资源，如统一规划最高法院统一出版的审判指导资料，定期发布推荐阅读书目，避免法官学习资源的分散、重复，减少法官学习资源取舍上的偏颇，有效降低学习成本。

2. 进一步加强学习型法院的机制建设。建设学习型法院不能离开动力机制的支持，最高法院应该在总结经验的基础上，结合全国法院系统的实际情况，进一步加大建设学习型法院相关机制建设力度，推动地方法院能够在自身工作中真正落实以责任制约审判权的法院内部监督机制、科学考评法官审判业绩的法官评价机制、择优录用的法官准入机制和优胜劣汰的法官流动等机制。

3. 发挥法官学院的培训主渠道作用。法官学院是进行法官职业培训的主渠道，在与审判工作紧密结合方面有着其他教育培训机构无可比拟的优势。为此，一是在总结以往培训工作经验和借鉴国外司法培训机构工作经验基础上，提出明确的培训目标与培训课程体系，尽快编写、出版符合法官在职培训规律的系列化培训教材；二是探索建立对通过司法考试进入法院工作的人员统一进行1至2年左右司法职业岗前培训机制，使其进入法院后尽快适应工作需要。

司法责任与司法良知

法律是借助于法官降临尘世的，法律的公正首先来自于法官的人格品位。法官的专业素质和伦理素质是实现司法公正过程中最重要、最活跃的因素。如果说法官的专业素质是一种实现司法公正的能力，那么，法官的伦理素质则是一种实现司法公正的愿望与自觉，法官的伦理素质，特别是法官的司法良知，影响乃至决定着法官能否始终把司法公正作为审判权的运行导向。因此，在司法改革过程中，在大力提高法官专业素质的同时，也应该充分关注法官的伦理素质特别是法官的司法良知水准，从而为司法公正的实现寻求到一个更为坚实持久的内在保障。

一、什么是司法良知

良知是个人对正当与否的感知，是个人对自己行为、意图或品格的道德上好坏与否的认识，连同一种要正当地行动或做一个正当的人的责任感，这种责任感在做了坏事时常能引起自己有罪或悔恨的感情。① 司法良知是法官个人作为司法判断主体时所具有的法律职业良知，即法官基于对法律的正当性与合法性的认识与理解，基于对自己所经历的法律生活的体验和反思，而产生的对社会成员之社会行为的善与恶、正确与错误进行判断并采取相应行动的意识与能力。它要求一个法官：

① 何怀宏：《良心论》，上海三联书店 1994 年版，第 38 页。

1. 要有一种人文关怀

人文关怀来自于人文精神，“人文精神是一个外来语，本身并没有严格的界说。Humanism，从字面上看是‘人’的‘主义’或学说，那么，我们无妨视之为一种以人为主体，以人为对象的思想，或者更简单一点说，人文精神我们姑且可以假定为一种对于人的关注。”① 因此，人文关怀表达了这样一种观念，即对真实的个人的价值与尊严、人格与精神、生存与生活、现实与理想、命运与前途的真情关切。一个法官所具有的人文关怀就是遵循个人优位观念，通过司法判断表达对当事人的关注，把当事人真正地作为一个有价值、有人格、有尊严的人，是当事人而不是法官成为司法权运行进程的中心，不再把当事人看作司法权运行过程中的一个消极的、被动的客体，进而充分维护和保障当事人所享有的诉讼权利。

不仅如此，法官的判断结论应该认真地对待当事人的诉讼请求，因为纠纷的出现可以理解为当事人的权利受到了侵害并且处于不稳定状态，对于当事人来讲，这就是他的现实生活，当事人的诉讼请求表明了当事人对这种现实生活的否定以及对理想生活的追求，即自身权利能够始终处于不受侵犯的稳定状态。作为一个法官应当认识到这一点，对于当事人而言，“生活本身的质量才是生活的目的”，② 这来自于当事人的内在需要，如果我们把当事人作为一个有价值、有人格、有尊严的人来理解和看待，当事人的这种追求就具有无可置疑的正当性，法官的司法判断结论就应对此作出积极的回应，即对当事人的正当物质性追求和精神性追求以及实现这种追求的正当途径与合理方式给予坚定的尊重、支持和保障。

---

① 王蒙：《人文精神偶感》，载王晓明：《人文精神寻思录》，文汇出版社 1996 年版，第 107 页。

② 赵汀阳：《论可能生活》，三联书店 1994 年版，第 8 页。

2. 要有一种责任感

司法良知是法官这一司法判断主体对自身判断活动的正当性与合法性的体认，当法官的这种体认与社会成员的个人良知相吻合时，就会有助于增强司法判断的正当性，反之，就会导致司法判断良知匮乏而失去其正当合法的存在根据和理由。

与此相适应，法官必须充分认识和理解并随时准备承担自身的判断活动可能带来的道德责任、政治责任和法律责任，“法官的责任是当运用到个别场合时，根据对法律的诚挚理解来适用法律。”① 法官对法律的诚挚理解，最根本的一点就是对当事人权利给予充分的、最大限度的承认与保障，“在承认一个理性的政治道德的社会里，权利是必要的，它给予公民这样的信心，即法律值得享有特别的权威，……只有一个人看到他的政府和公共官员尊敬法律为道德权威的时候，即使这样做会给他们带来不便，这个人才会在守法并不是他的利益所在的时候，也自愿地按法律标准行事。在所有承认理性的政治道德的社会里，权利是使法律成为法律的东西。”②

3. 要有一种兼顾法律效果与社会效果的平衡感

司法良知表达了法官对当事人诉求的认知、理解和评价，但这种表达必须通过司法判断活动才能实现。因此，司法良知要求法官在进行司法判断活动时要有一种平衡感，在追求法律效果，求得形式合理性的同时，对司法判断的社会效果给予应有的关注，克服形式合理性所带来的保守倾向等局限性，回应社会生活对实质合理性的需求，即司法判断在坚持法律标准的同时，也应对纠纷所涉及的道德因素和政治因素给予必要的关注。否则，我们会看到这样一种状况：“在作出判决时，他（指法官——引者

① 《马克思恩格斯全集》（第一卷），第76页。

② ［美］德沃金著：《认真对待权利》（中译本），中国大百科全书出版社1998年版，中文版序言。

注）就很容易宁可舍弃符合正义感的良知进行裁判，不使用由此产生的明白易懂的理由作为判决依据，而相反强迫自己从沉默的法律中找出牵强的、有悖正义感的、无关紧要的表面托辞作为依据。"①法官欲在司法判断活动中实现法律效果与社会效果的统一，就不能把自己的思维局限于以有形文字表现出来的法律规则中，而必须能够深刻领悟法律规则背后的无形的法律精神，并在此基础上对社会生活的态势及未来发展趋势进行深入的法律思考，从而使自己——司法判断者不仅具有法律家的头脑，还要有政治家的敏锐性和洞察力。

美国学者博登海默对此论述道：法律制度所应获得的尊严和威望，在很大程度上取决于该制度的工作人员的认识广度以及他们对其所服务的社会责任感的性质与强度。有关政治、社会、经济以及道德等力量——它们在法律秩序中起着作用并决定着法律秩序的进程——的知识必须通过对社会现实进行长期的、敏锐的观察才能逐渐获得。为使自己成为一个有用的公仆，法律工作者就必须首先是一个具有文化修养和广博知识的人。②

4. 要有强烈的职业道德意识

"良知不是他律，而是自我立法，是人的本性的自我立法。人的本性便是对自己的一个律法，这律法为人的本性之律法这一事实，就是强制人去服从这律法的义务。"③

因此，法官具有与其司法职业相适应的职业道德意识是司法良知的必然要求。这种职业道德意识的核心在于司法公正意识，即法官基于对法律的坚定信仰和深刻理解，在进行司法判断活动

① ［德］拉德布鲁赫著：《法学导论》（中译本），中国大百科全书出版社 1997 年版，第 109 页。

② ［美］博登海默著：《法理学——法哲学及其方法》（中译本），华夏出版社 1987 年版，第 491～492 页。

③ ［美］斯坦因著：《日性良知与月性良知》（中译本），东方出版社 1998 年版，译者前言。

过程中，只有法律的利益而没有自己的特殊利益，时刻关注司法公正，为了维护法律的尊严，“应当有守正不阿的精神，有孟子所谓‘富贵不能淫，贫贱不能移，威武不能屈’。不徇情面不畏疆御，抱有不屈不挠的大无畏的精神。”①

综上，我认为，一名合格的法官应该是用庭上查明的法律事实解释法律，用内心的良知引领判断的社会精英。

二、强调司法良知的现实意义

在司法改革过程中，强调司法良知的现实意义主要表现在这样两方面：

（一）这是建立完善科学、规范的审判管理制度的需要

任何一个国家法院的正常运行都离不开法院内部的行政管理和审判管理，可以这样说，只要有法院，就会有法院的内部管理。法官是法院实现审判职能的根本性内在力量，司法权运行的行政化是对司法理性的压制乃至否定，因此，司法的管理理性必须凸显法官的主体地位，以法官为中心构建内部管理机制。

1. 立法机关和行政机关应该对法院的独立审判给予充分的尊重和制度保障，充分发挥法院在司法行政管理方面的主导性作用，使法院能够具有足够的自我保障能力。

2. 法院内部的行政管理与审判管理相对分离。行政管理是一种等级化的集中管理，只适用行政事务，不适用于以案件裁判权为核心的审判性事务。行政管理与审判管理相混淆，实质在于以行政管理为中心，而不是以审判管理为中心构建法院的内部管理体制。因此，应实现行政管理与审判管理之间的功能分离，突出行政管理的服务功能以及与此相适应的制度运行逻辑，淡化审判管理的行政化色彩，从而使行政管理与审判管理之间的职能分工得到科学的划分。

---

① 孙小楼：《法律教育》，中国政法大学出版社1997年版，第12页。

3. 法官享有案件的审理权、判决权与审判责任。审判工作是一种亲历性活动，需要裁判者亲身感受当事人之间相互冲突的意见与主张，这样才能形成较为客观的内心确信，并在此基础上作出公正评断。因此，打破现行等级裁判体系，实现审理权与判决权一体化是审判工作的本质要求，更是确立法官中心地位的根本表现形式。按照审判权运行规律的上述要求，在司法改革过程中，需要打破这种等级裁判体系，使合议庭成为享有案件审理权与判决权的审判组织。但是，在改革实践中，合议庭在较之过去享有了更大、更广泛的案件决定权之后，并没有进一步地明确法官的审判责任，所以法官的职业伦理素质并没有得到较大的提高，法官对法律之外利益的关注仍然强于对法律利益的关注。从各地法院出现的违法审判情况看，绝大多数的这类案件都是由于法官的主观故意所致，更为严重的是，这类案件的事实问题和法律问题并不复杂，但恰恰是这些最不应该出现问题的案件中出了问题。正是由于对于法官的审判责任规制得不明确且缺乏程序保障，导致法官的职业伦理素质没有得到同步提高，极大地削弱了放权于合议庭、放权于法官这种改革思路的预期成效和当事人及社会各界对法院改革的认可程度。当然，法官职业伦理素质低并不是造成这种状况的唯一原因，但是，如果我们对此任由其发展下去，很容易使这种符合审判权运行规律的改革思路的正当性与合法性基础受到不应有的冲击和侵蚀，进而得不到当事人与社会各界的认可，这种改革思路就极有可能在今后的改革进程中难以为继。因此，强调司法良知就是要强调在建立科学、规范的审判管理制度过程中，从法官的现实素质状况出发，练好内功，先把法院自己的事情办好，避免当事人和社会各界的法院改革期望受挫乃至落空，进而从一个侧面为法院改革提供一个更为坚实的合法性基础，提高当事人和社会各界对法院改革的认可度与信任度。

（二）这是维护当事人特别是那些进入诉讼领域的弱势群体合法权益的需要

中国司法制度的发展必须确保能够给予每一个社会成员事实上的无差别平等保护，也就是说，社会主义司法制度要保障全社会实现公平与正义，这对当代中国司法制度的历史使命提出了更高的要求，确立了更高的制度评价标准。在罗尔斯看来，社会公平与正义是用来专门评价社会制度的一种道德标准，其要义是政治制度（包括司法制度）、经济制度等社会基本制度要平等地分配各种基本权利和义务，同时尽量平等地分配社会合作所产生的利益和负担，坚持各种职务和地位平等地向所有人开放，只允许那种能给最少受惠带来利益补偿的不平等分配，任何人或任何团体除非以一种有利于最少受惠者的方式谋利，否则就不能获得一种比他人更好的生活。①

就法官来说，运用司法公正和社会公平与正义这两种评价标准进行司法判断活动就会得出不同的评价结论。司法公正所关注的是法律在每一个案件中是否得到了公正适用，如果运用法律形式合理性与实质合理性范畴来衡量，司法公正所关注的重点是形式合理性，在形式合理性与实质合理性发生冲突时则形式合理性优先，至于如何化解两者之间的紧张关系，在它看来，更多的是一个立法问题而不是一个司法问题。因此，在当事人如何能够有效地运用司法制度维护自身利益的问题上，司法公正更多的是强调当事人之间法律地位的平等而不是司法制度运用能力的不平等，而结果的不平等在它看来则是司法制度平等地适用于当事人所带来的自然结果。社会公平与正义理论则认为，人们的不同生活前景受到政治体制和一般的经济、社会条件的限制和影响，也受到个人的社会地位和自然天赋等与生俱来等无法选择的偶然性

---

① ［美］罗尔斯著：《正义论》（中译本），中国社会科学出版社1988年版，译者前言。

因素的影响，因此，一个社会的基本制度结构应该立足于全社会的角度来衡量以便正确认识个人之间的事实上的不平等，尽量排除个人的自然性偶然因素对个人生活的影响。因此，社会公平与正义强调国家有道义上的义务与责任使司法制度向所有的社会成员开放，使他们能够事实上无差别地运用司法制度来维护自己的合法利益。在司法判断活动的运行结果上，社会公平与正义更愿意把这种结果理解为建立在国家道义责任基础上，具有某种平等主义倾向的结果，而不是司法制度特别是诉讼程序的就事论事的自然结果。

当然，社会公平与正义理论在这里并不是无视制度或程序的形式合理性，而是主张把这种社会公平与正义看作是制度或程序应该提供给社会成员的制度预期，只不过在它看来，在形式合理性与实质合理性相互冲突时更为关注实质合理性，并且，把这一问题更多的理解为司法问题而不仅仅是一个立法问题。

因此，按照社会公平与正义理论所确立的制度评价标准，法官的司法判断活动至少应该在三个方面满足这一理论要求，一是能够确保所有的社会成员在事实上有足够的力量运用这一制度，来维护自己的权利和利益，并从中受益，如通过司法救助等手段消除当事人之间运用司法制度时自身能力的不平等。当然，实现平等地运用司法制度，实质上就是运用制度上的不平等来消除事实上的不平等。二是在司法权运行过程中，法官有责任运用司法资源的优势来弥补当事人在诉讼资源方面的缺陷，如通过必要的职权行为来调查收集证据，在当事人无法理解法律的意义时要通过法官的释明活动使其知晓法律的含义。三是对于当事人的权利诉求，不能满足于现行各种社会制度的评价，也要对其背后的价值观念进行价值判断意义上的审查，也就是说，应该关注当事人权利诉求背后的社会制度根源，通过司法手段在可能的范围内消除这种根源所引发的不公平问题。否则，司法制度难以有效地从根本上担负起维护社会公平与正义的职能。①

美国学者博登海默对此论述道：法律制度所应获得的尊严和威望，在很大程度上取决于该制度的工作人员的认识广度以及他们对其所服务的社会的责任感的性质与强度。在审理企业破产改制和涉及农民等低收入群体的案件过程中，如果法官能够关注案件的法律效果与社会效果，就完全可以避免诉讼矛盾的进一步激化，这也是为司法实践所证明的。我并不是主张法官在审判活动中要承担与审判职能相距甚远的社会职能，但是，我们也不应该矫枉过正，只要我们不否定审判工作的社会责任和政治责任，我们就必须关注司法改革与人民群众的道德情感相吻合，否则，我们就容易丧失司法改革的社会支持基础。

(三) 这是在中国司法制度发展进程中逐步实现司法权的理想的需要

司法权在现实法律生活中表现出的局限性是司法权在自身运行过程中，在一系列相互对立的范畴之间进行一种非此即彼式选择的必然结果，如在程序公正与实质公正之间选择了程序公正，必然导致司法活动的剧场化以及由此而来的对当事人“接近司法”积极性的抑制；在法律的稳定性与法律的变革发展之间选择了法律的稳定性，就会导致司法活动的保守倾向；在自由与秩序之间选择了秩序，就会为司法判断活动成为压制性的判断活动埋下伏笔。这种非此即彼式的价值选择固然强化了司法权在特定的层面对社会生活的调整力度，但在总体上限制了司法权能够获得更为丰富的对社会生活进行调整的正当性资源。

美国学者伯尔曼在论及法律发展趋势时深刻地指出：新的时代将是一个“综合的时代”。在这个时代里面，“非此即彼”让位于“亦此亦彼”。不再是主体反对客体，而是主体与客体交互

① 详见拙作：《司法制度的理性之径》，人民法院出版社2004年版，第236～238页。

作用；不再是意识反对存在，而是意识与存在同在；不再是理智反对感情，或者理性反对激情，而是整体的人在思考和感受。只有这样，才能有效地克服渗入了一切分析形式的二元对立思维模式，才能在更高的水准上达到辩证的综合。①

因此，在理解和把握司法权自身及其与外部世界之间的关系时，应摒弃狭隘的非此即彼式的思考方式，以一种宽容的多角度的思考方式深化我们对司法权的认识，还司法权以本来的面目。循着这样的思考路径，我认为，司法权的理想在于，在其自身运行过程中，能够在一系列相互对立的价值范畴，即司法公正与司法效率、司法宽容与司法规序、司法理性与司法经验、司法判断与司法良知、司法专业化与司法民主化、司法工具理性与司法价值理性之间获得一种观念和制度上的统一，并在此基础上以更为丰富深刻的正当性资源作用于社会生活，实现对司法权现实的超越。②

实现司法权的上述理想，一个重要的前提条件就是法官必须具有足够的专业素质特别是职业良知。司法权的上述理想对法官的职业素质提出了这样的要求，即法官在进行司法判断时能够自觉地与道德因素以及其他的情绪化因素保持必要的距离，能够在一种较为冷静的判断环境中以权利义务视角来思考案件，进行相应的司法判断活动，即使面对敏感的、棘手的社会问题也要转化为法律问题，运用相应的法律技术手段来进行处理。另一方面，由于要求法官具备专业化的思维视角和思维方式，这样，法官就习惯于把案件分解为若干个前后连贯，具有逻辑上先后关系的待判断的技术性要素或问题，使复杂的问题得以简化，转换为单纯的形式化的法律问题，从而能够突出纠纷处理的法律效果。与此同时，这也容易给司法判断活动带来负面影响，即司法判断活动

---

① ［美］伯尔曼著：《法律与宗教》（中译本），三联书店1991年版，第9页。

② 详见拙作：《司法权的法理之维》，法律出版社2002年版，第146～164页。

的社会效果受到抑制，法官“过度注意细节性问题，而忽视大问题；注意一些程序性问题，大大减少了对法律实质性问题的关切；注意到法律的普遍的指导意义，而相对忽视具体问题中是非问题。”①

解决这一问题的根本出路在于，在大力提高法官专业素质的同时，促进法官职业良知的养成。但是，法官职业良知的养成只有融入到法官职业化进程中才能得以实现。我们清醒地认识到，法官职业化不仅仅是一种标准与尺度，更是一个国家司法传统历史发展演变的结果。在中国古代司法传统和西方司法传统中，受各自的法律意识形态观念的作用与影响，对法官职业化采取了截然不同的历史态度，法官职业化在各自司法传统历史进程中显现出了不同的历史命运。

中国古代司法传统的观念基础在于儒家思想的“天人合一”理论，儒家思想的这种价值观念给中国古代司法传统中的法官职业带来了这样的负面影响，由于道德教化成为国家的首要职能，加之司法职能始终是行政职能的一部分，因此，只能由行政官员而没有必要设置专门的司法官员来行使司法职能，这也就意味着，国家对各级官员的管理能力的要求是“通才”而不是“专才”，即能够在处理广泛的社会事务的同时对社会成员进行有效的道德教化。这就对行政官员的道德素质和职业能力素质提出了相当高的要求，由于在中国古代，特别是在唐代之后，科举制成为选拔各级官员的主要途径。但是，科举制的考试内容是按照国家对社会成员实施道德教化职能而设置的，以儒家经典为中心内容，法律内容并没有在这里取得应有的位置，专门的司法职业技能训练并没有成为士人通向仕途的必然要求，以至于自唐宋以后，士人以习律为耻，以通经义为荣。因此，行政官员在其自身

① 苏力：《法治及其本土资源》，中国政法大学出版社 1996 年版，第 142 ~ 143 页。

的司法职业素质方面出现这种状况也就不足为怪了："儒者未仕时多未尝留意法律，一旦通籍为牧令长，每遇研鞫，茫然莫测其端绪，况能通律意哉。"①

西方司法传统的观念基础在于自然法理论。自然法对西方法律（司法）传统的观念塑造作用表现为两个方面：一是法律的形式合理性。在自然法思想的理论视野中，"规定实在法规则中的普遍性和适用规则的一致性也就成为效忠于高级法的证据而不是行政上的权宜之计了。从这个角度看，赋予模糊的普遍性和一致性概念以具体的内容成为政治和法律思想的核心内容也就不奇怪了。"② 二是法律的自治性。"就人法试图分享高级法规范秩序的特点而言，它也必须是摆脱主权者主观意愿和特定社会习惯的相对自治的领域。……通过接近神圣的模式，实定法变得愈完善，它就愈不愿受具体时代和地域实践的限定。它的规则应当具有某些关键性的脱离政治和习惯的独立性，……如此说来，走向某种认可法治理想的社会意识的道路已经铺好。"③

法律的形式合理性和自治性对于进行法律适用活动的主体——法官提出了这样的要求：（1）法官必须具有充分的系统化的法律知识与技能；（2）法官必须具有足够的外部保障保证其能够没有任何后顾之忧地把自己掌握的专业知识与技能适用于具体案件。

当然，仅仅依靠自然法观念并不能把对法官的这种职业素质与职业保障转化为现实形态。与中国古代社会相比较，西欧各国直至11世纪和12世纪期间才从原始社会进入封建社会，比中国

① 吴吉远：《清代地方政府的司法职能研究》，中国社会科学出版社1998年版，第319页。

② ［美］昂格尔著：《现代社会中的法律》（中译本），中国政法大学出版社1994年版，第72页。

③ ［美］昂格尔著：《现代社会中的法律》（中译本），中国政法大学出版社1994年版，第71～72页。

古代进入封建社会晚了将近1500余年。如英国，在1066年诺曼征服前，“英国没有封建制度，也就是说，没有一个以土地占有来服役且骑马作战的骑士阶层，没有封臣与封君的权利与义务的纽带，也没有封建的采邑，……封建制度是诺曼征服导引过去的，起源于诺曼征服。”① 由于西欧各国大多都是从原始社会直接进入封建社会的，在社会制度形态上的转变是一种历史的大跨越，封建王权权威的形成缺乏如同中国古代封建王权权威形成所具有的历史延续阶段（中国古代在奴隶社会时期就已经确立了君权神授观念）。这样一来，封建王权权威的强化只能是在与社会历史形态进行转变的过程中同步进行。在这一过程中，以国王为代表的封建王权始终没有成为绝对的主导支配力量，自始至终受到教会、分封贵族和商人阶层的牵制与制约，因而，虽然在西欧各国的封建社会阶段，封建王权较之其他利益集团有了相当程度的强化，取得一种程度的优势地位，但资产阶级革命的爆发则迅速瓦解了封建王权这种并非绝对的力量优势地位。这样，导致任何一个利益集团都没有足够的力量自始至终地取得对法官群体的绝对支配，自然法理论对法官职业及法官素质的观念性要求始终得以延续下来，而资产阶级革命的胜利更为这种观念转变进一步提供了转化条件。

反观中国古代社会，奴隶制王权和封建王权始终非常强大，无论是官僚阶层还是商人和知识阶层都没有取得能够与之相抗衡的优势地位（即使是在观念层面上也没有这种地位），缺乏西欧各国封建社会存在的多元利益集团这种历史条件，因而也就缺乏西方司法传统中法官职业化能够得以进行历史进化的发生条件。从这一角度看，尽管改革开放以来，人民法院法官职业化建设取得了一定成绩，但是，在法官队伍整体职业素质尚不尽如人意的现实条件下，法官的职业良知如果不能尽快、有效地养成，那

① 孟广林：《英国封建王权论纲》，人民出版社2002年版，第50页。

么，在中国司法制度发展进程中逐步实现司法权的理想也就无从谈起。

三、如何获得司法良知

良知是人的本性的自我立法。良知固然不是他律，但这并不意味着不能通过他律的方式方法获得，这是因为，良知属于司法伦理范畴，按照伦理发生学原理，同样可以通过从他律走向自律的途径得以形成。因此，在法官的职业伦理素质在一个可以预见的时期内不可能通过自律方式获得的现实条件下，应该通过强化司法责任促进司法良知的形成。要做到这一点，一个现实的选择就是强化法院的内部监督机制。总的来讲，法院的内部监督呈现出一种“软约束”状态。从监督的程序上看，存在着不完善、不系统、不到位、不规范的问题；从监督的效果上看，存在着有问题而不积极地调查，查而不追、追而不处、处而不严等问题。监督工作总体上处于被动局面，头痛医头，脚痛医脚，预防和震慑作用不足，没有形成有效的监督制约机制。

解决这一问题的出路在于，建立完善责任型的审判权内部监督制约机制。监督机制呈现“软约束”状态的根本原因在于法院内部对人监督与对案件监督缺乏制度性衔接，审判责任“虚化”。因此，必须以审判责任确定审判权的运行边界，防止审判权的滥用与腐败。应该看到，在我国对法官实行这一监督追究办法是有其历史与现实合理性的，从我国国情及法官现状实际出发实行这一制度是非常必要的，对于现实问题的解决有着深刻的正当性与合理性。以强化内部监督机制建设为保障的专门的、主动的、经常的、有效的监督机制。该机制具有以下三个方面的内容：

1. 权威性的监督机构。由于监督对权力主体是来自外部的一种影响力量，在制约的过程中，就不可避免地带有某种被动性和偶然性，极易造成权力滥用者逃脱惩处。法院现有的监察机构和审判监督机构在监督制约审判权方面带有相当大的被动性和偶然性，监察机构游离于审判程序之外，只对人不对案件；审判监督机构身处审判程序之中，只对案件不对人。这样，就使审判权的监督制约出现结构性失位，因此，有必要根据最高人民法院1998年颁布的关于加强法官监督的《两个办法》，建立一种权威性的（直接对院长负责，代行院长在审判监督程序中发现问题的权力）、主动性的（通过院长监督程序的主动进行而不仅仅是通过当事人申诉来发现问题）监督机构对审判权运行的各个环节进行全面监督，以保证审判责任的落实。

2. 权责相当的责任承担机制。任何无责任对应的法定权力，在规则上即具有剩余性和非理性，它所带来的只能是权力的放任。因此，责任的制约程度必须与审判权的大小相当。责任与审判权配置比例关系的确定应遵循两个原则：一是科学性，即尊重审判权的运行特性。审判权在很大程度上依靠当事人的推动得以进行，加之作为审判权运行的制度性场所——程序具有高度的形式性，如在事实判断方面只能实现一种形式真实，而这又是对案件法律问题进行判断的基础，因此，审判责任必须以此为逻辑起点，才能使其自身符合审判权运行的内在规律。二是客观性，亦即归责原则客观化，以行为的客观违法性而不是以主观上的故意或过失作为归责原则，避免因责任认定的主观性而导致责任大于权力，束缚法官的自主判断。

3. 完善的责任追究程序，以保证法官获得充分的陈述和申请复议机会，从而使对法官的监督能在一种客观、公正的机制保障基础上进行。

需要强调的是，在通过司法责任促进法官获得司法良知的过程中应注意这样两个问题：

一是避免新行政化倾向。通过司法责任这种他律手段促进法官司法良知的形成并不是对我们在司法改革过程中要努力消除的行政化管理倾向的另一种肯定或者变形，因为，在这一过程中，强化司法责任，始终是立足于事后监督，避免对法官的独立审判形成干扰，因此，实质上是强调法官对法律负责，对程序负责，对案件的审理效果负责，而不是简单地对法院的管理者负责。从目前情况看，司法责任对于法官来讲，还是一种外在的、实在的约束规范，待法官的司法良知意识逐步形成、强化，变成一种内在的道德自觉时，对法官审判行为的监督与调整就基本上可以依靠司法良知而不是司法责任了，此时，司法责任只是一种备而不用的监督制约手段。

二是避免伤害法官的职业荣誉。韦伯在剖析西方司法传统的历史发展道路时对法官的职业荣誉在这其中所发挥的重要作用给予了充分肯定，说得通俗一些，就是法官珍重自己的职业，珍重从事这一职业给自己带来的社会评价荣誉感，也就是说，法官得把自己当回事。同样，在司法改革过程中，我们也应该努力促进法官形成职业荣誉感，否则，我们就会陷入到法官素质低——过度监督——职业荣誉丧失——缺乏提高素质积极性的恶性循环之中。

宋鱼水审案方法的启示

党的十六届四中全会提出了要提高执政能力的要求，对于人民法院来讲，就是要提高司法能力。如何提高司法能力，宋鱼水同志的先进事迹给我们的一个重要启示就是新形势下的司法方法应该充分的讲求科学性，注重实效性，体现时代性。宋鱼水同志的审案方法从一个侧面给我们树立了一个体现公正与效率主题的当代标准。认真地总结并加以推广，对促进法院的科学发展是非常必要的。

一、理论定位

司法方法是一个非常具有实践价值的理论问题，理论界对此已经展开了较长时期的研究与探讨。法官应该以一种什么样的司法方法来思考案件涉及的法律问题和事实问题，我认为，一是以权利和义务作为视角来观察、分析、解决问题，这是法律思维的重心所在，也是法律思维区别于政治思维（利弊的权衡、取舍）、经济思维（成本与收益的分析）、道德思维（善恶评价）的关键之处。二是普遍性为原则，特殊性为例外。以普遍性为原则，体现了法官对一般正义和形式合理性的要求。特殊性体现了法官对个别正义和实质合理性的追求。三是程序优先。对法官而言，程序优先要求国家权力尊重个人权利并能对公权力进行有效制约，以两者之间充分的过程性交涉求得司法裁决的正当性。四是判决理由必须公开且具有说服力，不能以法官的判断结论取代理由的充分陈述。司法方法所强调的是法律效果问题，对于法院审判工作来说，仅强调法律效果是不够的，还应关注人民群众对法律及公平正义的基本理念和认知标准，以弥补司法方法所反映出的法律职业思维与人民群众的社会生活逻辑思维之间的认知差异，也就是说，要尽可能地使两者之间具有可通约性。

宋鱼水同志正是在审判案件的结果上，在法律允许的范围内注意了两者间的有机统一，在说服当事人息诉服判的方法上从现实出发，采用实证论理的群众工作方法，解决对法律判决的认知问题，辩明的是法理学意义上的法律道理，析清的是社会生活中的道德情理，两者间得到和谐统一，所以当事人双方才能胜败皆服。她这种司法方法体现的是中国特色的时代要求。

在审判实践中，宋鱼水同志对司法方法的法治意义及法律的固有局限性给予了必要的关注，自觉地追求司法方法的现实法治意义，有效地克服了一些法律在国情条件下由于一定的超前性或滞后性所带来的局限性，从而辩证地解决了案件判决之后的法院自我评价与社会评价之间的平衡与和谐。司法不是孤立的，社会需要了解司法、运用司法，司法也需要从社会获得支持和信任，满足公众的需求。

法院的发展离不开法院的自我评价与社会评价关系的正确处理，解决这一问题的实质就是要处理好法院审判工作法律评价与社会评价之间的关系。法律评价强调裁判标准的形式合理性，社会评价强调裁判标准的实质合理性。在形式合理性与实质合理性相冲突时，如何协调法律评价与社会评价之间的关系，这是不同国家的审判机关在不同时期所面对的一个共性问题。这当中，法律评价是第一位的，决定着社会评价的实现可能性及其范围；社会评价决定着法律评价的社会认可度和法律对社会的实际调控作用程度，社会评价是法律评价社会化和法院发展水平的检验标准。

法院司法能力的提高需要法官在进行司法判断活动时要有一种平衡感，在追求法律评价，求得形式合理性的同时，对司法判断的社会评价给予应有的关注，克服形式合理性所带来的保守倾向等局限性，在法律允许的范围内回应社会生活对实质合理性的需求。这里说明的是回应实质合理性需求，并不是因为实质合理性本身对与错的问题，因为它本身已是一种客观存在。法官欲在司法判断活动中实现法律评价与社会评价的统一，就不能把自己的思维局限于以有形文字表现出来的法律规则中，而必须能够深刻领悟法律规则背后的无形的法律精神，并在此基础上对社会生活的态势及未来发展趋势进行深入的法律思考，从而使自己——司法判断者不仅具有法律家的逻辑思辨力、政治家的敏锐洞察力，还要有社会活动家的人文关怀。在审理企业破产改制和涉及农民、下岗职工等低收入群体案件过程中，如果法官能够同时关注案件的法律评价与社会评价，就完全可以减少矛盾激化的可能，促进社会的和谐稳定，这在一个法律意识相对不强，道德伦理标准为重，社会经济文化处于发展初级阶段的我国来讲，应该说是一个客观现实的选择。

二、实践启示

法院工作应适应不断发展的社会要求，尽快提高司法能力是当前法院工作面对的时代要求。在这一时代背景下，应从提高司法能力，实现法院科学发展的高度而不应仅仅从个案意义上来认识宋鱼水同志审案方法的实践价值。我认为，宋鱼水同志的审案方法对于提高法院司法能力，实现法院科学发展具有以下几方面的实践启示意义。具体讲就是要处理好四个辩证关系：

（一）要正确处理好司法的被动性与服务大局主动性的关系

宋鱼水同志在审判实践中不是消极地就案办案，而是自觉地从维护社会稳定，促进经济发展这一大局出发，确定案件的审理思路，确保案件的审理结果能够具有更强的社会效应。审判权的一个重要特性就是被动性，即不告不理，这是在权力运行方式上，审判机关与立法机关、行政机关之间的重要差别，也是法院审判制度与机制设计的逻辑起点。因此，司法的被动性是法院行使审判权的首要形式特征。

与此同时，司法还有一个宏观职能，即通过审判维护国家秩序，促进经济社会发展。任何一个国家的司法机关在行使审判权时，都是以一定时期的司法政策即通过行使司法权调控社会关系所欲实现的目标为导向的，这一目标或来自于执政党特定时期的中心工作，或来自于审判机关对特定时期特定社会问题的关注程度。尽管不同国家的司法机关以不同的方式来贯彻各自的司法政策，但是，在通过审判权处理社会纠纷的同时，通过司法判决影响、推动社会纠纷中所反映出来的亟待解决的共性社会问题方面是相通的。因此，从客观整体上讲，积极服务是法院行使审判权之于国家目的的题中应有之义。处理好司法的被动性与服务的主动性关系，就是既要坚持审判权所固有的启动与运行方式，又要在审判权启动之后，在审判工作指导思想上服从、服务于党和国家的中心工作大局，积极地运用各种技术性、程序性的法律手段和措施使社会纠纷的解决方案能够更为符合中心工作及经济发展大局的要求。

司法被动性的积极意义表现在两方面，一方面，有助于保持审判机关的中立性，在程序的逐步展开过程中平等地给予当事人进行申辩的机会，缓解当事人之间的对立情绪，使当事人能够更容易地接受审判机关作出的纠纷解决方案；另一方面，有助于合理分配国家的司法资源与当事人的诉讼资源，引导当事人通过非诉讼纠纷解决方式处理纠纷，进而从总体上有效降低社会纠纷的解决成本。同时，司法机关、司法制度只有在为根本政治制度服务过程中才能彰显出其合理意义，法院审判工作必须坚定不移地服从、服务于党的中心工作，把法院工作融入到大局之中，保证党的路线、方针、政策在法院各项工作中得到切实的贯彻执行。

宋鱼水同志正是在依法办案前提下，主动为企业发展着想，为维护当事人的合法权益着想，从而才得到了广泛的赞誉。因此，我们既不能积极司法，因为这会混淆审判机关与立法机关、行政机关在国家机构体系中各自的制度性位置；更不能消极服务，因为这会削弱国家权力体系在调控社会关系时所需要的整体配合功能。

（二）要正确处理好依法办事与尊重国情的关系

宋鱼水同志在审判实践中，从实际出发，既充分地阐明了法学原理，又深刻分析了社会情理，这种法情交融的方法得到了双方的认可。必须看到，审判实践中应用的现代法学原理绝大多数发端于发达国家，体现了人类社会在解决社会纠纷方面某些带有一定共性和规律性的智识积累。而宋鱼水同志的审案方法及其社会效果说明了这样一个道理，即处理好尊重规律与尊重国情的关系有助于法院发展路径的正确选择。

宋鱼水同志的“辨法析理”方法，正是体现了这一实际需求。就中国司法制度的发展来说，有必要吸收人类司法文明发展的有益成果，特别是那些具有技术意义的普遍性价值观念，但是，必须充分考虑到中国特定的国情条件，只有这样，才能使当代中国的司法制度发挥出预期功效，才能使司法制度在国家政治制度整体功能中发挥出其积极的价值。

现代化理论研究成果表明，一个国家或社会在主动地、自愿地吸收和内化其他文明中的因素时，总是在这样两种条件下进行的：一是吸收那些与本国文明相融合的因素。这些因素必然能够为这个国家或社会所吸收，两者之间必须具有某种共同的特征。二是吸收那些具有一般性和普遍意义的因素，这些因素既可以为这些国家或社会所吸收，也可以为那些国家或社会所吸收，也就是说，这些因素具有人类社会的一般共性特征。这就像一个需要输血的人必须要选择与自己血型相融的血液一样，是不可任意进行的。对发达国家司法制度的有益经验加以借鉴必须从中国国情出发，充分考虑到中国国情能否为被借鉴对象提供必备的运行支持条件，把借鉴的过程理解为一种本土化的过程。

（三）要正确处理好裁判的权威性与公众认可度的关系

在审判实践中，宋鱼水同志审理过的案件上诉率极低，即使是败诉的当事人也对宋鱼水同志的裁决心悦诚服。这表明，宋鱼水同志在审判实践中较好地实现了裁判的权威性与公众认可度之间的平衡，这对于一个基层法官来说是难能可贵的。法院发展的一个重要目的在于维护、实现人民群众的根本利益，处理好司法权威与大众认知之间的辩证关系，实际上是树立一个正确的法院发展的科学审判标准。

为此，一方面，要通过审判机关自身公正、高效的审判活动所形成的司法权威加强对大众诉讼认知心理的引导；另一方面，当事人和其他社会成员能够参与到诉讼程序的展开进程中来，真正成为诉讼活动的主体而不是单纯的审判活动对象，促使其能够以正确的诉讼意识与心理形成对审判活动的客观评价。

司法权威对大众诉讼心理的引导作用表现为：一是审判机关的可接近性，当事人能够较容易地“接近司法”，为维护自身的权利寻求司法救济渠道；二是纠纷解决方案的说理性，法官能够提供有效说服当事人认可法官的裁判结论；三是权利义务个案配置方案的有效性，司法机关对当事人所进行的权利义务再分配能够及时地转化为现实形态；四是法院裁决的稳定性，法院的司法裁决必须具有足够的既判力，非依重大事由和法定程序一般不得改变。

为实现这一目标，一方面，要运用司法民主观念指导当代中国司法制度的建设实践。在法院改革与发展实践中进一步完善人民陪审制度，为人民群众提供更多的参与审判活动的机会，弥补职业法官与当事人之间的交流愿望和能力的局限，确保司法机关的审判活动能够更充分地反映人民群众的愿望和呼声。另一方面，要赋予当事人更多的程序选择权。在这方面，日本的司法实践经验值得我们借鉴。日本的家事诉讼制度为了与社会大众的这种法律意识观念相适应，在正式的审判程序之前设置了调停程序，即由来自社会的家事调停员运用大众的生活伦理观念对当事人进行调解，并告之当事人，如果调停失败，将由职业法官运用法律标准进行正式的审判，至于选择何种程序则交由当事人自己决定。这样一来，既注意到了正式的审判程序与非正式的调停程序之间的差别，又使两者之间通过当事人的程序选择权得到了衔接，提高了当事人对司法判决的认同与服从。

（四）要正确处理好对案件负责和对社会负责的关系

一个职业法官必然是一个具有良好社会责任感的法官。宋鱼水同志在审判实践中对于案件判决可能产生的各种实际效果给予了足够关注，体现出了一个职业法官应该具有的强烈社会责任感。目前，法官在办理案件中，更多地想到的是对案件负责，而往往对判决所产生的后果关注不够。认认真真审理的案件，结果却不令人满意。实践证明，在目前国情条件下，我们不仅要关注案件本身的办理效果，也要关注案件的社会认可度。这就要求，广大法官要进一步地增强社会责任感。

法官的社会责任感来自于司法良知。司法良知是法官个人作为司法判断主体所具有的法律职业责任意识，即法官基于对法律的正当性与合法性的认识与理解，基于对自己所经历的法律生活的体验和反思而产生的对社会成员社会行为的善与恶、正确与错误进行判断并采取相应行动的意识与能力。它要求一个法官要有一种职业的良心认知，要有一种社会责任感，要关心关注社会的进步与经济的发展，要有强烈的职业道德意识。

实现法院科学发展，提高司法能力，充分发挥人民法院在维护社会稳定，促进经济发展的作用。固然需要法官队伍中涌现出更多的宋鱼水式的优秀法官，同时，我们更应该从宋鱼水同志的先进事迹中认真思考总结，创造出更多的宋鱼水式法官的审判思维模式和审判方法，在实现法官科学发展进程中脚踏实地、一点一滴地进行制度创新积累，使法院的司法能力不断地适应社会发展的需求，使法院的发展不断地向更高的目标迈进。这应该是宋鱼水同志先进事迹带给我们的深层次实践启示。

专题讲座篇

司法制度与司法改革

（在中国政法大学研究生院的讲座）

2010 年 12 月 27 日

司法改革与司法制度建设是一个重要话题，曾一度被人们热心关注，因为它与政治体制离得很近，一个时期以来又被淡化冷落，因为有些人认为它在目前形势下解决不了什么问题，那么，司法改革应该是个什么样的？怎样的司法改革与司法制度才是我们所期待的呢？

如果单就司法改革去谈司法改革，有些问题是说不清楚的，在没弄清楚司法改革的对象是怎么来的情况下，就去谈怎么改它，没有弄清“来龙”之前，就谈“去脉”是容易犯理想化毛病的。所以我们应该在研究司法改革的同时，剖析现行司法制度的成因和特点，在厘清两者间关系的前提下再去谈为什么要改以及应该怎么改。

一、这一轮司法改革的基本情况及特点

（一）基本情况

我认为，从党的十一届三中全会到现在，司法改革大体上经历了三个发展阶段。第一阶段是从 1980 年到 1999 年。这 20 年的司法改革（我这里讲的司法改革主要是从微观角度特指的是法院改革），基本上是法院系统自发式改革阶段，这一时期，中

央除了提出总的要求外没有具体部署，也没有统一组织，但自发式的司法改革从上到下都在做。为什么是这样？一是经济体制改革轰轰烈烈形成的氛围影响；二是经济社会变革后的客观要求。“文革”后法院开始恢复时，内设机构基本上就是刑事、民事。后来随着民商事案件大量增加，开始设立了经济审判庭，随着执行案件的增加开始设立执行部门，随着案件及国际交往的增多，审判程序也开始朝着相对正规化方向发展。这一阶段，各级法院在主动服务经济发展维护社会稳定方面做了相当多尝试性改革，用现在标准看，有一些是不太符合程序的。比如说诉讼费自己收，自己管，自己用，审判执行一体化等等。因为以往我们没有这方面的经验，只能是摸着石头过河，尝试着做。这 20 年，基本上是在探索构建我们新的司法体制和工作机制。是在一种缺乏法治基础情况下主动适应新形势的 20 年。

第二阶段是从 1999 年到 2008 年，这一阶段是最高人民法院根据中央发布的初步意见，在法院系统统一安排的。这一阶段的司法改革的动因，实际上要追溯到 1997 年党的十五大。十五大在国家民主政治建设、法制建设上提出了“依法治国，建设社会主义法治国家”的国家发展战略目标。

十五大提出“依法治国”基本方略，是由十五大之前所处的历史环境决定的，最关键的因素是小平同志的南巡讲话，把国家经济发展的方向定下来了——社会主义市场经济。在随后召开的党的十四大上，计划经济转为市场经济被确定下来。社会主义市场经济体制的确定对我们的司法改革具有决定性的意义。十四大确立社会主义市场经济，十五大才能够提出依法治国。市场经济就是法治经济，没有法治的保障难以形成社会主义市场经济。

十五大在提出“依法治国，建设社会主义法治国家”的同时提出要开展司法改革，指出：“推进司法改革，从制度上保证司法机关依法独立公正地行使审判权和检察权，建立冤案、错案责任追究制度。加强执法和司法队伍建设。”在我们党的代表大会上，第一次提出司法改革。标志着有组织的自上而下的司法改革开始起步。当然，十五大提出推进司法改革，也是带有当时历史的时代局限性，因为十五大时对于司法改革并没有提出具体要改什么，而只是提出要司法改革。这说明党中央已经认识到这个问题，要确定依法治国的方向，就必须改革现行的司法体制，这一点党中央是明确的。

在落实十五大确立的依法治国基本方略，推进司法改革问题上，最高人民法院态度是积极主动的，1999 年制定了第一个五年改革纲要，当时中央对怎么改并没有很明确的具体部署，最高人民法院基本上是根据中央的原则要求和前 20 年地方法院改革的经验、作法，制定的“一五”改革纲要。“一五”改革纲要提出的 50 项改革任务，主要是改革工作机制和工作方法方面问题。其中提出对体制问题开展调查研究，是探索性的。一是人民法院组织体系建设；二是干部管理体系建设；三是经费保障体系建设。“一五”改革纲要确立的改革重点是法院管理机制的完善，法官队伍自身建设的强化。为什么涉及体制问题只谈了三个方面的探索？因为体制改革不可能是法院说了算，而在工作机制、方式方法上，我们是可以做一些探索、有一些作为的。

党的十六大，对司法改革的提法有新发展。提出：“推进司法体制改革。社会主义司法制度必须保障在全社会实现公平和正义。按照公正司法和严格执法的要求，完善司法机关的机构设置、职权划分和管理制度，进一步健全权责明确、相互配合、相互制约、高效运行的司法体制。从制度上保证审判机关和检察机关依法独立公正地行使审判权和检察权。完善诉讼程序，保障公民和法人的合法权益。切实解决执行难问题。改革司法机关的工作机制和人财物管理体制，逐步实现司法审判和检察同司法行政事务相分离。加强对司法工作的监督，惩治司法领域中的腐败。建设一支政治坚定、业务精通、作风优良、执法公正的司法队伍。”十六大关于司法改革的要求是最多的，设定的目标既明确具体，也比较高，有些是突破性的。十六大是把司法改革放在国家政治体制框架下考虑的，提出的目标是划时代的。最高目标是公平正义，具体目标是公正高效。

这里有一个问题需要我们正确理解，就是司法在实现社会公平正义中究竟有什么作用，能起什么作用，这是与司法改革、与司法体制和工作机制的建构有密切关系的。不能简单、微观地理解为社会主义司法本身就能确保全社会实现公平正义，这是做不到的。因为从法治过程的角度讲，从立法、行政到司法，我们只是维护社会公平正义的最后一道程序，单凭这一道程序是不可能实现普遍的社会公平正义的。社会的公平正义需要在国家的前提下，从立法、行政到社会方方面面的共同努力。而司法是被动的，没有原告就没有法院，在权利没有受到侵害，没有矛盾纠纷时，是不需要司法存在的，在受到冲击，受到侵害，希望恢复正义时，司法才起作用。

十六大后，中央成立了司法改革领导小组，办公室设在中央政法委，根据十六大报告所提的七个方面改革要求，制定了中央关于开展司法改革的若干意见。根据十六大精神和中央关于司法改革的意见，最高人民法院 2003 年制定了“二五”改革纲要。“二五”改革纲要也是规定了 50 项改革任务，提出了“六个改革”“一个完善”，即改革和完善诉讼制度；改革和完善执行体制和工作机制；改革和完善审判组织和审判机构；改革和完善审判管理和司法政务管理；改革和完善司法人事管理；改革和加强法院内部监督和接受外部监督；完善对审判权、执行权、管理权运行的监督机制。其中前 46 项是在注重承前启后兼顾“一五”改革纲要没有完成的一些改革任务进行部署的。后四项是对人民法院体制方面的探索性规定，一是法院管理体制。二是经费保障体系。三是铁路、林业等企业法院改革。四是少年法院改革。

第三阶段是党的十七大至今，这一阶段的主要特点是中央统一部署自上而下开展阶段。十七大报告指出，要“深化司法体制改革，优化司法职权配置，规范司法行为，建设公正、高效、权威的社会主义司法制度，保证审判机关、检察机关依法独立公正地行使审判权、检察权。加强政法队伍建设，做到严格、公正、文明执法。”根据十七大精神，在周永康同志主持下，中央司法改革领导小组对全国的司法改革工作进行了统一部署，提出了中央统筹下司法改革的四项重点任务。既优化司法职权配置；落实宽严相济的刑事政策；加强队伍建设；完善政法经费保障体制。可以说，中央部署的这四项改革，从需要和可能的角度看，选择是准确的，对于解决当前困扰司法工作的体制性、机制性障碍来说，作用是明显的。宽严相济的刑事政策的落实，在死刑复核权上收后，执行的标准更加统一，更加科学，特别是新的经费保障体制的建立，力度是比较大的，效果是相当明显的。我刚刚从中政委组织的到内蒙和黑龙江督查回来，两省区政法机关被保障单位经费分别增加301.8%和107.79%，效果是非常明显的。

根据十七大精神和中央部署，最高人民法院2009年制定了“三五”改革纲要，共有30项改革任务，分为五大部分，比中央的改革内容增加了一个“司法为民”的部分。“三五”改革纲要主要是贯彻中央精神，落实中央的部署。

（二）基本特点

30余年来的司法改革，轰轰烈烈，社会各界有褒有贬，其主要特点是：

1. 突出机制性改革

人民法院的司法改革，尤其是三个五年改革纲要的制定和实施，重点都放在了机制性改革上，对体制性改革较少涉及或者仅仅是研究性探索。

“一五”改革纲要从深化审判方式改革、建立符合审判工作规律的审判组织形式、科学设置人民法院内设机构、深化法院人事管理制度，健全监督机制等方面，共部署了50项改革任务。这些改革主要是法院自身就能实施和进行的。

“二五”改革纲要虽然进一步深化了改革内容，拓展了改革领域，但也属法院自身工作机制完善方面的改革，如改革和完善诉讼程序、法律统一适用机制、执行体制与工作机制、审判组织与审判机构、司法审判管理与司法政务管理、司法人事管理、内外部监督制约机制，以及探索法院体制改革等八个方面。

“三五”改革纲要确定了五项重点工作：一是优化司法职权配置；二是落实宽严相济刑事政策；三是加强政法队伍建设；四是加强政法经费保障；五是健全司法为民工作机制。这五项任务，仍然属于法院所能实施的机制性改革范畴。优化司法职权配置也仅仅是以审判和执行工作为中心，优化审判业务部门之间、综合管理部门之间、审判业务部门与综合管理部门之间、上下级法院之间的职权配置，使之形成更加合理的职权结构和组织体系。这都属于法院内部的工作机制调整。当然，在内容上，“三五”改革纲要和“一五”改革纲要、“二五”改革纲要各有不同。“三五”改革纲要更侧重于落实中央要求，加强对权力的监督制约。司法体制与国家的政治体制紧密相关，需要全局性的统筹思考。正是因为这样一个特点，我们十几年的司法改革，是以工作机制、工作方法的改革为主要特点的。事实证明，这种改革也是可以有所作为的，是完全有必要的。

实际上，国际社会的司法改革也是多层次多角度的。作为“三五”改革纲要重点之一的司法为民，就是通过相应的工作机制来体现司法为民的宗旨。我们的近邻日本、我国台湾地区、东南亚国家、包括欧洲大陆，包括老牌资本主义国家英国，他们也倡导司法为民，让民众更加接近司法，更好参与司法。这是一个时期以来的一种趋势，司法大众化的现象绝对不是空穴来风，它确实是个现象，而且是个国际现象。你能说这不是改革吗？为体现司法为民采取的一些工作机制，它们也被列入了司法改革的范围，所以大家不要轻视、轻待这样一些改革措施。当然，我并不否认，还有比这更重要的东西需要改，但在我们当前司法体制性的改革还不能大步向前推进的情况下，在许多困难还没有达到能够解决条件的时候，我们把关注点，把改革重点放在司法工作机制、管理方式、工作方式方法的改革完善上，先把能做好的工作做好，使有些方面的工作更加符合社会需要、符合民众需求，这样的改革也是有价值的。例如：2009 年最高人民法院经中央批准下发了《关于建立诉讼与非诉讼相衔接的矛盾纠纷解决机制的若干意见》，其中第八、九、十条，分别规定了人民调解之外的行政调解、仲裁调解、行业调解协议，具有民事合同效力，经法院确认后具有强制执行力。这几条看来不起眼的规定其意义是很深远的，它将目前法院确定调解协议具有合同效力的权力让渡出一块，给了社会组织，这对于下一步社会管理创新，对于公民社会的自治是带有开创性的。

2. 始终坚持党的领导

主要体现为坚持党的政策领导。制定“一五”改革纲要的主要政策依据是党的十五大报告，根据其基本精神安排的。“二五”改革纲要也是按照十六大公正司法和严格执法要求，完善司法机关的机构设置、职权划分和管理制度，进一步健全权责明确、相互配合、相互制约、高效运行的司法体制。完善诉讼程序，保障公民和法人的合法权益。切实解决执行难问题等要求安排的。“三五”改革纲要同样也是对十七大精神的全面的贯彻落实。这在整个司法改革进程中体现的是十分明显的。

3. 先是自发进行，后是中央统一部署各部门分别进行

1980 年到 1999 年这 20 年是在主动适应形势的情况下，摸索积累经验时期。从十六大到十七大，有一个现象值得注意，就是整体看是在中央的统一领导下，但实际上具体改革工作都是由各个部门为主在具体操作。这其中免不了出现的就是部门利益问题。各方面基本上都是在做加法，很少有做减法。实际上想要做好是很难的。鉴于此，这轮改革中的优化司法职权配置，实际上重点还是放在了各部门内部，因为整体性改革难度很大。司法改

革特别是体制性改革的实质是什么？就是国家司法权的重新配置。这种配置对国家来讲是科学调整，对部门来讲是有得有失的。从构建司法体制的角度讲，法院做点加法是正常的，但是有些方面不理解，比如说对人身权的限制措施，包括对住宅权的保护，通行做法是要有法官的搜查令，再有就是所有限制人身自由的措施都必须要有法官的裁定，包括拘留、逮捕、劳动教养等。看起来这些问题的解决是要一个过程的。

(三) 司法改革呈现上述特点的原因

1. 适应经济和社会发展变化需要

实行社会主义市场经济之后，人们的思维模式、行为方式随着经济生活方式的变化逐步发生变化，人们的随意性增强，经济领域交往增多、纠纷增多、法院的案件自然增多，逼着你必须做适应性改革。1978 年以前，法院的案件是很少的，除婚姻家庭纠纷外就是一般刑事案件，办案的基本方法是什么呢？当事人起诉，递交起诉状，被告递交答辩状，法官的任务就是调查取证，当时有人说法院的法官就是调查员，法官将证据研究一下就可以定案。后来案件增多，法院按照原来的办案方式就不行了，法官根本没有时间出去搞调查，有人提出让当事人和律师去调查取证，这就开始强调当事人举证责任，当事人调查的证据交给法官，双方调查的证据往往都对自己有利，法官采不采信，就要将双方当事人叫到一起质证，这就形成了当庭举证、质证、认证，随之而来就是法院审判与法官的权力架构的问题，这就开始涉及法官和庭长、院长、审委会之间的权力划分，又开始了审判职权划分方面的改革。之后又从审判制度发展到诉讼制度的改革，刑事案件开庭的时候涉及是否起立的问题，等等。发展下去必然是司法制度的改革。

这当中我们清楚地认识到，由于我们所处的是社会发展的初级阶段，是发展阶段的历史局限性决定了司法改革的局限性。同时，国家所面临的国际国内形势决定了司法改革目前只能是以机制性改革为主。在社会转型期，在经济、社会、文化还在激烈变革的情况下，司法制度改革的体制性方案是不好明确的。对此，我们应该有一个清醒的认识。

2. 适应当前的国家政治发展格局

当前司法改革面临的政治环境主要有两个方面的特点：一是苏联解体之后，整个西方在意识形态领域自然地将西化的目标集中地转向中国，西化力度前所未有，方式变换多端，手法无所不用其极，国际政治环境十分严峻；二是社会发展由传统向现代转型，是社会秩序的振荡期。中央对整个形势的分析是：社会矛盾凸显期、刑事犯罪高发期、对敌斗争复杂期，要想对司法体制进行较大改革，需要较好的社会环境。如果社会平稳，改革难度会小，如果社会不稳定，那么改革难度会明显增加。对司法体制的改革必须慎之又慎，所以中央提出了以“积极稳妥”的方式推进司法改革的方针。

3. 充分考虑传统观念的影响力

历史的惯性是巨大的，特别是传统文化的影响力，它的存在和影响是不以人的意志为转移的。中华民族在漫长的历史发展过程中，形成了一些基本观念和超越意识形态的习惯性思维。这些东西是不可能一下子改变的。过时的制度可以通过革命和改革予以立竿见影的改变，但这些制度所产生的观念影响乃至制约着制度的思维方式、行为习惯等融化在血液里的东西却是难以一下子摆脱的，有些已经印在我们的骨子里了。这当中有很多优秀、优良的文化传统，这里我们从解决问题的角度，从不足的方面列举一二：

（1）一些人缺少主人翁的责任意识，表现形式是对国家、对社会缺少一种责任感。吉林省委大楼是中国人在刺刀监督下上世纪 30 年代建成的，到现在，吉林省委还在里面办公，其相邻几百米的一座游泳馆，落成后没有几年，就变成了花脸工程，很快就拆掉重建。什么原因造成了中国的这种现象呢？几千年封建社会，皇权家天下，农耕文化、小农经济等原因造成了这种事不关己高高挂起，缺少国家和社会责任意识。

（2）一些人缺少诚信意识，灵活性高于规则性。2010年，全国法院审理民商事及行政一审案件共计5917690件，判决之后不能自动履行而进入执行程序的2407340件，占40.68%，如果剔除没有给付义务的占的比例会更高，这在法治国家是不可想象的。

（3）缺少妥协、让步求发展的意识。一旦获得了既得利益就不愿意改变。没有钱的想有钱，有了钱的想有更多的钱，另外的一些人想改变，因既得利益者誓死捍卫已到手的利益不想改变，就开始追求革命性的彻底改变，我们的思维方式习惯于砸烂一个旧世界，再建立一个新世界，缺乏一种求同存异，相互让步，共同求发展的包容精神和长远眼光。这种思维习惯，与我国传统经济社会的特点密不可分。小农经济的特点是个体分散式经营、封闭性强、自给自足，缺乏与外界沟通、联络的动力，因而具有保守、短视的倾向。这种思维方式和习惯，也必然反映在司法改革的过程中。

（4）“无讼”和“重实体轻程序”等观念的影响。儒家思想追求没有纷争的和谐社会，反对破坏和谐的诉讼活动。《周易·讼卦》说：“讼，终凶”、“讼不可妄为”、“讼不可长”，也就是说，诉讼是不吉利的，不要随意诉讼。儒家追求无讼，自然就不会崇尚发展诉讼、更谈不上建立完善的诉讼制度。而法治社会，不仅强调实体规则的完善，更强调程序规则的认定和保障，后者正是我国司法改革所力图发展的重点。在程序意识缺失、薄弱的情况下，司法改革的推行自然受到影响。

（5）法院自身条件的局限。法院经过几十年的发展，化解了大量矛盾纠纷，发挥了积极作用。在此过程中，法院人员增加，办公条件改善，法院的办案水平也在逐步提升。但也要看到，一个社会是一个整体，法院不可能超凡脱俗，超然于社会之外。法院现在也还存在很多问题，根本问题是解决案件纠纷的能力还满足不了日益增长的社会需求，法官的基本素质、法官司法的能力还需要提高，廉洁司法的水平还不够高，全社会崇法、守法的法治氛围还远没有形成，司法机关公正司法的环境还需要进一步优化，等等。由此我们应该得出这样一个结论：司法的改革程度与社会发展阶段是相适应的，它也需要一个过程，不要想一个晚上就实现它的终极目标，绝不能理想化的对待它。

（四）客观地评价以往司法改革所取得的成绩

近年来，在党中央的统一领导下，人民法院不懈努力，法院的面貌已经发生了显著变化，通过依法独立公正行使审判权，通过及时有效化解矛盾纠纷，通过积极推动社会管理创新，维护了社会和谐，促进了社会稳定和经济发展。

1. 优化职权配置促进司法公正

优化司法职权配置。人民法院通过死刑复核权收回、量刑规范化机制的推广、司法公开制度的全面深化、执行制度改革、司法救助制度的建立等一系列改革，进一步完善了审判制度、执行制度，促进了司法公正和效率，取得了显著的效果。

2. 加强审判监督促进了司法廉洁

加强审判监督是促进人民法院依法公正廉洁行使职权的重要措施。近年来，最高人民法院不断完善各项监督机制，主动接受外部监督，主动强化内部监督，取得了一定的成效。

一是改革和完善人民法院接受外部制约与监督机制。最高人民法院通过专题报告工作、司法解释备案、接受执法检查等多种形式，主动接受人大等各方面的监督。最高人民法院还聘请了特约监督员，成立了人民监督工作办公室，完善联络工作组织保障。建立健全了新闻发言人例会制度，完善记者旁听开庭机制，从多方面加强与新闻媒体的沟通联络，为其采访和舆论监督活动提供方便。此外，我们还改革了检察长列席审判委员会制度，依法接受检察监督。

二是创立人民法院廉政监察员制度。为强化审判执行工作的内部监督，最高人民法院创立了符合法院工作特点的廉政监察员制度。目前，全国有2914个法院设立专职或兼职廉政监察员27745名，对审判、执行工作实行直接监督。

3. 完善司法为民机制维护人民群众权益

以“司法为民”为宗旨，人民法院将健全司法为民工作机制作为新一轮改革的重中之重。

一是建立刑事被害人救助制度。作为新一轮改革的重要内容，2009年3月，最高人民法院、最高人民检察院、公安部等有关部门联合签发了《关于开展刑事被害人救助工作的若干意见》，标志着刑事被害人救助工作在全国范围内的全面启动。目前，在各级党委政法委、法院及社会各界的高度重视和通力协作下，我国刑事被害人救助制度已经在全社会范围内引起广泛关注，并取得了良好的社会效果。据不完全统计，2009年全国法院共发放救助金4355万元，1830余名被害人得到了救助。司法救助制度也得到不断完善，2009年，各级人民法院依法为当事人减、缓、免交诉讼费7.6亿元，同时还为一些生活确有困难的申请执行人提供了生活救济金。

二是加强立案信访窗口建设，方便人民群众诉讼。2009年，最高人民法院下发了《关于进一步加强人民法院“立案信访窗口”建设的若干意见》，指导各级法院加强立案信访窗口建设，强化诉讼引导、诉前调解、判后答疑等职能，推广远程立案、预约立案等方式，为当事人依法维护自身权益提供便利服务。截至目前，全国已有328个中级人民法院、2308个市县区人民法院建立了立案大厅，分别达到81.2%和74.2%。

4. 加强调解工作促进纠纷解决

我们把“调解优先、调判结合”确定为重要审判工作原则。各级法院不断增强调解意识，积极创新调解机制，努力提高调解能力，全面加强各领域的调解工作，包括民事案件调解、刑事附带民事案件调解、轻微刑事案件和解、执行案件和解等工作，拉长调解工作链条，大力推进立案调解、再审审查调解等工作，使调解工作贯穿审判、执行、信访工作全过程。近年来，我国法院案件调解结案率、息诉服判率显著提高，涉诉信访率逐步降低。

5. 积极开拓思路促进管理创新

改革开放以来，经济发展与社会建设出现了不相适应的问题，社会管理相对滞后。司法作为国家通过法律管理社会的重要渠道和有效手段，一方面必须完善自身机制；另一方面也必须通过行使审判职能，推动、促进其他社会管理机制的创新。

一是推进司法公开和司法民主，为公众参与社会管理提供便利。最高人民法院于2009年底发布了《关于司法公开的六项规定》，从立案公开、庭审公开、执行公开、听证公开、文书公开、审务公开六个方面切实实现公众的知情权和当事人的诉讼权利。进一步拓展司法公开的广度和深度，实现了透明公开、阳光司法。自全国人大常委会2005年颁布《关于完善人民陪审员制度的决定》以来，最高人民法院积极推进人民陪审员制度改革，不断加强制度建设，加强经费保障，扩大人民陪审员的选任范围，明确和保障其参与审判案件的权力。2009年，全国人民陪审员数量由5.7万人增加到7.7万人，全年参与审判案件63.2万件，同比上升25.1%。

二是积极推动诉讼与非诉讼相衔接的矛盾纠纷解决机制的落实。2009年7月，最高人民法院颁布了《关于建立健全诉讼与非诉讼相衔接的矛盾纠纷解决机制的若干意见》，意在建立人民调解、行政调解、行业调解、司法调解等相结合的大调解格局，形成新的诉讼与非诉讼相衔接的矛盾纠纷解决机制。目前，各级法院正积极开展诉调对接，支持行政机关、仲裁机构、行业组织及其他社会组织积极开展调解工作。对具有调解可能的纠纷，积极引导当事人到相关调解组织进行调解，调解不成再进入诉讼程序；对相关组织主持调解达成的协议，经当事人申请，人民法院依法审查并确认其效力。这些措施的推行，有利于社会自我管理能力的提高，有利于维护社会和谐稳定。

二、司法传统文化与司法制度变迁的启示

介绍过现阶段司法改革的基本情况后，再循着这个思路往前追溯，看一看我们现在的司法制度究竟是怎么来的，为什么是现在的这种样态而不是别的样态，以便能更清楚地认识我国现行的司法制度的基因密码及下一步中国特色社会主义司法改革应走的路径。

（一）建国初期司法的状况及特点

建国伊始，在司法制度的考量上，对过去采取的是一个全盘否定的态度。首先是废除了国民党六法全书，废除了国民党政府的伪法统。在当时与前苏联结盟“一边倒”的形势下，基本上是按前苏联模式构建的新中国的司法制度。但实际上，旧中国和新中国的联系不可能是一刀两断的。前述的两个废除，也只能是政治态度而已。司法文化的联系、法律渊源上的联系是不可能一下子割断的。实践中发现这些不可能割舍的东西还在发生作用之后，就开始了新中国建立之后的第一次司法改革。建国之初的这次司法改革实际上就是两个“清理”：清理旧司法人员、清理旧司法思想。（实际上这也是不可能完全做到的，尤其是后一点，中国人就习惯这样，明知道做不到还要做，以显示自己与过去划清界限）到1954年第一部《宪法》及两院组织法的颁布，标志着新中国的司法制度基本成形。在这个时期，按照前苏联的司法模式，最为典型的就是建立了两院制，即法院和检察院，包括两院的权力配置，还建立了苏联模式的诉讼程序，如两审终审制、陪审员制等。

到了1957年整个政治风向发生了变化。建国初期形成的司法制度、思想观念和做法，开始受到批判。司法独立的观点，有理必告的观点，无罪推定的观点，等等，受到公开批判。当时主

张这样一些观点的较高层次的领导同志有的被打成右派，有的受到批判。但这还不是问题最严重的时候，往后发展到“文革”时期，基本是一个没有法制的状态，成为比较典型的“现代人治时期”。司法机关被砸烂，完全抛弃了法制。一直延续到1978年的十一届三中全会。国家开始认识到这个问题，小平同志讲，还是要加强法制，搞法制靠得住些。到1979年7月1日，我们国家一天就通过了七部重要的法律。

（二）延安时期司法的状况及特点

抗日战争时期，各地抗日民主政府根据党的人民共和国理论和抗日民族统一战线政策，继承苏区的司法传统，围绕“创造与建立适合于新民主主义政治的人民大众的”司法制度目标，建立了一个全新的新民主主义的司法制度。

陕甘宁边区司法的主要特点：

1. 司法权在行政权领导下，相对独立行使审判权

主要体现在以下几个方面：一是司法权接受行政权领导，相对独立开展审判工作。谢觉哉说：“考虑到审判独立，但仍然在边区主席团的领导下，使审判能适合于当时政治的环境。所以，我们不主张司法与行政处于并立状态，而是在边区政府领导下，由法院独立行使审判权。”二是司法机关内部的行政管理模式。曾任陕甘宁边区高等法院院长的雷经天对法院内部推事与院长的关系做过解释，他说：“过去，我当院长时，推事问了案子以后，要写出意见书，包括诉讼当事人的情况、告状的目的、事实的经过、怎样处理、提出具体意见，然后，将这个意见书连同诉状口供案卷一起交来。我看推事的意见书，再看案卷的口供，审查里边有什么问题，为什么要这样处理，我也写一个意见书，我们有相同的，也有不相同的，都说出自己的理由，这样对案子就有一个全部清楚的了解，我对案子就是这样做的。现在有的人按国民党的办法，推事审判的，庭长不能过问，这种审判独立是错

误的，我主张打破这个东西。”①

2. 检察、审判与司法行政三合一

边区财政困难，推行精兵简政，三者合一符合当时历史条件。但“或许正是这种特殊环境下形成的特殊体制，促成了日后我们所习惯的一种分类方式，即把法院、检察院、公安都统一划为司法机关。”② 当时司法机关的主要任务是及时、有效地打击敌人，“为革命服务”，③ 因此，效率的价值追求也影响了司法机构的设置。这种司法组织状况虽基本适应了战争时期的特殊经济、社会状况，但其弊端在当时已经非常明显，制约了司法程序功能的发挥。如程序的随意性，“在审判案件上，亦多游击作风，如案件没有卷宗可查，宣判多无判决书，往往刑事案件当事人被压三四年之久始行判决者，有的羁押日期不折算在徒刑期内者，上诉日期无明文规定，第二审常与第一审案件混同进行，在司法制度上形成紊乱现象。”④

3. 坚持群众路线

陕甘宁边区施政纲领中明确规定，“建立便利人民的司法制度”。在当时，发明和进一步完善了群众公审、就地审判、巡回审判等便民方式，彻底改变了坐堂办案的传统。发表于1945年重庆《解放日报》上的一篇文章对边区的审判制度做了这样的

① 雷经天：《陕甘宁边区法院两年来司法工作总结》（1940年），陕西省档案馆档案，全宗号15。转引自侯欣一：《从司法为民到人民司法——陕甘宁边区大众化司法制度研究》，中国政法大学出版社2007年版，第90页。

② 侯欣一：《从司法为民到人民司法——陕甘宁边区大众化司法制度研究》，中国政法大学出版社2007年版，第91页。

③ 林伯渠：《陕甘宁边区政府工作报告》（1939—1941年），陕西省档案馆档案，全宗号15。转引自侯欣一：《从司法为民到人民司法——陕甘宁边区大众化司法制度研究》，中国政法大学出版社2007年版，第96页。

④ 杨永华、方克勤：《陕甘宁边区法制史稿（诉讼狱政篇）》，法律出版社1987年版，第112页。转引自侯欣一：《从司法为民到人民司法——陕甘宁边区大众化司法制度研究》，中国政法大学出版社2007年版，第116～117页。

描述："不敷衍，不拖延，早晨，晚上，山头，河边，老百姓随时可以要求拉话，要求审理案件。"谢觉哉指出，新民主主义司法与旧司法区别的基点就是"一个是立于群众之外，来统治群众的；一个是群众自己的工具——由群众中来又向群众中去。"敌我矛盾的重大案件，强调在判决中尽量满足人民的要求，非敌我矛盾的案件，采用马锡五审判的方式。特点是"政府和人民共同审判"，《陕甘宁边区民事诉讼条例草案》第四条明确规定："司法机关得派审判人员流动赴事件发生之乡市，就地审理、流动审理。审判人员应注意当地群众对于案情意见之反映为处理之参考。"人民之间的纠纷，大都提倡调解方式来解决。时任陕甘宁边区政府主席的林伯渠在《关于改善司法工作》一文中明确提出："百分之九十以上甚至百分之百的争执，最好都能在村中由人民自己调解解决"。

4. 实行三级三审终审制度

三级三审终审制是抗日根据地普遍采用的司法制度。在陕甘宁边区，"县裁判员为第一审，边区高等法院为第二审，中央最高法院为第三审。实际上中央最高法院并未与边区发生直接关系，不服高等法院判决的可上诉于边区政府委员会，再交高等法院重审。"① 1941 年以前，边区政府在审级上实行两审制，县裁判部或地方法院为第一审级，边区高等法院为第二审级，改变了晚清以来历代政府所确立的三审制。② 但由于边区"司法技术错误尤多，增加一个审级是一种补救的办法"，"审级关系人民的权利，多一审级就使人民多一次希望权，这与判决死刑的人最有关系，各国民法上都有希望权的规定，我们用两审，而无三审，

① 《陕甘宁边区政府工作概况》（1941 年），油印本，第 85 页。转引自张希坡、韩延龙主编：《中国革命法制史》，中国社会科学出版社 2007 年版，第 415 页。

② 侯欣一：《从司法为民到人民司法——陕甘宁边区大众化司法制度研究》，中国政法大学出版社 2007 年版，第 92 页。

是剥夺了人民的希望权，在法理上是说不过去的。"[①] 1942 年 7 月 10 日，边区政府以战字第 393 号命令颁布边区政府令，设立审判委员会，受理第三审案件。[②] 1944 年，为了精简机构，适应财政困难，减少诉累，边区政府以战字第 849 号命令通知撤销审判委员会："区政府委员会第四次会议已决定边区司法审判改为二级制，准此，本府审判委员会着即取消，以后凡民刑诉讼，即以高等法院为终审机关"。[③]

（三）红军时期的司法状况及特点

第二次国内革命战争初期，各地工农民主政府因地制宜建立了各种形式的司法机关，1931 年 11 月，中华苏维埃中央执行委员会第一次会议通过并发布了《苏维埃地方政府的暂行组织条例》，要求在省、县、区、市各级执行委员会之下设立裁判部。[④] 1931 年 12 月 13 日，中华苏维埃中央执行委员会发布了第六号训令，要求各红色区域在正式成立法院以前，"得在省、县、区三级政府设立裁判部，为临时司法机关。"[⑤] 为加强对审判业务的具体领导，1932 年 2 月 9 日，中华苏维埃人民委员会决定成立临时最高法庭，以代行最高法院的职权。在中华苏维埃共和国宣告成立以后，1932 年，中华苏维埃共和国中央执行委员会公

---

① 李木庵：《对 1945 年边区二届司法会议总结报告的意见》1946 年 12 月 29 日，陕西省档案馆档案，全宗号 15。转引自侯欣一：《从司法为民到人民司法——陕甘宁边区大众化司法制度研究》，中国政法大学出版社 2007 年版，第 138 页。

② 侯欣一：《从司法为民到人民司法——陕甘宁边区大众化司法制度研究》，中国政法大学出版社 2007 年版，第 139 页。

③ 《陕甘宁边区政府文件选编》（第 8 辑），档案出版社 1988 年版，第 67 页。转引自侯欣一：《从司法为民到人民司法——陕甘宁边区大众化司法制度研究》，中国政法大学出版社 2007 年版，第 174 页。

④ 《苏维埃中国》（第二集），中国现代史资料编辑委员会 1957 年翻印。转引自张希坡、韩延龙主编：《中国革命法制史》，中国社会科学出版社 2007 年版，第 344 页。

⑤ 载 1931 年 12 月 28 日《红色中华》，转引自张希坡、韩延龙主编：《中国革命法制史》，中国社会科学出版社 2007 年版，第 345 页。

布了《中华苏维埃共和国裁判部暂行组织及裁判条例》，司法机关的统一在中央苏区以及同中央苏区打成一片的红色区域得到了实现。1932 年，中华苏维埃共和国中央执行委员会公布了《中华苏维埃共和国裁判部暂行组织及裁判条例》，对暂时执行司法机关职权的裁判部的组织工作原则进行了规定，为进一步探索人民司法机关的组织体系奠定了初步基础。

这一时期的司法制度呈现以下特点：

1. 反对“逼供信”、坚持重证据

苏维埃共和国中央执行委员会颁布了第六号训令，规定“在审讯方法上，为彻底肃清反革命组织及正确地判决反革命案件，必须废除肉刑，采取确实证据及各种有效方法”。以准确打击敌人。

2. 建立起了一些基本的诉讼程序

如审判实行回避制和辩护制度，法庭凡与被告有亲属、亲戚关系或私人关系的关系人均不得参与审判，关系人更不得担任主审或陪审。对被告人进行审判时，被告经法庭许可，可派代表作为辩护人。采取允许上诉的制度。为避免误判、错判，凡死刑案件，无论被告人上诉与否，必须将全部案情承交上级司法机关审核，执行前必须认真进行复核后执行。但是，由于处于战争年代的实际，与中央隔开的省苏区，与省隔开的县苏区裁判部有权判决并执行死刑。在审理程序上采取两审终审制。

3. 裁判员工作专职化

苏维埃司法制度建立初期，各级裁判部的裁判员大部分为兼职人员，政府可以随意将裁判员调做其他工作，影响了裁判部行使正常的司法职能。为了扭转这种不正常情况，1933 年初起，司法部门建立了裁判员专任制度。5 月 20 日，司法人民委员部颁发了《司法人民委员部对裁判工作的指示》，规定：“坚决不许再有裁判部的工作人员长期在外而不做工作，裁判部的工作完全放弃”、“不经上级同意，不许将裁判部的工作人员调换”、

“区一级裁判部、不许再由别部兼任”。这一制度使各级裁判部裁判员的工作专职化、正常化。

4. 司法机关是政府的一部分

裁判部为同级政府的一个部门，必须接受同级政府主席团的领导，裁判部实行审判权和检察权合一的原则，审判权和司法行政权在中央分立、在地方合一的原则。苏区司法机关是各级苏维埃政府的重要组成部门，受政府主席团和上级司法部门的双重领导。除现役工农红军外，一切民事和刑事案件归裁判机关审理。凡发生反革命案件，政治保卫局有权进行侦查、逮捕和预审，然后向司法机关提起诉讼。但一些重要案件须经同级苏维埃主席团讨论。应当说，这些做法适应当时激烈的国内战争环境，有利于集中力量对付敌人，有利于提高工作的效率。

5. 坚持走群众路线的工作方法

在中华苏维埃共和国时期，苏区时期临时最高法院、最高法庭和各级裁判部干部调查研究蔚然成风，比较典型的做法是“日着草鞋干革命，夜打灯笼访贫农”。

（四）封建社会的司法状况及特点

让我们把镜头再继续往前伸，看一看中国封建社会司法制度的样态。封建时期的司法制度生成存在了几千年，积淀的东西是比较深的，应该说它是中国司法制度传统的主体。研究传统司法文化，必须研究封建时期的司法制度。

封建社会司法的基本特点：

1. 行政化的司法权与高度集权的司法运行方式

中国传统的政府结构大致上可分为两个层次，第一个层次是中央机关，诸如三省六部，与法律关系更为密切的是刑部以及监察院、大理寺。当然，皇帝永远是最高的权威，无论是诉讼案件，还是其他事务。不过，对于一般民众而言，这些中央机构——甚至省部级政权——是不太重要的，与其密切相关的乃是第二个层次——州县衙门。州县官是朝廷借以统治整个国家权力网络的“神经末梢”。州县官由朝廷直接任命，其职责是收取赋税、维护治安及解决社会纠纷等等。将司法职能作为政府职能的有机组成部分，无疑是中国传统司法的一大特色。在这里，司法权被行政权所吸收，没有自己的独立户口，州县官一人总揽立法（制定地方规则）、行政（负责国家行政管理）、司法（裁判争议）三种基本权力于一身。虽然州县官要受上级政府官员的监督和制约，然而在同一级别的衙门内，他却是大权独揽，衙门之内其他人员都只是其私人顾问或辅助人员，无从对他的权力行使过程形成有效的制度性制约。

从司法运作的过程来看，也具有高度的集权性。州县官既要审理民事案件，也要审理刑事案件。州县官不仅要主持庭审和作出判决，还要主持调查讯问和侦缉罪犯，用现代的眼光来看，他既是法官，又是检察官，还是警察和法医，可见他的职责包括了最广义上的与司法相关的一切事务。

2. 儒家思想是古代司法观念的指导原则①

儒家学说中的德主刑辅、原心定罪、则天行刑、亲亲相隐等思想，不仅转化为某些法律条文，更成为指导司法的基本原则，支撑着整个司法制度的基本框架及实际运作。在儒家思想的指导下，统治者一般是不赞成把民间的纠纷付诸诉讼程序的，主张在民事诉讼中广泛使用调解方式处理纠纷，他们对诉讼设置了种种障碍，严惩讼师，取缔指导诉讼的书籍。目的在于防止因诉讼而破坏社会上人与人之间和谐的价值取向。

3. 纠问式的审判方式

采用刑讯方法侦办案件，是我国封建司法的典型特征。诉讼过程中，当事人被作为客体，一切皆由审判者说了算，突出体现了封建司法浓厚的职权主义色彩。在我国传统司法制度下，即便是民事性质的诉讼，在追究当事人经济责任同时，大多也要给以

---

① 张晋藩主编：《中国司法制度史》，人民法院出版社2004年版，第2页。

刑事的处分。这种“刑民不分”，以刑事的方式解决民事纠纷的做法，不仅是以“律”为中心的诸法合体立法模式在司法上的必然体现，也是纠问式审判依附的温床所在。在可以普遍求刑的司法模式之下，“刑讯”自然成为我国封建司法的突出特点。①

4. 缺乏法律职业的专业性和群体

传统司法制度在其形成与运作的过程中，产生了三种主要的与法律适用有关的职业群体，即州县官、幕友与讼师。但是，州县官、幕友与讼师的法律专业性并不强，均不属于我们今天所普遍认为的法律人群体，这主要在于传统的司法制度缺乏法律工作者形成的制度土壤和氛围。尽管科举取仕赋予了传统的统治模式以有知治理的特色，但中国皇权一元化统治的模式，决定了社会管理不可能作过细的分工。科举考试也没有对社会管理作更细化的知识分类。入仕者虽然要从事纠纷的裁判和解决，但是国家却没有专门开设法律知识的学习课程，更谈不上专门的法律书籍了。所以入仕后，在适用法律时，很难做到“以法律为准绳”，所适用的乃是由法律、伦理规则以及所在地区习俗所组成的以儒家思想道德观念为基础的法律与道德情理的混合体。也正因为如此，州县官在审理刑民案件时，通常有幕友辅佐。不过，幕友的训练在很大程度上是技术性的，非实体法律性的，这些人在司法理念上不可能形成法律人阶层所追求的法律专业性的内在逻辑。幕友读律的目的只在辅佐主官办案，谈不上系统研究法学。另外，幕友是一种辅助性、参谋性的角色，并不对司法决策结果负责。最后我们再来看看讼师。中国古代一直有讼师这种行业，却始终没有得到国家的充分认可。尽管官方话语对讼师总是极尽诋毁贬损，但自宋代之后到清代的千余年间，讼师的活动却越来越活跃。这些人既能满足当事人的一些自己实现不了的需求，也与

① 沈德咏主编：《中国特色社会主义司法制度论纲》，人民法院出版社2009年版，第11页。

衙门内部有着复杂的利益关联，所以才能屡禁而不止，在司法制度的空隙里获得相当的生存空间。但是，讼师不可以像今天的律师那样代表当事人，辩论于公堂之上，游走于法官、检察官之间。当时，由于社会主流意识形态对于讼师行业的打压，以及大多数讼师来自于科举失意者这一事实，使得讼师在“夹缝中求生存”，难以形成为一个具有相当正当性资源的社会群体。

纵观我国司法制度的发展史，从司法传统文化与司法制度的关系上可以看出，两者间有着不可分割的决定与被决定关系。历史的发展实践证明：有什么样的经济基础，就有什么样的上层建筑，有什么样的社会文化传统，就有什么样的司法制度，这是不以人的意志为转移的，这就是规律。规律是什么？列宁讲，规律就是现象中经常存在的东西。同时，这也是我们为什么要主张司法改革要从国情出发，要深入研究国情的原因所在。

三、今后司法改革路径的思考

在对传统的、历史的司法文化进行了初步的回顾分析之后，我们应以一种马克思主义的科学态度对待这些历史文化传统，从科学发展观的角度去研究解读历史上的中国国情为我们今天司法改革所提供的改革依据。

（一）正确认识我国的司法文化传统

通过前面我们对现代、近代及古代司法传统文化的简要回顾，可以看到，这些已经成为过去的司法制度文化并没有随着时间的流逝而消失，有的至今仍有着相当顽强的影响力，这些传统的制度文化构成了我们发展中国特色社会主义司法制度的重要背景。是我们构建中国特色社会主义司法制度不可或缺的材料来源，重要的是我们要甄别出文化传统中哪些是优良的，哪些是不优良的，哪些适合今天形势发展需要，哪些不适合发展需要，特别是那些至今还在影响制约着今天的思想和行为的东西，给予必要的尊重，去粗取精，去伪存真，这也正是我们分析传统文化的原因所在。

在分析司法文化传统基础上，我们再看看我国历史上政治文化与司法文化的关系。我国封建帝制社会自公元前247年——公元1911年，历时2158年，经历了33个朝代，产生了421位皇帝。两千多年的封建社会，在世界的发展史上是比较长的，它有三个特点：（1）从社会的角度看是超稳定的，国家把百姓和土地紧紧地捆在一起，加之“三从四德”、“三纲五常”思想的影响，除了个别统治者的腐败无能及天灾人祸而造成的农民起义等改朝换代外，基本是稳定的；（2）从权力的设计架构看是超集权的，其主要标志是，“国不可一日无君”，一切要皇帝说了算，别人思想都没用；（3）从国家的治理权性质看是超职权主义的，我国在发展历史上与西方最大的不同就是缺少民主和法治的传统。我国的司法文化传统为何是目前这样一些特点呢？这“三超”就是其中最重要的原因。从汉代开始，“罢黜百家，独尊儒术”，几千年的封建儒家文化对我国封建社会的稳定起了决定性的作用，但同时，也极大的压制了人们的个性和创造性。

对几千年的封建司法文化传统应如何评价呢？有学者曾经指出，“尽管依现代人们的观点，中国传统司法制度固然有其不足甚至糟粕之处，但其司法方式及其蕴含的司法理念，对当代中国司法制度及其司法实践仍有着好坏不同、程度不等的影响。比如，一贯以来司法与行政合一的体制结构和运行方式，使得至今司法地方化、行政化的倾向难以有效克服……，但同时，和解息诉、官民协同化解矛盾纠纷的司法追求，更是成为照亮当今世界司法的东方经验，成为现代调判结合以及多元纠纷解决机制相互衔接的源头活水……礼法融合的司法传统，则让现代司法充满着情理法相容的意味”。[①] 这种观点是有一定道理的。我们不能简

① 沈德咏主编：《中国特色社会主义司法制度论纲》，人民法院出版社2009年版，第2页。

单作出结论，认为司法文化传统的影响就是封建的影响，封建的影响就都是坏的影响。有些制度虽然产生于封建时期，但其经过不同时期的历史改造，具有了超越历史阶段的技术性、操作性价值，并不断适应新时期的新需要。这当中要注意的是绝不要把糟粕当成优良的东西去继承，更不要把优良的东西当成糟粕而抛弃。

党的十七大报告指出，“中华文化是中华民族生生不息、团结奋进的不竭动力。要全面认识祖国传统文化，取其精华，去其糟粕，使之与当代社会相适应、与现代文明相协调，保持民族性，体现时代性”。对于影响司法改革的传统文化，我们一定要分析甄别，去粗取精，汇总升华，根据发展要求，区别运用。尊重国情并不是迁就习惯，泱泱五千年文化，儒文化是在农耕文化的基础上产生的，在当前现代化发展的氛围里，要正确处理传统、现实、发展的关系，要重视传统、尊重现实，要充分考虑社会发展的实际需要。

（二）正确认识国外司法的优良经验

我国现行司法制度中，相当一些程序和方法是从西方引入的。消化吸收国外的先进经验与继承历史上的优良传统相结合是建立公正、高效、权威司法制度的必由之路。

我国现行的司法制度受西方司法制度影响，主要来自三个途径。一是清末修律学习西方经验以来至新中国成立前，国家对西方，主要是大陆法系国家司法理念制度的学习与借鉴。这些思想和做法，有的也渗透到了新中国建立之前乃至之后红色政权的建立完善过程中。二是全面照搬前苏联司法制度的影响。前苏联司法制度虽然独树一帜，但其同样难以摆脱大陆法系的传统影响。中国在借鉴前苏联司法制度尤其是诉讼制度时，不可避免地也接受了部分大陆法系的传统。三是改革开放后学习借鉴国外司法经验和自我探索创新相结合的成果，我们必须学习借鉴世界上先进的并能为我所用的东西。同时把我们文化传统中优秀的东西挖掘出来，证明给世界，让人认可，这才能真正走向世界。掩耳盗铃是不可以的。如果说西方的哪些东西好，应该学习，也必须证明它为什么适合我们，简单化的对待是不负责任的。这里要注意一点，就是学西方的东西不能硬学。就好像一个A型血的病人，你给他输B型血，是要出问题的。

（三）正确认识现行的司法制度

我们现行的司法制度是历史发展选择的必然结果，它是以前苏联的司法模式为基本框架，以大陆法系特别是德、日司法程序为基本内容，以中华司法文化传统习惯为思维方式的一种司法制度，应该说这种司法制度与现实国情是相适应的，但是它作为一种制度从发展的阶段上看还是初级阶段的、不完善的，从其应有的功能作用上看与发展要求是有距离的。

国情是什么？一定意义上说，就是民族的传统文化及受其影响而积淀下来的社会存在，即历史上传承下来的人们的思维模式、行为习惯及对社会事物的评价方式和评价标准。国家的政策、制度无不反映出文化传统的印迹。国情是现有制度的基本依据，改革从建构的角度为发掘、弘扬国情中优良的东西、消除不优良的东西，从而促进制度的完善提供动力。中华民族五千年文明蕴含着极为丰富的司法文化，产生了许多重要的法律观念，其中一些已经深深植根于民族的意识之中。体现在社会制度里。

一国采取什么样的司法制度，不是随心所欲的，而是由这个国家的社会发展历程等国情因素决定的。美国实行三权分立的政治体制是由美国的政治发展历史决定的；法国实行议会民主政治体制是由法国的政治历史国情决定；英国实行君主立宪体制是由英国政治发展国情决定的。我国是中国共产党领导下的人民代表大会制度，同样也是中国历史发展的国情决定的。这种国情决定了我们的司法改革不可能以美国、法国、英国等国家的司法体制为摹本，而只能在自己国家的政治体制下建立符合自己国情的司法制度。司法体制是政治体制的组成部分，什么样的国情决定什么样的政治制度，什么样的政治体制决定什么样的司法制度，这也是规律。因此中国司法体制改革不可能随意以某个别的国家现成的司法体制为范本，只能自己的国情，在自己国家政治体制框架下，设计自己的司法体制。

（四）要正确定位司法权的性质和作用

在西方国家，司法权与行政权、立法权相互独立、相互制约，是与其他两权并立的国家权力。总体上来讲，司法权的作用是消极被动的，在被动行使中平衡行政权、立法权与公民权利，但在不同法系国家，司法权的作用也是不尽一致的。德国等大陆法系国家，司法的作用是具体实施法律，属消极性司法，主动性被限制在相当小的范围内。而在美国的司法是发现法律的过程，法官在解决纠纷的过程中可以创制法律，属积极性司法。我们建设中国特色社会主义司法制度，要注意两点。第一，注意尊重司法权的一般规律。必须保障司法机关依法独立行使职权。第二，准确把握中国特色社会主义制度的特点。我们的司法权，是在一府两院架构下运行的司法权。这种架构，核心是强调人民主权的至高无上性，无论司法权还是行政权，都必须对人民行使国家权力的机关——人民代表大会负责。

（五）要加强司法改革的理论研究

一项科学的制度应如何设计，深入的调查研究和缜密的理论论证，包括方法论的研究是非常重要的。在今后的改革中，采用“摸着石头过河”方法的时代已经过去了，当年经济体制改革伊始，我们来不及开展理论研究，只能是摸着石头探索性地向前走，而在当今，又特别是对于司法体制这样的变革措施的设计，靠摸着石头过河的方法是远远不行的了。弄不好是要付出代价的。实践证明，一项好的调查研究并加以科学的理论论证，对于一项科学的决策或制度的建立，是至关重要的。例如：第二次世界大战后期，美国如何制定对德国和日本的政策。对于德国美国比较了解，政策也比较明确，即武装占领，直接管制。对于日本美国则不太了解。当时有两大问题需要明确：一是日本政府会不会投降？盟军如进攻日本本土是否应采用对付德国的办法？二是假如日本投降，美国是直接参与管理还是应当利用日本当时的国家机构以至保存天皇？为了解决这两个问题，美国政府动员各方面的专家、学者研究日本。其中，人类学家本尼迪克特的调研论证结果《菊与刀》起了至为关键的作用。她根据文化类型理论，运用文化人类学的方法，把战时在美国拘禁的日本人作为调查对象，同时大量参阅书刊、日本文学及电影，形成报告，推断出的结论是：日本政府会投降，美国不能直接统治日本，要保存并利用其原有行政机构。因为日本与德国的文化不同。不能用对付德国的办法对付日本。战争结束，美国政府采纳了本尼迪克特的建议，事后事实发展也同她预料的一样。这样的一项研究，在这样研究基础上的决策，对于二战后美国在亚洲的战略作用发挥是起了相当大的作用的，可见理论作用的重要。

各位老师、同学们，以上是个人工作中的一些感受和体会，有不当之处还望大家指正。

法律体系形成与法治体系的建构

2011年3月10日，吴邦国委员长在十一届人大四次会议举行的第二次全体会议上宣布，一个立足中国国情、适应改革开放和社会主义现代化需要、集中体现党和人民意志的，以宪法为统帅，以宪法相关法、民法商法等多个法律部门的法律为主干，由法律、行政法规、地方性法规等多个层次的法律规范构成的中国特色社会主义法律体系已经形成。

法律体系的形成，实现了有体系性法律可依的依法治国初级目标，结束了新中国成立60多年来法律不健全，有些问题无法可依的历史；表明了国家要实行依法治国的决心和态度，30年完成了西方上百年甚至几百年才完成的法律体系建设任务。法律体系的形成是法治建设的一个里程碑，是具有历史意义的标志性起点。

法律体系的形成只是法治体系建设的正式开始，它离真正的法治社会还有相当长的距离。

一、法律体系与法治体系的关系

法律体系对于法治体系来讲，是文本规范和具体应用实施的关系。法律体系的形成对于我们这样一个国家的历史来讲，是具有十分重要意义的，但对于依法治国建设社会主义法治国家的目标来讲却只是万里长征走出的第一步。它只是完成了“有法可依”，而且是基本完成，今后还要不断完善。“有法必依，执法必严，违法必究”后12个字，则是法治体系建设过程中要完成的任务，还需要相当长的时间和坚持不懈的努力才有可能实现。应该看到，在我们这样一个封建思想根深蒂固、明显缺乏民主、法治传统的国度里，法律体系建设难度是比较大的，可法治体系的建设比这要难得多，对此，我们必须有清醒的认识。

（一）法治体系的内容及实现方式

1. 法治的含义

（1）规则之治。规则之治是法治的基本含义，法律本身是普遍的、稳定的规则，法治也叫法律之治，其意味着社会组织和个人都要遵守规则，在法律所提供和允许的、法律所规制的界限内活动。规则之治的初级意义是工具主义的法治观，但是又不仅仅是工具主义，制定法律有体现民主的严格程序，任何组织和个人不得有超越法律之外的权力。

（2）契约之治。契约之治是立法意义上的说法，任何法律都不是天降下来的，其必有立法者，而立法者又有自己的利益、立场和价值标准。所谓契约之治的本意是任何人没有优先立法权，法律是共同的契约，但平等契约只是个假定，它本身是要通过民主程序来实现的，现在没有一种民主模式可以在逻辑上不折不扣的实现平等契约。所以，真正的契约之治是不存在的，但是民主制度里有一种契约精神。现实生活中，法律本身一旦经过合法的程序产生，大家就把它视为一种契约，赋予它合法性，遵守法律既是对其规范的敬重，也是一种约定俗成。

（3）契约之治与规则之治的区别。在治理手段的意义上，它们都是法治，但是，规则之治不排除在法律之上还有一个立法者，契约之治与规则之治的根本区别不在法律实行过程中是否有不受法律约束的特权者，而在于在立法这一基础环节是否体现了人民性——契约性。因为，即使是独裁或专制政权，也完全可以实行法治，希特勒之治也是法治，但是形式法治，是恶法之治，是实质的人治。

(4) 在规则意义上，国家的主张和学者的呼吁是没有分歧的，我们都在呼吁依法治国，把依法治国作为根本的方略，尽管在实际上我们作得不一定很好。有些人因为不喜欢法律的工具性而对依法治国失去了兴趣。实际上，虽然规则之治不一定是契约之治，但是契约之治一定是规则之治，回顾人类历史，契约之治都是在规则的斗争中发展起来的，实现契约之治跨越不了规则之治这一阶段。

2. 法治体系是以规则为中心的社会治理体系

(1) 法治系统的作用与功能：不要单从工具主义的角度看法治，只看见法治的作用，也要看到法治系统一旦形成，它还可能升发出独立的功能，这是系统本身的属性决定的。

(2) 社会治理体系，从工具主义的角度来说，法治社会的治理有很多手段，这些手段的边界不是截然分开的，而是互相支持、互相渗透，比如行政手段与法律手段、德治与法治等。我们说法治社会，核心是以法律为中心的、多种方式相结合的法律之治。

(二) 法治系统的结构功能分析

1. 法制体系的结构和功能

法治体系有着独立的实现方式，是一个独特的运行系统，有自己的运行规律。

法治体系一经形成，就是一个具有独立功能的系统，它是由文本、组织、行动三要素构成的，三者的恰当结合，构成了具有相对独立性的社会治理模式。这个体系一旦有效运行，就会摆脱工具主义的角色，按照自己的逻辑运行。

法治体系与法律体系之间是规范、规则与实施应用的关系。亚里士多德曾说过："虽有良好的法律，要是人民不能全部遵循，仍然不能实现法治。法治应该包含两重意义：已成立的法律获得普遍的服从，而大家所服从的法律又应该是制定的良好的法律。"规范是为了实施，实施需要组织，通过组织的努力将规范体现到行动上。我们大家都清楚，徒法不能自行，如果法律体系离开了组织、行为体系，它就是一个只有逻辑联系的文本系统，而不是有实践联系的行动系统。比如，《秦律》就是一个完整的文本系统，但是在今天它已没有社会治理上的规范性意义，它只是一个文献学意义上的文本，这就是说，要素离开了系统，它就不再是要素，尽管它还存在，但只是孤立性的存在，不能构成法治系统的一部分。同样的道理，今天的立法，如果不能在实践中被施行、被遵守，它也就只是一个文本，而不是法治体系的组成部分。

法律的施行是人的行为，是一种要靠组织来推动的社会状态。法治体系是由文本、组织、行动三要素构成的系统。这里说的“行动”不仅指国家机关的司法、行政行为，更重要是指国民的行为方式和行为习惯。任何社会的治理都有文本（法律条文或约定俗成的规制）、组织、行动三方面的要素，只是它们所占的地位不同。文本为社会提供了基本的行为准则，但这个准则开始时只是书面的，社会要维持文本原则、推行文本所规定的行为范式需要组织的力量。社会组织是个活体，它在社会运行中有极强的主体性，它有自己的利益立场，它的行动主张必须被约束在文本范围之内，如果组织的行为脱离文本，这个社会就不是法治社会了，一般来说，当文本规范与组织的目的相一致的时候，文本就容易得到遵守，但是，文本是一种稳定的、普遍性的行为规则，它经常会发生与现实拉开距离的现象，国家有时会采用多种手段变通运用自己所制定的法律制度，民众当自己的特殊利益与普遍规则发生冲突的时候，也会有不遵守法律，诉诸其他手段解决问题的现象。组织和文本的目的都要求一种规则落到实处，当民众的行动与文本的规定和组织的目的一致的时候，这个时候可以说是一个理想的和谐社会，“刑措而不用”，法律得到自觉的遵守，这种社会在中国古代就是理想的礼治社会。礼治社会是一种原始的和谐，现在这种和谐已经被打破，那种自然而然、行为就是礼法、礼法高度与生活一致的关系已经失去。我们的先人曾预言“失礼而后法”，我们今天的社会需要用明确的法律规范人际关系、分配权利义务，需要较为强大的国家组织推动法律的遵守和执行。

在建立法治体系过程中，对三大要素关注点的不同，所产生的社会治理性质就会不同。以文本为核心是法治社会；以组织手段推动为核心的是人治社会；以行动的自觉性为核心的是礼治社会。

2. 法治体系的运行

法治系统形成后，其独立的价值随之产生，最明显的体现是法律的规则之治上升为契约之治，这个过程的实现主要是通过公众对文本合法性认知来实现的。

法治社会的参与者是全体人民，在参与的过程中，法律本身不再是僵化固定的文本，而是被赋予了相对的独立性。当大家力量均衡，都需要求助于文本的时候，规则之治会在进一步的较量中被抬升为契约之治。比如辛亥革命后中华民国建立了，也制定了临时约法，当约法刚刚订立时，大家对它是持怀疑态度的，但是，当袁世凯死后，北洋军阀为了掌握中央政权展开了一系列争夺，为了使自己的权力具有合法性，他们竞相诉诸临时约法，这样，约法就获得了一个超越原来的工具性的地位。

如果没有社会矛盾，也就不需要法治了，法治是社会矛盾激化的产物，也是社会力量妥协的产物。我国封建社会的礼治时代，社会矛盾是比较弱的，不需要严格立法，也不需要强力的社会组织，社会矛盾社会自己能够解决，秦始皇为什么讲法治，其重要原因是他要建立的国家目标与民众的目标发生了巨大矛盾，他必须破坏、扭转民众的行为方式，使其统一到帝国的目标上来。早期，帝国是有共同目标的，共同进行对外的掠夺战争，国家的战争目的是掠夺，人民积极参与的目的是获得奖励，双方有利益共识，但是一旦天下统一，社会共同目标的失去、社会利益的多元化，导致了各个阶层的关系不可避免地变成一种博弈关系，博弈就需要规则，社会各阶层、各群体一边争取在规则上的立法权，一方面在博弈中诉诸已有立法。

博弈的参与者的角色不是单一的，比如政府官员，在政府中是组织的一部分，但个人也有自己的利益和追求，个人作为部分与组织作为整体不可能整合到零件与机器一样的互相依附，个人是组织的一员，也是普通民众的一员。作为组织的一部分与作为普通民众的一员的角色会发生冲突。作为个人的人是人存在的基本状态，个人在社会面前总是渺小的，为了保护自己，他们中几乎每一个人（除了大独裁者）都有求助于法律的时候，这样，他们就希望法律是一种公正的、稳定的行为规范，而不是可以任意改变的命令，在这种力量的推动下，社会条件成熟时，法治会从规则之治被提升为契约之治。

我们要对法治建设保有信心，认识法律体系实施的规律性——当社会普遍认可法律、诉诸法律的时候，工具主义的法治就会自动上升为契约主义的法治。

二、法治体系建设的路径选择

“文革”结束后，邓小平带领我们党痛定思痛，在50年代提出的“有法可依，有法必依”的法治目标基础上增加了八个字“执法必严，违法必究”，从而形成了16字的法制建设方针。党的十五大确立了依法治国的治国方略之后，理论界和实务界都在进行深入的理论和实践探索。中国的法治应该走一条什么样的路呢？

（一）中国特色的法治道路

所谓特色就是不同于一般普遍性的特殊，因为我们的国家从纵贯历史的统治治理模式到民族文化传统习惯，在世界上是比较有个性的，况且我们形成现今社会的时间还很短，我们的身上还浓厚地保留着封建社会的各种印记，他的发展是需要一个过程的，就像一个婴儿，还没有学会坐着，你就让他站着走，他会是要摔跤的。我想，这恐怕是我们主张特色的一个重要原因。为什么要分析这点呢？马克思曾经指出："人们自己创造自己的历史，但是他们并不是随心所欲地创造，并不是在他们选定的条件下创造，而是在直接碰到的、既定的、从过去继承下来的条件下创造。"

我们看到，古代的礼治，那种原始状态的和谐在目前社会条件下不可能重演了，历史留给我们的是那种文化精神、思维和行为习惯，而不是具体制度。组织中心主义的社会治理方式的弊端是：在解决一部分问题时也加剧了另一部分问题的紧张和严重。黄宗羲曾说古代的监督制度"用一人焉，则疑其自私，而又用一人以制其私；行一事焉则虑其可欺，而又设一事以防其欺。"于是反私私更甚，反贪贪更盛，可见，历史上用的是以人治人的方法，而不是以规则治人的方法。历史的发展选择了法治，实行法治已成为不以人意志为转移的必然。

我们应该看到，在我国实行法治，是解决当前社会发展的良方，这既是一种价值追求，更是一种必然趋势。当前，法治已成为世界发展的潮流。但不同的国家不同的国情，实现法治的方法也各有不同。特色的国情就应该用特色的方法。我认为我国近一个时期的法治治理应该走一条：以法律治理方式为主，以培育并树立民族精神，提高道德素质为辅；国家治理与社会治理相结合的法治发展道路。

为什么要做这样一种思考呢？主要原因还是基于中国基本国情。

中国的基本国情有如下三个特点：

1. 党的领导和组织中心主义

我国建国以后到改革开放之前，社会治理模式是延续革命时期的思维模式与从前苏联学来的社会管理模式相结合的治理模式，其特点是国家至上的组织中心主义，整个社会被纳入一个组织体系，一切靠组织手段推行。这个时代的真正制度化特点是一切以组织为中心。组织中心主义并不是不重视行动和文本，而是以组织为中心，文本为组织服务，行动受组织支配而不是在法律文本范围内自由选择（那时因为不重视文本，也缺少文本）。在组织中心主义情况下，缺少制定法律文本的内在动力，因为法律有刚性和恒久性，会束缚组织的手脚，组织中心主义时期红头文件并不少，甚至比法治社会的规范性文件更多，但这些文件多是政策性的，实效性较短，且缺乏契约精神。

在组织中心主义治理模式下，个人被纳入一个以支配关系为主的高整合度体系内。以前红歌中唱的要做革命的“一块砖、一片瓦”、“一颗革命的螺丝钉”，就是生动的写照，个人的独立价值和自由意志被取消，国家将个人的一切都通过组织管了起来，个人的一切都要靠国家才能生存，离开了组织个人简直寸步难行。组织中心主义的特点是以牺牲个人的独立性为代价换取社会系统的高整合性。我们日常讲话爱把某个行业的从业人员称为“队伍”，领导讲话喜欢说“抓班子，带队伍”就生动地反映了这种高整合度的取向。高整合性系统的行动能力是高效的，问题是其以组织的目的为目的而不是以人为本，付出的个人自由价值代价太大。

我国现实的组织中心主义是共产党的领导为核心的，这是一个必须尊重的现实，党的领导与法治社会并不必然矛盾，党领导下的依法治国完全有向法治社会过渡的可能，这也是一种必然选择。

2. 传统社会的特色遗产

中国古代社会的治理方式是礼法之治，礼是道德、习俗等合一的行为规范体系，这种体系是在行动中存在的，所以孔子说“习礼”而不是“读礼”，也可以说，缺乏明确的文本式规则系统，即使有，规矩大多数也不是人们通过协商订立的，而是强者按自己的意志颁布的。就是这样方式的统治为什么也维持了几千年呢？我认为，实际上这也是一种法治——一种以儒家思想为基本标准的礼法之治，这种礼法之治与法律之治比较而言，缺少的是明确的文本标准和程序标准。这一切的发生发展不是哪一个人的问题，缘于国情的不同。英国也是不成文法传统，为什么不成文？它与中国的礼法之治一样，它是自生自发的，社会规范在传统习惯中就存在，从来就在社会中起着作用，我国与英国之间不同的原因在哪里呢？我国约定俗成的是道德规范，而英国约定俗成的是法律规则。

由于缺乏文本和组织，秩序的推行比较倚重高度的文化观念整合性，中国古代社会维持一个比较复杂的庞大帝国，其时间和地域上的成功都是世界唯一的，主要靠的就是文化整合。从文化意义上来讲，中国古代社会是高整合度的社会；从法治（文本和组织）意义上来讲，中国古代是低整合度社会。中国古代社会是礼法社会，礼法社会意味着以礼为标准而形成的行为法规则，其社会管理方式的主要特征是自然经济决定的在礼的原则下的社会自治，在底层社会更明显，乡村自治。

传统社会对我们今天社会治理最大的遗产是重视文化整合，在司法中注重调解，不就案办案，追求案结事了，主张社会和谐。

3. 社会法治建设的初级阶段

我国社会已经不再是传统社会，也不是停留在计划经济阶段，我国的现状是在几千年的传统和几十年计划经济的基础上，又经过几十年改革开放向世界的学习的基础上形成的一种以传统文化为主的多元文化集合，但目前这种整合还远没有完成，在经济、社会、文化、法治上都有过渡阶段的特点，城乡差别、地域差别、利益多元化、价值多元化的情况皆有呈现，过渡时期的社会矛盾呈多发状况，人们评判是非的标准、解决矛盾所诉诸的手段有很大差别，现行的法律和司法体系也是在传统与现代化的张力作用下形成的，既有传统与计划经济的痕迹，又有很大的西方化、现代化的成分，建设法治社会必须考虑这些过渡性、复杂性因素。实践证明，建设法治社会不能急于求成，必须循序渐进，与社会发展同步。

（二）渐进发展，适度超前

随着社会的发展，特别是转型时期社会发展，其中会有很多过时的、落后的东西需要改变。面对这些需要通过改革而改变的东西，持一种什么态度，是改革者需要科学面对的另外一个重要问题。可能现实是不完全合理的，但是要改变它必须用合理的方式方法，否则就会被既得利益者所利用而放大这种不合理。同时对于要建立的一种合理的——法治社会本身也是一种否定。有一句法国谚语“法律是被发现的，而不是被制造的”。法治的形成有进化式和建构式两种，建设法治社会要以进化式渐进为主，在条件成熟时再及时总结，适时建构。当社会条件不成熟的时候，急于用革命的或制定法律的方法改变社会，会遇到现实无情的反击，这方面以往的司法改革有过教训，必须牢记。我国的东、中、西部差异很大，一些在东部发达地区正确的举措，在西部可能就是错误的，反之亦然。所以要静下心来，注重实证研究，克服浮躁情绪，摒弃官僚主义，具体问题具体分析，不搞简单化、一刀切。

（三）强化国家法治与社会法治的有机结合

在加强国家法治体系建设的同时，还必须加强社会的、民间的，诸如乡规民约之类的道德的民俗等社会法治建设，它与国家层面的法治是相辅相成的，是对国家法治的必要补充。任何一个法治社会国家法治与社会民间法治都是不可或缺的，不可偏废的。它们都是社会主义法治体系的重要内容，以往我们注重国家法治而忽视社会民间法治，不管大事小情都要向国家伸手，连解决纠纷的渠道也由国家来统一管理，实践证明这样的政府管理成本太高，不仅效果不好，而且与法治社会的要求也不相符。要下功夫发展培育民间纠纷解决渠道，让民间的非诉讼纠纷解决机制与正式的诉讼解决机制相衔接、相配合成为一个有机整体。发展培育民间社会自治能力，让社会各行业组织通过强化自律有效承担起本行业产生的矛盾纠纷的处理责任。这像门前三包一样，社会各有关方面各自把自己的事都办好了，政府管理成本会大大降低，社会也会更加和谐。

三、推进法治体系建设的几点建议

（一）树立法治建设的科学发展观

1. 正确认识现实的客观存在

要认识到现实是一个不以人的意志为转移的客观存在，是历史发展的必然，是经过长时期的历史积淀，多种因素相互作用而形成的，不是哪个人或哪些人喜欢不喜欢就可以改变的。法治建设的发展之路只能在客观存在的现实状态下进行设计，脱离或超越现实考虑问题，考量法治建设的发展道路是徒劳的，也是不会有实际意义的。

2. 正确认识资本主义的经验与不足

民主和自由是资本主义的重要标志，民主和自由也确实在资本主义的发展过程中起过重要作用，但近些年来，由于民主和自由被放任，无节制地发展，民主与自由被绝对化后，影响到法治建设乃至国家的政治决策发生偏移，从而波及到经济的发展和社会的稳定，甚至产生经济危机。本人认为，2008 年发生在美国的经济衰退即缘于这个原因。华尔街的银行家们在“金融自由化”思潮以及追求资本利益最大化和膨胀了的极端个人主义思想的驱使下，自里根时代就开始游说议会，一直到克林顿时期，终于将 1933 年美国为吸取大危机的教训，而制定的《格拉斯·斯蒂格尔法案》（亦称 1933 年银行法）予以废除。将禁止商业银行从事股票投资，限制其作为代理人进行证券买卖等权力予以回复。也正是因为这个原因，导致了后来这次金融危机的发生，应该说，这是这次金融危机发生的法治原因。法律监管不利，法治被工具化了。

这次经济危机之后美国拍了两部大型纪录片，一部《债务危机》、一部《监守自盗》（网上可以看得到）。充分地说明了这个问题。

3. 克服革命式的改革思维

改革不同于革命，革命是可以很彻底的，而改革则是局部的调整。不要指望用大破大立的方式来改变社会的发展模式（中国社会这一百年来尽是大破大立，总的来说代价巨大），这些年来，我们一些同志已经习惯了革命式的思维，在实现依法治国的进程中，必须要加以克服。革命的代价过于高昂，已是我们不能承受之重，我们的发展道路上不应再以大冲突带来大灾难。

4. 改革应该有妥协意识

目前，我们进行法治建设，面对的是矛盾复杂深刻的社会现状。进行改革肯定会触及某些人的切身利益，不进行改革人民群众又不答应。不切实际的改革人民群众更不答应。改革不同于革命，不能追求干净彻底。毫不妥协，不留余地，改革就成了革命。革命的代价是巨大的，我国百年以来的教训和世界各国革命式改革实践充分证明了这一点。以妥协换取改革的进步，不能太激进，改革需要克服过时的、落后的东西，但不能操之过急，如果把既得利益者逼进死胡同，不留一点余地，要知道物极是要反的，狗急了是要跳墙的。法治建设要侧重于规范今后行为，而不单是清算以前的问题为主。这应该成为在推进改革进程中将革命式思维转化为妥协求发展式思维的一条理由。

这里让我们回顾一下历史，虽然历史不能假设，但它可以为我们提供可资借鉴的素材。

（1）重庆谈判为什么没有谈成，经过40多天艰苦复杂的谈判签订了“双十协定”，但关键的涉及共产党方面人民军队和解放区政权的合法地位问题，国共双方始终未达成一致。核心问题是缺乏妥协精神，尤其是蒋介石。如果国民党妥协一步，与共产党联合而治，会形成那么大的国本损失吗？

（2）清末的君主立宪为什么没有形成，慈禧死后，载沣摄政，根本没有和立宪派分享权力的想法，反而建立“皇族内阁”排除汉族大臣，后来武昌起义爆发，封建王朝灭亡。当时如不搞“皇族内阁”与立宪派和汉族大臣分享权力，很难说不会出现又一个君主立宪制国家，如果是那样，我们的国家会减少多少损失呢？

（3）英国君主立宪，17世纪下半叶，在资产阶级革命过程中，先是资产阶级与新贵族同国王的内战，查理一世被处死，后来是斯图亚特王朝复辟，1688年发生“光荣革命”，荷兰执政威廉承袭王位，与议会妥协，形成了“权力法案”确立了君主立宪的国家体制。

结论是改革需要妥协，既能推动历史进步，又能降低发展代价。

（二）深化理论和实证研究，加大理论和实务界的交流

目前理论和实践相脱节的情况十分严重，学界的研究和教学过于理想化、表面化，在实际作用方面明显不足，研究成果被采纳的很少。实务界的应用性研究又过重拘泥于现实体制，不敢越雷池半步，甚至不成文的一些陋习也不敢逾越，造成了僵化保守。理论与实践应该相结合，理论与实践需要相结合。在理论研究上，理论界与实务界的应用性研究也应该相结合，可共同设置、研究课题。在思想观念的沟通上，可以更大范围的进行岗位的交流任职、交叉兼职等。了解对方的想法，相互借鉴，相互促进。

法学理论界与实务界应共同建立国家的法治价值观职业共同体的研究平台，在过去30年，我们在职业共同价值教育和建设上取得了很大成就，法律职业人逐步开始形成共同价值共识。法律职业人要认识到，在国家面前我们的根本利益是一致的，应确立共同的价值目标，共同为之而努力。互相支持工作。

诉讼与非诉讼相衔接的纠纷解决机制*

一、关于《最高人民法院关于建立健全诉讼与非诉讼相衔接的矛盾纠纷解决机制的若干意见》（以下简称《若干意见》）的起草背景

1. 最高人民法院制定出台《若干意见》，积极建立健全诉讼与非诉讼相衔接的矛盾纠纷解决机制，是适应社会主义市场经济发展要求的重要改革措施。

我国改革开放30年，经济发展，社会进步，各个领域都取得了令人瞩目的成绩。在这样短的时间内社会变化之大也是前所未有的。从法院的角度看：案件越来越多，难度越来越大，当事人要求越来越高，法院的责任越来越重。建立科学、合理、有效的矛盾纠纷解决机制，实现有效的社会秩序调控已经成为党和政府（包括法院在内）思考并努力寻求解决的一个重要问题。

近年来，各类案件的数量呈逐年上升趋势。2007年全国法院受理刑事、民事、行政一审案件5550062件，审结案件5504086件，比2006年分别上升7.07%和6.28%；2008年全国法院新收刑事、民事、行政一审案件6288831件，审结案件6258400件，比2007年分别上升13.31%和13.70%，未结案444622件，上升7.32%。新时期社会矛盾纠纷产生的特点和市场经济条件下，国家与社会关系之间变化反映出来的规律性要

* 本文为在国家贸促会仲裁调解中心换届大会上的讲座，略有删节。

求，决定了新时期社会矛盾纠纷的解决的多元性。科学发展观的核心是什么？是从实际出发，按规律办事，在这个问题上，就是要根据市场经济发展的特点，充分发挥诉讼与非诉讼纠纷解决方式各自的优势，努力构建科学、有效的社会矛盾纠纷调处机制。

2. 世界各国及地区对诉讼外调解解决纠纷机制的广泛采用反过来促进了我们对“东方经验”的法制化发展。

ADR 这种诉讼外替代性纠纷解决机制，从用法律规制这种做法的角度讲，源于美国的六七十年代。ADR 是 AItemative Dispute ResoIution 的缩写，意为解决争议的替代方式。当时由于不断增长的诉讼案件量、高额的诉讼费用、冗长繁琐的诉讼程序，使法院疲于应付，迫使人们去寻找一种新的解决方法来化解法院案件多、人手少、当事人花费多、意见大的矛盾。以加利福尼亚州初级法院为例，诉到法院来的案件，平均每个审判人员每年需要审理 5860 件，审理民事案件的法官平均每个月需要开 450 个庭。由于根本审理不过来，造成的诉讼拖延十分严重。一个案件等待法院审理常常需要 2 ~5 年时间。这种情况下，中国民间通过调解解决社会矛盾纠纷的“东方经验”为西方提供了可资借鉴的优选样本。因其成本低、效率高，既不伤和气，又能解决实际问题。而且能将大量的可能转化为诉讼案件的社会纠纷转由社会去处理，有利于社会的和谐稳定。这种做法在美国很快得到了认可并被广泛推广。1998 年 10 月，克林顿总统签署了《ADR 法案》，并授权联邦地区法院制定具体规则，全面推动了诉讼外替代性纠纷解决制度的应用。加利福尼亚州北区法院，每一起经济案件到达法院后，法院都会给当事人送达一份《同意 ADR 程序或需要举行 ADR 电话会议通知》，当事人在案件进入审理之前，须同意一个 ADR 程序或是选择参加一次 ADR 电话会议。2008 年，加州法院共受理 9458064 件案件，其中 1581117 件民事案件，民事案件中绝大部分都通过调解解决，实际经过审判程序结案的不足 2%。在美国，调解程序与诉讼程序相脱离，由专门的人员或社会组织进行。在学术界，ADR 的研究也得到了高度重视，大学的法学院设立了专门的调解课程，有的还专门招收研究 ADR 的硕士研究生。

在英国，调解方式的运用是 20 世纪 70 年代开始的，面对案件逐日增多、法院压力增大和司法程序过长、费用昂贵的实际问题，司法大臣 1994 年任命沃尔夫勋爵进行民事诉讼程序改革。这项改革是从两方面进行的。一方面是简化诉讼程序，减轻当事人负担；另一方面是在政府支持下（后来是在立法机关的引导下），将调解方式广泛运用于各类社会纠纷解决之中，促进了社会组织、民间调解机构的快速发展。2006 年以来，基于节约开支和费用的考虑，英国多个法院以一定标的额为标准决定是否直接提供调解服务。5000 英镑以上的民事诉讼案件给提供必要的调解指引，由当事人自愿选择；5000 英镑以下的案件，法院提供免费调解服务的做法得到了公众的充分认可。目前英格兰和威尔士地区正在普及。法院任命了一批调解员，专门从事社会调解工作。

在德国，调解机制的采用大体上是在英国之后开展起来的，但发展较快。德国法律规定部分案件在起诉前必须先行调解。2000 年 1 月 1 日施行的《民事诉讼法施行法》第 15A 条授权，各州可以规定部分争议的提起只有在州司法管理机构设置或认可的调解机构调解之后才可以受理。这是德国第一条具有广泛效力规范起诉前强制调解的法律条款。法官主持调解应遵循三项原则：一是自愿原则，法官向诉讼各方提出调解建议，由诉讼各方自愿选择是否同意调解；二是中立原则，法官居中调解，不向诉讼各方提出具体调解建议；三是保密原则，调解员不得将调解的过程和内容公开，调解法官不得参与案件的继续审理。

在日本，调解被纳入了司法制度。日本 ADR 的立法比较完善。其将调解分为《家事审判法》中的家事调解。家事调解中除极个别案件不适用调解外，其他均采用调解前置原则，只有调不成才可以向法院起诉。《民事调解法》中的民事调解。规定当事人可以自行向法院提出调解，法院在适当的时候也可以单独进行调解。调解委员会设在法院，负责所有的调解。

在我国台湾地区，法院的宣传品上如此描述：要迅速解决纷争，又不伤和气，请利用诉讼外的最佳选择——调解。调解具有省钱、省时、和平解决纠纷、畅所欲言、获机会多等诸多好处。由此可见一斑。

世界各国及地区在新形势下对调解解决纠纷方式的广泛采用，促进了我国调解法制化的实践进程。

3. 地方人民法院为解决案多人少问题、追求诉讼社会效果的积极探索为建立健全诉讼与非诉讼相衔接的矛盾纠纷解决机制提供了借鉴依据。

改革开放以来，各地方人民法院根据案多人少、社会压力逐日增大的实际情况，积极探索完善诉讼与非诉讼纠纷解决机制的衔接方式，促进社会化矛盾纠纷解决机制的完善，取得了良好效果。上海浦东新区人民法院尝试在诉前邀请有关单位或组织帮助调解案件的做法，收到较好成效。2008 年，该院立案后委托调解达成调解协议的案件达 4889 件，占该院民商事案件的 21%。甘肃省定西市中级人民法院探索对诉前调解的司法确认，有效地促进了矛盾纠纷的解决。2008 年共确认诉前调解案件 673 件，除 2 件申请强制执行外，其余当事人全部自动履行。2009 年上半年，诉前司法确认 571 件，平均办案期限为 2 天。河北省廊坊市法院近三年来，立案后通过引入社会力量协助法院调解达成调解协议的案件达 8673 件，占同期民商事案件总数的 13.19%。福建省莆田市法院 2008 年通过委托、邀请协助调解，达成调解协议的案件达 1971 件，占同期民商事案件总数的 10.4%，2009 年上半年为 1641 件，占同期民商事案件总数的 19.5%。各地法院在诉讼与非诉讼纠纷解决机制上的有益的探索，为《若干意见》的形成提供了有力的经验参照。

4. 中央对建立健全诉讼和非诉讼相衔接的矛盾纠纷解决机制的肯定是此项改革得以顺利进行的重要保证。

人民法院“二五”改革纲要提出，要加强和完善诉讼调解制度，重视对人民调解的指导工作，依法支持和监督仲裁活动，与其他部门和组织共同探索新的纠纷解决方法，促进建立健全多元的纠纷解决机制。2007 年最高人民法院启动了建立健全多元纠纷解决机制改革项目。请中央政法委、全国人大法工委作为项目指导机关，请国务院法制办、司法部、劳动和社会保障部、人事部、国家体育总局、国家工商总局、农业部、中国国际贸易仲裁委员会、中国国际商会、北京贸易仲裁委员会、中国法学会、中国物业管理协会等 14 家为协办单位。经过一年多深入调研、试点、论证，最高人民法院在广泛听取社会各界意见的基础上，经 13 次修改后定稿。2008 年 9 月向中央政法委提交了《关于建立健全多元纠纷解决机制》的报告。当月，中政委批复原则同意最高人民法院关于建立健全多元纠纷解决机制的建议。并同意最高人民法院建立这一机制分三步走的改革思路，即第一步由最高人民法院从司法层面出台一个《若干意见》；第二步由中央政法委出台一个政策性规范；第三步提请全国人大制定相关法律。

二、关于《若干意见》的主要内容

《若干意见》共 30 条，5 个部分，分别从主要目标和任务要求、如何促进非诉讼纠纷解决机制的发展，如何完善诉讼活动中多方参与的调解机制、如何规范和完善司法确认程序以及如何加强工作管理等方面进行了规定。概括起来，《若干意见》主要内容包括三个方面：

1. 确定了诉讼与仲裁、行政调处、人民调解、商事调解、行业调解以及其他非诉讼纠纷解决方式之间的衔接机制。根据《若干意见》的规定，非诉讼纠纷解决方式与诉讼的衔接方式主要有八种：（1）当事人申请人民法院撤销或执行仲裁裁决；（2）

对劳动、人事争议仲裁机构不予受理或者逾期未作出决定的劳动、人事争议事项，申请人向人民法院提起诉讼；（3）对农村土地承包仲裁机构裁决不服而提起诉讼，或者申请法院强制执行已经发生法律效力的裁决书和调解书；（4）申请确认并执行调解协议。人民法院确认调解协议效力的决定具有强制执行力。（5）向人民法院起诉，申请履行、变更、撤销调解协议或者确认调解协议无效；（6）对行政调处不服提起诉讼。当事人不服行政机关对平等主体之间民事争议所作的调解、裁决或者其他处理，以对方当事人为被告就原争议向人民法院起诉的，由人民法院作为民事案件受理；（7）申请人民法院执行具有强制执行效力的公证文书；（8）对于具有合同效力和给付内容的调解协议，依法向人民法院申请支付令。

2. 明确了经行政机关、商事调解组织、行业调解组织或者其他具有调解职能的组织对民商事争议调解后达成的调解协议具有民事合同性质。《人民法院关于审理涉及人民调解协议的民事案件的若干规定》规定了人民调解协议具有合同效力。实际上，行政机关也有效调解处理了大量民事纠纷，而国际商会调解中心等商事调解机构在调解处理商事纠纷，尤其是涉外商事纠纷方面也发挥了重要作用，一些仲裁机构近来设立的调解中心也在仲裁程序之外积极参与商事调解工作。在处理行业内部纠纷方面，依托行业协会成立的行业性调解组织发挥其专业优势，调解了大量行业内部纠纷。为支持行政机关和社会组织开展民商事纠纷调解工作，《若干意见》明确规定经行政机关、商事调解组织、行业调解组织或者其他具有调解职能的社会组织对民商事争议调解后达成的调解协议具有民事合同性质，当事人应当遵守和履行。

3. 调解协议可以申请人民法院确认和强制执行。根据《若干意见》的规定，经行政机关、人民调解组织、商事调解组织、行业调解组织或者其他具有调解职能的组织调解达成的具有民事合同性质的协议，经调解组织和调解员签字盖章后，当事人可以申请有管辖权的人民法院确认其效力。人民法院依法审查后，决定是否确认调解协议的效力。确认调解协议效力的决定送达双方当事人后发生法律效力，一方当事人拒绝履行的，另一方当事人可以依法申请人民法院强制执行。

需要特别指出的是，根据《若干意见》规定，劳动争议调解协议也可以申请司法确认。当事人可以不经仲裁程序，直接根据《若干意见》关于司法确认的规定，向人民法院申请确认劳动争议调解协议的效力。《若干意见》这样规定的目的在于方便劳动者及时有效维护合法权益。如果法院没有确认劳动争议调解协议效力，当事人对调解协议的内容或履行有争议的，仍有权申请仲裁。

确认程序适用于当事人对调解协议没有争议的情况。如果当事人之间对调解协议的内容和履行等问题存在争议，比如当事人请求变更、撤销调解协议或确认调解协议无效的，可以向人民法院起诉。

从确认程序要求看，人民法院审理申请确认调解协议案件，参照适用《中华人民共和国民事诉讼法》有关简易程序的规定。案件由审判员一人独任审理，双方当事人应当同时到庭。人民法院应当面询问双方当事人是否理解所达成协议的内容，是否接受因此而产生的后果，是否愿意由人民法院通过司法确认程序赋予该协议强制执行的效力。

《若干意见》规定的司法确认程序既是对人民法院司法确认实践经验的总结，也是对《最高人民法院关于人民法院民事调解工作若干问题的规定》所提出的确认程序的完善，解决了非诉讼调解与司法程序的有效衔接问题，具有灵活、简便、快捷等特点。

三、正确认识《若干意见》的现实意义及历史作用

《若干意见》是最高人民法院在推动建立健全诉讼与非诉讼

相衔接的矛盾纠纷解决机制过程中取得的一个阶段性成果，顺应了历史发展潮流。是促进社会主义市场经济体制法制化的一个具体举措。将进一步引发社会化矛盾纠纷解决机制的逐步完善。

（一）《若干意见》是适应社会主义市场经济发展需要解决现实问题的有效措施

《若干意见》发布实施以来，我们欣喜地看到其积极意义逐步显现。

1. 促进了行政机关、行业协会、社会组织及医疗保险等部门主动解决矛盾纠纷积极性的全面提高。《若干意见》对行政机关、行业协会。社会组织调解与诉讼的衔接、仲裁与诉讼的衔接及法院立案后行政机关、社会组织调解与诉讼的衔接等方面的衔接机制进行了规范，并赋予诉讼外调解机构和调解组织的调解以合同效力。这有利于鼓励行政调处、商事调解、行业调解、医疗保险等部门为解决本领域存在问题而积极主动开展工作，有利于充分发挥各种纠纷机制的功能作用。对于这种将现实中由法院行使的社会组织调解矛盾纠纷合同效力确认权力让渡给社会组织的做法，不能简单地看，应将其作为将来社会自治法制化的开端，从这个意义上讲，这个文件是具有历史意义的。

2. 有利于及时、有效化解矛盾纠纷，维护社会和谐稳定。非诉讼纠纷解决机制积极参与社会纠纷解决，对减轻法院的案件压力具有重要作用，有利于缓解有限的司法资源与日益增长的解决案件纠纷需求之间的矛盾，使纠纷未形成案件之前就得到迅速妥善解决。同时，不同专业特点的纠纷，通过各专业性的纠纷解决机构予以调处，也可以使纠纷的处理更科学、更合理、更符合专业特点，使当事人易于接受，促使矛盾纠纷得到及时有效化解。

3. 有利于扩大司法民主。《若干意见》鼓励社会力量参与纠纷解决，拓宽了人民群众参与社会管理和公共服务的途径。尤其是人民法院在诉讼中通过委托调解、邀请调解的方式，使公民参与司法的民主权利有了更具体的实现途径。此外，不同纠纷解决机制的发展也可以为人民群众提供更多可供选择的纠纷解决途径，满足各种不同方式的纠纷解决需求，切实保护人民群众的利益。

（二）《若干意见》是社会纠纷解决方式的创新和拓展

如何有效化解社会矛盾纠纷？是任何一个国家都必须面对并认真解决的问题，它是社会治理的一个重要组成部分。从我国历史发展过程看，国家对社会的治理模式大体经历了三个阶段。第一个阶段是封建社会的二元治理模式；第二个阶段是新中国成立后至改革开放前的一元治理模式；第三个阶段是以社会主义市场经济确立为起点的现代多元治理模式。

1. 中国传统社会的“二元”治理模式

“家—国”构成了中国古代社会二元经济、政治的基本格局。这一基本格局开创于西周“宗法制”。“宗法制”血缘纽带的建立和扩张，强化了政治纽带“分封制”的确立和繁荣。宗法制和分封制密不可分，互为表里，也正是这一制度成为“家—国”二元政治格局的开端。秦王废分封制，改为郡县制，实行一元化国家政治进程，但这种一元化的治理格局并不长久。秦灭亡后，西汉豪强地主逐步发展为门阀世家。各大家族通过经学传统维系家族势力，进而影响政治。家—国二元政治格局延续至唐中期以后，随着氏族经济势力衰弱，其政治影响逐渐衰退。

宋代商品经济发达，经济中心迅速下移，中小地主成为社会财富的主要持有者，这为家族的形成准备了物质基础。家族在宋代以后中国封建社会中具有重要的地位。宋代以后，县成为基本行政区域，官制体制从乡退缩到县一级，既所谓的“皇权不下县”。由于县级政权管理社会事务的方方面面，事务繁多，无力将权力触角延伸至社会的最底层，造成了政权与民众的隔阂。在此形势下，为加强对社会的控制，封建统治政权与族权结合，政府利用宗族力量治理宗族民众，使得国家统治渗透到社会底层。

宗族组织通过政府认可的某些自治权，达到“约束化导之功”和“以补王政所穷”的目的。家—国二元政治体制在漫长的封建社会中逐渐发展定型，清中后期，自然经济在资本主义的冲击下逐渐解体，家—国二元政治体制也逐步地走向瓦解。

与中国传统社会几千年“家—国”二元政治格局相适应，中国具有官方和民间纠纷解决机制并行的传统，既存在着集中统一的国家行政管理体系，又拥有相对自治的非官方的地方民间纠纷解决机制。

在传统社会，宗族成员之间发生纠纷之后，当事人往往找宗族中德高望重的族长或乡贤、士绅评理、调处。族长是家法的执行者，可以根据族规或自己的意志判断曲直，作出决定。家族团体内部的纠纷及冲突应先由族长仲裁，族内处理不了才由国家司法机构处理。族长可以责令赔礼道歉、赔偿损失、加以身体刑，有时甚至可以下令处死。

2. 新中国成立后至改革开放前社会治理的“一元”模式

新中国成立后，国家逐步建立了高度统一的计划经济体制和与此相适应的社会管理模式。在城市建立了以单位为主，以街道居委会为辅的管理体系。各种国有的、集体的单位构成了城市的社会基本单位，国家通过“单位”这一具有中国特色的特殊类型的组织实现了对所有的资源、利益的管理和分配，单位不但拥有业务专业职能，而且还具有政治与社会管理功能。农村人民公社是一种“准单位”的组织。人民公社既是农村基层政权机关，又是农村经济、文化、生活单位，生产大队和生产队成为准行政化组织。国家权力通过自上而下的行政体系，通过单位、公社等渠道，将国家对社会的管理渗透到城市、农村的各个角落。

与这种一元化的国家治理结构相适应，纠纷解决也呈现了以国家公权力解决为主的一元化特征。建国初期，人民法院通过健全机构，完善程序，在处理民刑案件，维护社会稳定、巩固社会主义政权方面发挥了积极作用。行政机关、准行政机关也化解了大量人民内部矛盾。此外，各地基层政权设置人民调解委员会（有的称为人民调处委员会）、治安调处委员会，作为国家通过单位调控社会的辅助力量，处理人民内部一般纠纷，而且，人民调解、治安调解组织与其他社会单位一样，具有官方背景，与司法一起，构成以公权化解纠纷的一元体制。

3. 社会主义市场经济条件下对社会治理的多元纠纷解决机制的探索

改革开放以来，社会主义市场经济逐步发展，与计划经济相适应的社会管理体制已经解体，但新的社会管理体制并没有完全随之建立起来，由此导致一系列社会矛盾和纠纷不能得到及时妥善解决。发展市场经济需要肯定和保护个人利益。这种保护包括两个方面：一是尊重和保护个人的财产权利及其他相关利益；二是尊重个人交易、活动的自由。只有保护了这两个方面的权利和利益，市场经济才能按照自身规律运行，才能在竞争的、动态的市场交易中保持正常秩序。但是，在肯定和保护个人利益的同时，如果没有及时有效的利益整合机制，没有有效的社会管理组织，就会导致利益冲突难以协调及追求个人利益同时损害社会利益的情况出现。面对市场经济发展过程中出现的秩序混乱现象，学者们给出了两条解决路径，一条是强化国家监管，一条是加强社会自治。实际上，这两条路径在各市场经济国家是被同时采用的，中国在发展市场经济过程中，曾一度强调政府管理的放权，片面强调市场经济的自由性，政府管理在某些领域出现缺位。这时，由于社会自主性调适机制还没有建立起来，使得各类社会矛盾纠纷大量上升。市场经济体制改革的不断深化使得社会结构产生激烈、深刻和持续的分化，以广大农民、进城农民工、城镇下岗失业人员为主体的社会弱势群体阶层形成并不断扩大，社会异质性和不平等程度提升，社会矛盾与社会冲突剧增。面对这些新的变化，国家的社会管理体制也逐渐作出相应调整。党的十六届四中全会提出，要“加强社会建设和管理，推进社会管理体制创新”，要“建立健全党委领导、政府负责、社会协同、公众参与的社会管理格局。”为适应这种变化，《若干意见》在过去行政调处、人民调解、司法调解的基础上又将现有的司法权中确定社会调解合同效力的权力让渡给社会组织，拓宽了过去三大调解范围，强化了社会组织解决社会纠纷的功能，适应了社会结构发生变化的要求。这是顺应时代发展潮流，适应现实需要的重要举措。

（三）《若干意见》是社会主义市场经济体制法制化建设的一个进步

党的十六届六中全会对社会主义市场经济条件下加强和谐社会建设工作进行了部署，其中就完善社会管理作出了具体安排，包括建设服务型政府，强化社会管理和公共服务职能，推进社区建设，实现政府行政管理和社区自我管理有效衔接、政府依法行政和居民依法自治良性互动，健全社会组织，增强服务社会功能等等。据此，我们可以认为，目前中国社会治理的基本格局是：政府主导、社会参与。也就是说，在国家管理、社会治理方面，既要发挥政府的作用，强化政府职责，又要充分发挥各类市场主体和社会组织（民间机构）的作用，建立公共服务供给的社会参与机制。

目前，理论界对市场经济条件下如何进行社会治理方面也有较多论述。其中有人认为，市场经济体制确立的一个重要标志是：市民社会（或公民社会）的形成。对于这个问题，不同时代，不同的利益集团有不同观点。“市民社会”一词最早可以追溯到古希腊亚里士多德和古罗马西塞罗的著作中。这一词在黑格尔之前指的是“具有国家意义的城市的文明共用体”。黑格尔将市民社会与国家概念作出了学理区分。他认为：“市民社会是处在家庭和国家之间的差别的阶段。”马克思对黑格尔市民社会概念进行了批判，并在此基础上提出了市民社会理论。指出：“市民社会包括各个个人在生产力发展的一定阶段上的一切物质交往，……这一名称始终标志着直接从生产和交往中发展起来的社会组织。这种社会组织在一切时代都构成国家的基础以及其他任何观念的上层建筑的基础。”学者们认为，“市民社会”形成的其中一个要件是：有一个相对于政府存在的市民自身的权力和利益保护机制以及矛盾纠纷解决机制。对于这一理论问题，国内正在深入地进行讨论。但不管怎么说，有一点是明确的，随着社会主义市场经济的不断发展和社会结构的不断改变，国家与社会的关系肯定也会相应地跟着改变。从按规律办事的角度分析，就是各自管各自该管的事，国家管国家的事，社会管社会的事。这样既减少了国家管理成本，又有利于促进社会和谐稳定。这里，我们再分析一下西方的陪审团制度，陪审团成员多是不懂法律按照社会情理去判断法律事实的，而且事实证明有一些结论也是有问题的，但多少年来，为什么这一制度始终没有改变呢？这里面就有一个制度设计科学性问题，社会的问题由社会去解决，即使是错了，社会也能接受。

我们再看一下《若干意见》的标题也能说明问题。《关于建立诉讼与非诉讼相衔接的矛盾纠纷解决机制的若干意见》，“相衔接”要实现的是把司法层面的诉讼职能与社会层面的诉讼外的纠纷解决职能最大限度地结合好。这一点与党的十七大提出的，要健全“党委领导、政府负责、社会协同、公众参与的社会管理格局，健全基层社会管理体制”的要求是一致的。从这个意义上说，《若干意见》在推进“公众参与的社会管理格局”，建立“健全基层社会管理体制”上起到了积极促进作用。这是国家在治理方式上还权于社会的一个表现，对于社会主义市场经济法制化建设具有重要的现实意义。

19 世纪中后叶，在国家和社会的关系上，市民社会（公民社会）问题一度被人们忽视了。政治和社会革命成为政治家和思想家们所关心的问题。在今天我们发展市场经济的情况下，社会纠纷的解决方式必须符合社会发展阶段的需要，既要加强公权调控，又要鼓励社会参与。这符合小政府、大社会的发展趋势。《若干意见》从传统中吸取智慧，改变计划经济条件下一元为主的纠纷解决体制模式，适时提出发展诉讼与非诉讼相衔接的矛盾纠纷解决机制。它反映出来的是社会发展的一个进步。既体现了国家对社会公民权利的尊重，又是对国家法制化进程的一个推进。符合社会主义市场经济发展规律，具有重要的现实意义和历史作用。

四、贯彻《若干意见》应注意的两个问题

在充分认识《若干意见》重要意义的同时，我们还要对《若干意见》的现实样态作出客观评价。总的看，《若干意见》还处于司法的政策指导层面的一个司法文件，根据中央“三步走”的安排，第二步由中央政法委和中央综治办出台一个更大范围的国家政策规范，第三步将进入立法阶段。后续的工作还很多，还需要我们大家共同努力。

（一）加强对社会纠纷解决机制的培育

随着市场经济的发展和社会结构的变化，政府和社会的关系在发生着微妙的变化。社会上各种主体的利益越来越多元化。当前我国的社会结构，形成“五大等级”“十大阶层”的“金字塔”（中国社科院社会学所调查报告）。不同利益群体为实现自身利益最大化，组织了各种形式的组织，如商会、行业协会等等。社会组织以前所未有的速度发展。行业自治等方式在我国开始萌芽。这种方式具有非政治性、自律性、自省性、自治性等特点。与这些特点相适应，社会治理结构强调国家管理和社会治理的结合，开始朝着“小政府、大社会”的治理格局发展。社会治理结构的转变，对纠纷解决机制产生着重要影响。英国等西方国家社会组织发展较为成熟，这些组织通过参与纠纷解决，实现市民社会的自治。事实证明，在英国，各种行业性的 ombudsman（调查或申诉专员）、民间调解机构、仲裁机构，对于推动金融、

房屋租赁等行业的自律，对于化解社会矛盾纠纷，维护社会和谐稳定发挥了重要作用。在我们国家，行业性组织和各种市场化运作的调解等社会组织在化解矛盾纠纷方面发挥了积极作用。但目前我国行业等社会组织还不发达，这直接影响了非诉讼纠纷解决机制的健全和完善。首先，人民群众对社会组织的信任度还有待提高；其次，社会组织数量虽然上升较快，但弱势群体的组织化程度还比较低，尚不具有自我管理的能力，尚不能与其他利益群体，尤其是组织化程度较高的利益群体进行平等、有效的对话。这就需要我们在这一机制生成、成长的过程中，不断地加以呵护。公平是什么？正义又是什么？在一定的狭义的意义上讲，公平就是不同的人得到相同的东西，正义就是相同的人得到相同的东西，不同的人得到不同的东西。

（二）深入探索，注重实验，逐步完善诉讼与非诉讼相衔接纠纷解决机制的制度设计

应当说，虽然各种非诉讼纠纷解决方法随着市场经济发展，已经逐步开始萌生，但作为一个制度建设来讲，还有相当长的路要走，还需要从建构的角度去分析论证、用实证的方法去探索试验，还有很多的工作要做。以行政裁决为例，我国目前的行政裁决程序还不完善，裁决过程还带有明显的行政化色彩，未能体现出裁决程序的准司法特点。民间调解组织还不够健全，程序还不够完善。审判程序、司法调解也有进一步改进完善的空间。例如非诉讼调解的司法确认程序、确认方式，等等。《若干意见》对这方面的程序虽有六个方面规定，但仍较原则。实践中肯定还不够用，还需要总结经验，继续细化、完善，不断发展，以适应实践需要。

在完善各种纠纷解决机制的过程中，我们要注意把握好几项原则：一是尊重、遵循各种纠纷解决方式的不同优势特点；二是尊重当事人的意思自治和方式程序选择权；三是尊重社会公众的认可度；四是尊重各种纠纷解决机制间相互作用的规律。以期在不久的将来建立一个科学有效的社会矛盾纠纷解决机制。

公平正义法治理念*

一、对社会主义法治理念的基本认知

以胡锦涛同志为总书记的党中央，在认真总结我国法治建设实践经验，借鉴世界法治文明成果的基础上，提出了社会主义法治理念这一重大科学命题，这标志着我们党对建设中国特色社会主义法治国家的规律、中国共产党执政规律有了更加深刻地认识和把握，从而为我国社会主义法治建设进一步指明了科学的发展方向。为了更好地理解社会主义法治理念中公平正义理念的内涵，我想先谈一下对社会主义法治理念的基本认识问题。我认为，社会主义法治理念的基本样态应该是这样的，从社会主义现实出发，符合中国社会发展需要，能有效解决现实法制建设问题，符合世界法治发展潮流的法制建设认知体系。具体来说，可以从三方面对其加以认知：

（一）社会主义法治理念是建设法治国家的理论基点

理念一词源于古希腊，柏拉图认为，理念是一种离开具体事物而存在的精神实体，黑格尔则称之为是一种客观的理性或精神。实际上，所谓“理念”就是原理、信念或价值观，是思维和行为的导向，是理论认识的原点，是内化于主体之中最概括、最深刻、作用和影响最重要的理性表现形式。对于“理性”这

* 本文为社会主义法治理念巡回演讲稿。

一概念，人们一般是在两方面意义上来使用它的：一是通过概念、判断、推理等思维形式所进行的思维活动；二是人类认识能力所达到的一个特定阶段与层次，在这一意义上，理性往往是与经验相对立的。从理性对认识客体所具有的功能与作用来看，理性可以划分为本体理性、方法理性、工具理性和价值理性。社会主义法治理念属于价值理性范畴，它基于马克思主义法与国家基本理论对社会主义法治的本质规定性、基本特征、制度安排及具体工作机制运行模式的系统思考，设定了五个方面的价值评判标准，即依法治国、执法为民、公平正义、服务大局、党的领导，从而指明了社会主义法治的应然状态。社会主义法治包括立法、执法、司法、守法、法律监督等环节，政法部门的工作范围涵盖了社会主义法治的执法、司法和法律监督环节。因而，社会主义法治理念对于政法部门的工作实践就具有了理论指导地位。

在这里，简要地解释一下理性、理念、理论、指导思想之间的关系。理性、理念、理论属于认识范畴，理性和经验都是人类认识外部客观世界的基本方法和途径，而理论和理念则是理性作用产生的认识结果。其中，理念是最为基本的理性认识，从理念出发，通过一系列的理性逻辑推导，就形成了对外部客观世界相对具体的体系化认识，这种体系化的认识就是理论。理念不能等同于指导思想，指导思想属于实践范畴，是在理论指导下形成的含有政策性因素的工作指导原则和方法，这里所说的政策性因素就是我们在一定时期针对实践需要所要实现的特定工作目标。以“严打”为例，严厉打击刑事犯罪是政法部门针对社会治安形势的现实需要而形成的指导思想，刑法学和犯罪学上的刑事政策理论则是“严打”的理论基础，这一理论基础的理念则是刑法学上的重刑罚对策观念。当然，离开了理性这一认识方法，我们也不可能形成对严打工作的上述认识。

我认为，作为理性化社会主义法治理念的树立，必将极大地促进政法机关工作的进一步发展。正确理念指导下形成的科学理论在推动人类社会发展中的巨大作用是早已被历史实践所证明的。西方社会自进入文艺复兴以来，特别是在18、19世纪，自然科学获得了突飞猛进的发展。地质构造理论、能量守恒和能量转化定律、生物进化论这三大科学发现彻底动摇了中世纪遗留给人们的非理性的宗教世界观，建立起了科学主义的理性世界观，极大地推动了科学与社会生产力的发展。如牛顿发现了三大运动定律和万有引力定律，对处于人类经验认识范围内的时间与空间的关系进行了理性的描述，人们纷纷赞叹道：牛顿把天体现象收服到日常习见的机械定律的管制之下，他的理论在解释天体机制方面的惊人成就，赋予世界画面以惊人的秩序与和谐，给人带来美感上的满足。在牛顿三大运动定律和万有引力定律的引领下，人们探询到了宇宙速度，即从地面向宇宙发射人造天体必须具备的初始速度，其中，第一宇宙速度是每秒7.9公里，即围绕地球飞行的环绕速度；第二宇宙速度是每秒11.2公里，即摆脱地球引力在太阳系内飞行的脱离速度；第三宇宙速度是每秒16.7公里，即摆脱太阳系引力到茫茫外太空飞行的逃逸速度。正是根据这一科学理论，人们才实现了卫星上天、航天登月的千年梦想。而爱因斯坦在牛顿等前人成就的基础上，以更为理性的思考大胆地超越了前人，发现了狭义相对论和广义相对论，对超越日常经验所能认知范围之外的时间与空间的关系作出了新的解释，带来了科学理论的新革命，推动了科学技术和生产力在高能物理、光电信息等领域的飞速发展。由此我们是否可以认为：说明阐释规律的理论是可以发现的，而不是创造的，理念给人们认知理论提供了一个科学的方向，而理论为我们指出了实践和发展的方向乃至一套科学的方法。

对于理论在促进社会生产力发展中所具有的巨大作用，马克思曾总结道："资产阶级在它的不到一百年的阶级统治中，所创造的生产力比过去一切世代创造的全部生产力还要多，还要大。过去哪一个世纪能预料到有这样的生产力潜伏在社会劳动里呢?”因此，理论在推动人类社会发展方面所具有的推动作用是巨大的，是不可估量的，也是不以人的意志为转移的。

（二）社会主义法治理念是具有现实针对性的科学命题

一方面，它针对封建法律思想残余。在拙作《司法制度的理性之径》一书中，我把中国古代司法制度的基本面貌归纳为四个方面，即分化不充分的司法职能；法律素质缺乏的司法官员；道德至上的司法标准；国家本位的诉讼结构。这一基本面貌的观念基础呈现出强烈压制色彩的封建司法传统，它的基本特点是国家至上，漠视个人权利；道德至上，法律依附于道德。在中国古代司法传统中，司法官员的权力与当事人的权利在司法程序中处于一种失衡状态，当事人在诉讼中并不享有能够与官员进行制度性交涉的主体地位，只是司法职能运行过程中的客体而已。由于被告人负有无条件回答讯问的法定义务，在司法官员通过讯问仍然无法取得被告人的口供时，可以通过刑讯逼供手段来获取被告人的口供，并且，这种手段和方式被赋予了制度性的正当地位。自清末以来，虽然完整意义上的中国古代司法传统已经不复存在，但是，这只能说明它不具有了正式制度的表现形式，在司法实践中有时仍然以一定的法律传统观念等方式表现出来。社会主义法治理念把公权利理解为国家权力体系存在和运行的目的所在，强调国家机关特别是政法部门对公民权利的尊重与保障，这有利于克服封建法律思想特别是中国古代司法传统的消极影响，为维护公民权利提供更为充分的观念基础以及相应的制度保障。

另一方面，社会主义司法理念的提出针对的是西方国家的法治理念。西方国家法治理念较之封建社会法律思想观念具有法律文明意义上的历史进步性，改革开放以来，我们吸收、借鉴了西方国家的优秀法治文明成果，推动了我国法制建设的迅速发展。但同时，一些不适合中国国情的西方法治观念所带来的消极影响也不容忽视。那么，对于西方法治文明经验，什么是我们能学的，什么是我们不能学的呢？实践证明，人类发展有很多共同的东西，诸如审判公开，通过双方当事人质证的辩论程序等司法技术层面的措施多可借鉴。但同时，人类发展中又有些不同的东西，就不能学。为什么呢？不同的民族有不同的个性文化传统。西方国家法治理念产生于西方社会，有着独特的环境条件。与中国古代社会相比较，西欧各国到 11 世纪、12 世纪期间才从原始社会进入封建社会，比中国古代进入封建社会晚了将近 1500 年。由于这些国家多是从原始社会直接进入封建社会的，在社会制度形态上的转变是一种历史的大跨越，封建王权权威的形成缺乏如同中国古代封建王权权威形成所具有的历史延续阶段，这样一来，封建王权权威的强化只能是在与社会历史形态进行转变的过程中同步进行。在这一过程中，以国王为代表的封建王权始终没有成为国家绝对的主导支配力量，自始至终受到教会、分封贵族和商人阶层的牵制与制约，虽然，在西欧各国的封建社会阶段，封建王权较之其他利益集团有了相当程度的强化，取得一种程度的优势地位，但资产阶级革命的爆发则迅速瓦解了封建王权这种并非绝对的力量优势地位。这样，导致任何一个利益集团都没有足够的力量自始至终地取得对国家的绝对支配地位。这种情况下，法院作为调整社会矛盾居间裁判的制度地位就得以延续下来。为了加大法院裁判的权威性，维护社会的整体平衡，司法的独立才成为可能。

这里我还讲一个问题，请同志们注意到这样一个制度事实，就是即使同时都是司法独立的国家，司法的方式也是不一样的，比如美国和法国就不同。美国的司法方式是积极的，法官可以根据宪法精神创制法律，还可以对行政权和立法权实行司法审查，可以依据宪法裁定某项立法或行政法规无效。美国的这种司法方式一般被称为政策实施型司法也叫积极型司法。而法国则不同，它的司法方式是消极型司法，只是在现有法律框架范围内进行，而不可以创制法律。法国的这种司法方式一般被称为纠纷解决型司法。所以，美国的法院司法行政管理由法院自己负责，而法国的法院司法行政管理由司法部负责。

在美国历史上的马伯里诉麦迪逊案中，当时的美国联邦最高法院首席大法官马歇尔在判决中尽管没有最终支持马伯里的诉讼请求，但他针对当时美国宪法没有明文规定联邦最高法院是否有权宣布国会和行政机关的立法行为无效的这一实际情况，根据启蒙思想家孟德斯鸠等人提出的权力制衡思想对美国宪法进行了创造性解释，在判决中明确了这样一个原则，即联邦最高法院有权解释宪法并判断国会立法和行政机关的法令是否违宪，从而使联邦最高法院获得了司法审查权，初步形成了三权分立和制约平衡的权力格局，对200多年来美国政治制度的定型和发展具有极其深远的影响。这里要强调的是，社会文化传统为马伯里诉麦迪逊案判决的产生创造了必要的观念条件。

反观中国古代社会，奴隶制王权和封建王权始终非常强大，无论是官僚阶层还是商人和知识阶层都没有取得能够与之相抗衡的优势地位（即使是在观念层面上也没有这种地位），缺乏西欧各国封建社会存在的多元利益集团这种历史条件，因而也就缺乏西方法治传统能够得以延续的发生条件。当前，在我国，建设社会主义法治国家则面临着具有中国特色的国情条件，社会主义初级阶段的现状决定了社会主义的法治建设必须遵循社会主义的法治理念。实践证明，在西方国家法治理念中找不到解决我国问题的答案，只能依靠我们自己在特定的国情条件下逐步探索。因此，在司法工作实践中，对西方国家法治理念采取一种简单的拿来主义的态度是不正确的，我们必须始终从国情出发，自觉地以社会主义法治理念为指导，在立足国情的基础上，对西方法治文明发展的优秀成果加以必要的选择、借鉴乃至改造。这就像一个需要输血的人必须要选择与自己血型相融的血液一样，是不可任意进行的，对发达国家司法制度的有益经验加以借鉴必须从我们的实际出发，充分考虑到中国国情能否为被借鉴对象提供必备的运行支持条件，把借鉴的过程理解为一种本土化的过程。只有这样，才能真正形成具有中国特色的社会主义法治文明成果。

（三）社会主义法治理念是践行科学发展观的实践成果

科学发展观与邓小平理论、“三个代表”重要思想一脉相承，对中国特色社会主义事业的发展问题作出了马克思主义的科学回答，是我国改革开放和现代化实践宝贵经验的总结和升华，是我国社会主义现代化建设指导思想与时俱进的重大发展。科学发展观所强调的从国情出发、以人为本的思想是社会主义法治理念最根本的思想基础。全面贯彻科学发展观是我们党改革开放以来社会主义法治理论创新的必然继续和延伸。

二、公平正义理念的基本内涵

什么是公平和正义？这是一个争论了数千年而依然充满了困惑与分歧的问题。纯粹法学派的代表人物凯尔逊曾讲，为了正义的问题，不知有多少人流了宝贵的鲜血和痛苦的眼泪，不知有多少杰出的思想家，从柏拉图到康德，绞尽了脑汁；可问题依然未获解决。这是为什么呢？是因为，关于公平和正义与否的判断是典型的价值判断，而不是事实判断，每个人都有自己的价值观，都可以从自己的价值观念出发来判断一种制度，一种现象是否公平，是否合乎正义，也就是说，公平和正义是具有高度抽象性的概念，这一概念的背后并不存在一个与之相对应的固定不变的实体和纯客观的指称对象，这就使得人们对公平和正义的理解很难如同对“什么是动物，什么是树，什么是火车”等概念形成清晰、一致的理解。虽然对公平和正义这两个概念进行明确又能取得一致理解的界定存在着极小的理论可能性，但是，人们对公平和正义内涵的基本理解还是可以形成相对一致的看法：即公平更多地被用来体现正义的某个方面、原则或特性，它是正义作为基本的体现，但并不完全等同于正义，而公平的核心在于平等。也就是说，平等、公平、正义在逻辑位阶上呈现出一定的递进关系。例如，任何一个公民对侵害自己权利的行为，都可以到法院起诉，体现了在法律面前人人平等；到法院立案后，法院以相同的方法赋予当事人权利进行阐述，最后依据事实科学地裁定，这是公平的。每个人打官司都要交纳诉讼费，这是公平的，但对下岗职工就可以免交，这体现的是一种正义。

正义是一个涉及面非常广泛的具有开放性的概念。亚里士多德从社会伦理的角度指出，正义是一种涉及人与人之间关系的社会美德，他认为，正义存在于人与人之间的平等之中，即相等的东西给予相同的人，不相等的东西给予不相同的人。他的正义观可以用一句话来概括，即“给予每个人以其应得的东西”，或者更简括地说：“各得其所”。古汉语中的“公平”、“正义”强调以一种不偏不倚的态度来处理个人和社会事务，应该说，这与西方社会对公平和正义的理解有一定的相通之处。但这并没有改变正义是一个具有高度概括性的概念这一事实。当然，从唯物辩证法的观点看，（1）正义既是主观的，又是客观的。主体的需要不是凭空产生或从天而降的，而是由主体在社会关系中的地位以及主体的社会实践决定的，从这一方面看，正义又是客观的。正义的主观性和客观性的统一源于主体的社会实践。（2）正义既有相对性一面，又有绝对性一面。所谓相对性，它表现为正义不是固定不变的，而是随不同的时代、社会、阶级、群体而呈现出差别性、多样性、多元化。

从哲学的意义上来讲，所谓公平，就是指一种“相称”或平衡关系。这种均衡的实现，需对关系双方按同一标准（或原则）对待。如在政治生活中，是否拥有与同阶层人相同的权利；在收入分配中，是否与同条件、同等努力的人取得相同的收入。如果同等条件被同等对待就是公平的，否则就是不公平的。从这点看，一种公平的制度或规则，其基本内涵常常被格式化为“同样情况同样对待”或“不同情况不同对待”。

公平的深层本质在于使社会成员之间的利益分化关系符合社会正义。如果社会中各个主体的利益高度一致，不存在相互之间的利益冲突，那么，人们也就不会计较公平与不公平问题。在原始社会的氏族组织内部，公平问题就不是重要问题。但是，私有财产出现以后，人们之间的利益就逐渐分化了。在相互的交往中利益冲突也逐渐增多了，这时就产生了合理地划分利益的客观要求。这种合理性的要求就是对公平的要求。英国哲学家休谟曾经说过，自私是建立正义的原始动机。正因为人们之间存在利益的冲突，因此也就决定了建立公平规则的必要性。

公平的核心在于平等。平等包括基本权利的完全平等和非基本权利的比例平等。当然，基本权利的完全平等并不是绝对无差别的平等，而是相对的平等，平等并不绝对排斥差别，特别是必须对具有特殊需要的人实行特殊对待。这就要求法律制度给予那些有困难的群体以特殊的关注，只有如此，他们才能得到与其他人相当的某种享受生活的机会，现代法律制度对妇女的特殊保护、对少数民族和残疾人的特殊关怀、失业救济、最低工资制等都证明了这一点。合理的差别对待，虽然形式上看是不平等的，但实质上是平等的，因为出发点或手段不平等，差别对待可以弥补这一不平等，从而达到实质上的更高层次的真正平等，而这种平等就带有了正义的含义。当然，合理的差别原则也不能违背法律平等的要求。一是必须保证人人有平等的法律人格。二是差别对待的目的不是扩大人的自然不平等，而是缩小差别，促进事实上的平等。既不能任意扩大适用，也不能任意限制“同样的情况得到法律的同等对待”这一平等原则的基本涵义。

非基本权利是指特定经济主体具备了法定要件而依法定程序取得的可产生一定利益的权利，每个人因其能力、贡献不平等而应享有相应不平等的非基本权利。这样，人们所享有的权利虽是不平等的，但每个人所享有的权利的大小之比例与每个人的能力贡献的大小之比例却是完全平等的。或者说，每个人享有权利的大小与自己的能力贡献的大小之比例是完全平等的。这就是非基本权利比例平等原则。非基本权利比例平等原则表明，社会应该不平等地分配每个人的非基本权利。但是这种权利不平等的分配必须完全依据能力、贡献的不平等，从而使人们所享有的权利与自己的能力、贡献的比例达到平等。

在这里，需要指出的是，由于公平与正义的高度概括性和抽象性，使得什么是公平与正义成为一个难以统一认识或消除分歧的问题。在一定程度上，这是法学理论研究与实践中的基本话题，过去如此，现在如此，未来在目前还未看到解决争议的可能性，这是一个永恒的争点。即使这样，我们也要看到，公平和正义也有客观和绝对的一面，是能够运用我们的理性的认识能力加以进行把握的。这就需要我们在司法实践中，通过法官对公平和正义这样一般性法律条款的个案性解释，不断丰富、发展其具体内涵，在促使其发挥对审判活动的原则性指导作用的同时，也可以为更准确地从理论层面认识公平和正义的基本内涵逐步创造可能条件。

党的十六大指出，社会主义司法制度必须保障全社会实现公平和正义。我认为，这对法院的审判工作和法官的职业素质提出了更高的要求，也就是说，法官被赋予了这样一种职责，即通过司法公正来维护、实现社会公平和正义。应该说，正是在这一过程中，社会公平和正义不断得到实践的注解和阐释，其内涵不断得以具体化。因此，通过法律解释活动促进社会公平和正义的内涵获得主观性与客观性、相对性与绝对性的统一是法官的基本职责，我们更应该这样理解，只有那些能够不断赋予社会公平和正义丰富内涵和持久活力的法官才是真正意义上的法官。

三、公平正义理念的实践要求

公平正义是社会主义法治理念的重要内涵之一，体现着社会主义法治的价值追求，在社会主义法治理念体系中有着重要的理论与实践意义。一方面，在理论意义层面上，公平正义是社会主义法治的内在价值追求，这意味着，公平正义是社会主义法治的道德基础和制度性伦理，如果失去了这一道德伦理基础，社会主义法治的正当性基础也就不存在了。这是因为，道德是法律的基础，法律则是最低限度的道德，失去了道德基础，法律就失去了要求人们遵守和服从的正当理由。因此，公平正义是社会主义法治存在和运行的基本标准，社会主义法治存在的合理性是通过其能否实现公平正义来加以检验的，失去了公平正义，社会主义法治也就失去了生机与活力。另一方面，在实践意义层面上，公平正义是社会主义法治对社会转型发展需求的现实回应。法治总是针对一定的现实问题而存在的，因而法治从来都是具有鲜明的实践品格的。当前和今后一个时期，人民群众的民主法治意识不断增强，对发展社会主义民主政治和落实依法治国基本方略提出了新要求；各种思想文化相互激荡，人们思想活动的独立性、选择性、多变性、差异性明显增强。实践表明，在这一时期，如果社会公平和正义能够通过法治的不断完善得到有效维护，就能推动经济社会协调发展，顺利实现工业化和现代化；反之，经济社会发展徘徊不前，甚至出现社会动荡和倒退。比如，2004 年拉美国家当时的政治形势基本稳定，经济增长速度加快，出现全面复苏的迹象，社会发展各项指标有所好转，但由于法治没有有效地承担起维护公平正义的职责与使命，致使该地区的贫困加剧、收入分配不均、经济结构失衡等问题的发生，局部地区出现了较为激烈的社会动荡或冲突，严重地影响了经济社会的发展。因此，公平和正义的发展过程，就是不断解决形式公平但实质不公平这一社会问题的过程；就是通过平等实现公平，再由公平实现正义的过程。只要一个社会不断地寻求发展与进步，公平和正义就永远是发展与进步的永恒主题。

社会管理与社会管理创新

科学史家李约瑟在其鸿篇巨制《中国科学技术史》中提出一个问题：为什么近代科学和科学革命只产生在欧洲？为什么直到中世纪中国还比欧洲先进，后来却让欧洲人领了先呢？这就是历史上著名的“李约瑟难题”。

2005年，温家宝总理在看望著名物理学家钱学森时，钱老发出了这样的感慨：这么多年，我们培养了那么多学生，还没有哪一个的学术成就能跟民国时期培养的大师相比。中国为什么出不了大师了？这个发人深省的问题，被人们称为“钱学森之问”。

“李约瑟难题”与“钱学森之问”无论从经济的、政治的、文化的哪个方面作出回答，都与国家的社会管理有关，特别是与社会管理的基本指导思想有关。

一、社会管理创新的一般意义

（一）什么是社会管理和社会管理创新

“社会管理创新”的由来。2004年6月，党的十六届四中全会提出要“加强社会建设和管理，推进社会管理体制创新”，2007年党的十七大报告提出要“建立健全党委领导、政府负责、社会协同、公众参与的社会管理格局”。社会管理被纳入更完备的体系性框架之中，社会管理创新也就成为2009年底全国政法工作电视电话会议所强调的“社会矛盾化解、社会管理创新、公正廉洁执法”三项重点工作的组成部分之一，是指导我们党精神文明建设的重要纲领。

什么是社会管理：是指政府和社会组织为促进社会系统协调运转，对社会系统的组成部分、社会生活的不同领域以及社会发展的各个环节进行组织、协调、监督和控制的过程。

作为政府职能之一的社会管理，是国家通过制定一系列社会政策和法律规范，对社会组织和社会事务进行规范和引导；培育和健全社会结构；调整各类社会利益关系；回应社会诉求；化解社会矛盾；维护社会公正、社会秩序和社会稳定；维护和健全社会内外部环境；促进政治、经济、社会、文化和自然协调发展的一系列活动。依法治国前提下的社会管理是多元主体以多样化形式进行的上述活动以及这些活动的过程。

什么是社会管理创新：是指在现有社会管理条件下，运用现有的资源和经验，依据政治、经济和社会的发展态势，尤其是依据社会自身运行规律乃至社会管理的相关理念和规范，研究并运用新的社会管理理念、知识、技术、方法和机制等，对传统管理模式及相应的管理方式和方法进行改造、改进和改革，建构新的社会管理机制和制度，以实现社会管理新目标的活动或者这些活动的过程。社会管理创新既是活动，也是活动的过程，是以社会管理存在为前提的，其目的在于使社会能够形成更为良好的秩序，产生更为理想的政治、经济和社会效益。社会管理创新背景。

（二）为什么要进行社会管理创新

1. 新形势下社会管理任务日益繁重，需要加强和创新社会管理。随着社会主义市场经济的发展，我国社会转型加快，经济成分、利益主体、就业方式、分配方式、组织形式日趋多样化，有力地推动了经济社会发展，也带来了一系列新的社会矛盾和社会问题。如随着工业化不断推进，城乡建设用地拆建补偿等引发的各种社会矛盾显著增多；由于非公有制经济和各类新社会组织发展，没有“主管机构”的新单位不断增加，越来越多的人走向社会，成为新的管理和服务对象；农村大量剩余劳动力进入城镇务工，使城市流动人口急剧增加，需要大幅增加社会管理和服务资源投入等。这些，使社会管理任务日益繁重，原有管理力度和管理体制已不能完全适应新形势下社会管理的要求。

2. 新形势下社会管理难度增加，需要加强和创新社会管理。我国改革开放和现代化建设进入关键阶段，社会运行在总体适应经济发展的同时，也出现大量不协调、不健康、不稳定现象，增加了社会矛盾的复杂性，加大了社会管理难度。如利益格局调整使社会纠纷、集体上访、群体性事件增多，而原有的利益诉求表达渠道不够畅通，需要不断改进；价值取向多样化造成不同价值观念之间的碰撞乃至冲突，一些与社会主义价值观念相背离甚至颓废腐朽的思想乘机而入，部分社会成员诚信缺失、道德失范，助长了不良社会现象滋生，需要强化和改进社会舆论、社会治安管理；各种社会问题相互交织，使社会矛盾呈现联动特征和连锁效应，牵一发而动全身，解决起来困难较多，需要不断加强和改进维稳工作等。

3. 与国际社会接轨，需要社会管理创新。社会问题在一定程度上反映的是这个国家的价值观，我国的经济总量已发展到世界第二位，但我们的价值观是否被认可是值得研究的。这是社会发展特别是与影响世界的发展与社会治理不同步导致的。胡锦涛总书记在专题班上说：“我国社会管理领域存在的问题，是社会发展水平和阶段性特征的集中体现”，讲的就是这样的意思。我们必须认真研究，不断搞好社会管理创新，尽快跟上时代发展要求的步伐。

二、我国的社会管理模式及演化过程

（一）封建社会的社会管理特点

儒家文化是我国封建社会的社会管理的主导思想，它通过社会化得以世代相传，对我国封建社会的存续与发展发挥了巨大作用，维护了封建社会政治秩序，维系了封建专制统治。儒家思想影响国家主要是通过教化的方式进行的。儒家道德教化在儒家政治文化传播过程中起着十分关键的作用，是我国封建社会政治社会化的根本途径。探讨儒家道德教化与政治社会化的关联，不仅对进一步了解中国传统政治文化有着重要的理论意义，而且对我们今天探索社会主义市场经济条件下政治社会化的有效途径和措施，促进社会主义民主政治建设有重要的启示作用。

1. 道德教化是封建社会国家治理的指导思想

封建社会，儒家政治文化与传统道德高度一致，即政治道德化，道德政治化。它以道德理想作为政治统治的目的，以道德规范作为政治的行为准则，以道德化作为国家统治手段，以道德规范下的人际关系作为社会政治秩序，以道德力量作为巩固政治统治的精神支柱。这种道德教化的政治决定道德教化是政治社会化的。

2. "教化之道"是封建社会的基本治理方式

以儒家思想为主体的中国传统政治文化具有强大的政治功能和强势的社会整合能力，将符合君主政治统治需要的观念和行为准则覆盖到社会的每一个角落，促成社会各个阶层对于君主政治及其政治价值和道德理念的广泛认同，培育出一代又一代的忠臣与顺民，从而弥补了行政管理手段的不足，维系着帝国体制的万世一系，几达两千余年。

一般而言，每个社会系统或民族社群都有自己的主流文化及非主流文化层次，社会成员通过不同的渠道和方式，在其个人"社会化"过程中，将主流文化或非主流文化所内蕴的价值观、道德观及信仰等等内化为自己的观念或信仰，从而形成了某种归属感，并且影响着其个人的思维方式和行为方式，甚至影响到社会秩序。文化整合的范围可以扩大到整个社会，形成普遍的国民观念、民族意识。在传统中国君主政治条件下，政治社会化途径和方式是面向全社会的，在维系政治系统和政治文化延传方面起到了不可替代的作用，“教化之道”被视为治理百姓的首选政策。

所谓“教化”，就是将儒家思想文化内涵着的政治价值、政治理念和道德规范等等灌输给人们，使得一般社会成员都能接受或认同符合统治者根本利益的理念和观念，并以此修养品德，磨炼心性，最终成为合乎君主政治统治需要的孝子、忠臣和顺民，从而保证了政治秩序的稳定。

3. 教化的基本方法

（1）学堂教化。“以学堂行教化”的政治理念对于传统中国统治者们的作用是十分明显的。他们深知实行教化的最佳手段是设立学校，培训士人，再通过士人的表率和影响，驯化全社会。这实际上就是“学堂教化”的政治社会化过程，传统政治文化的政治价值体系及其认知、观念、信仰和态度等等，通过专门培育士人群体的途径传播到社会的各个层面和角落。统治者的意志和利益通过这样的过程而引领并得到全社会的认同，特别是得到一般社会成员的拥戴和维护。因而古代中国的官办或私办学堂之中，除了有极少数私人教授非儒家学说，如道家思想、律法等等，绝大部分学校的教学内容都是皇权意志化的儒家经典，受学者所接受的主要是道德和政治教育，形成了忠君爱国、仁孝节义等价值观念。然后，当他们基于“学而优则仕”而介入政治体制，大都会成为官僚队伍中的忠实一员和君主政治的卫道士。如若入仕不成，他们当以知书达礼的士人身份步入社会。或于贵富之家谋一偏席、或于村镇乡里设馆授徒、甚或混迹市井测字问卜，不论其通达困顿，大体上他们都会成为儒学思想传播和道德教化的承担者。传统政治文化的政治社会化过程正是经由这样的环节实现的。

（2）官吏施政的教化。封建社会要求官吏上能奉公守法，尊君重道；下能体恤民情，教化百姓。君主政治统治下的模范官吏，是儒家文化德治传统的代表和象征，他们把儒学一脉“达则兼济天下”的社会责任感转化为德治仁政的实际政策，确乎能做到“为官一任，教化一方”。

官吏教化就是要把儒家文化的政治理念、政治观念和道德规范化成民俗，使得儒家文化倡导的忠孝礼义等政治价值和道德观念逐渐被黎庶百姓们所接受，逐渐形成普遍的政治道德观念。

官吏的教化功能与学校教化是有区别的。地方官员代表着朝廷即君主政治的权威，直接面对的是一般社会成员，较之学校具有更高的政治权威性，教化的范围也更宽广。一般而言，行政权力是具有一定的强制力的，由官府推行的教化，效果更为直接、普遍和显著，使得统治者们向往的“人识君臣父子之纲，家知违邪归正之路”理想局面的实现具有了可能性。

(3) 地方绅士的教化。绅士在中国传统社会中是一种很特别的身份，他们在政治社会化方面也有着独到的功效。事实上，自汉代始，地方上的三老、孝悌、力田等乡官就肩负着教化百姓的职责。随着绅士阶层的形成，绅士们在教化百姓方面的作用日渐重要。

关于绅士的构成，不同的时代具有不同的内涵，但大体而言，绅士总括不外乎以下三种情况：一是本人由士而为官，又致仕归乡而称为绅士。既为去职的官僚；二是考取了功名，却未曾实授官职，这时当然有别于平头百姓。他们既然可以进而为官，自当与地方官以礼相接。高于平民而又尚未做官，正是绅士的特殊定位；三是本人既未居官，又无功名，但家中有至亲在朝为官，他们凭借官势相维相系，在地方上威势不小，这类人也会被尊为绅士。

由是可知，在中国传统社会，绅士的身份具有特殊性，他们有官的身份或背景，又居住在民间，于是成为沟通官府与民间的中介。由于他们居于民间，较之地方官府更为接近社会百姓，具有独到的教化功能。正像明儒丘濬的表白：“士大夫生天地间，当为天地间用，然后为不负天地之所生。进则表率乎天下，退则规范乎一乡，不但己也。”实践证明，绅士阶层在传播儒家文化、宣扬德化、教化民众过程中的作用是极为重要的。

（4）家族的教化。中国社会自古聚族而居，血缘关系的文化遗存和社会延传比较完整，家族、家庭的组织性很强，这种家族式宗法制遗留和发展，一是靠儒家等级观念和伦理道德维系，二是在维系的同时，家族本身又不断地向下一代灌输儒家思想道德。宗法制的完整性使得家族和家庭不仅具有完备的形式，而且具有内敛而强化的组织功能，从而为实现全社会的政治社会化提供了传统中国特有社会条件和初级组织形式。家族或家庭对于一般社会成员行为规范的强制作用，充分体现出了政治社会化的功效。

汉代以后，家训的普及，又使得家规内涵着的道德规范和行为戒条被人们普遍接受，被视为理所当然，从而促进了政治的社会化。

（5）科举入士的导向性教化。中国历史上用选拔官员的道德标准很大程度上也引领了社会的道德风气。

东汉章帝“取士”分为四科：一曰德行高妙，志节清白。二曰学通行修，经中博士。三曰明达法令，足以决疑，能案章覆问，文中御史。四曰刚毅多略，遭事不惑，明足以决，才任三辅令。

可见无论是察举还是后世的科举，其整塑人们的思想观念和行为方式的功能都是很突出的。足以表明传统社会的科举入士在政治社会化方面的作用和影响。

综上，自古明君重教化，政治目的是很明显的。其中的方法论解读理应成为当代中国政治社会化路径建构的历史参照。

(二) 建国后到"文革"前的社会管理

建国伊始，百废待兴，我们党由革命党转变为执政党，缺少国家管理经验：

1. "单位式"的管理社会

每一个人都在国家的直接或间接的管控之下，城市里的人们一般都由"单位"管理，极少数没有单位的，在街道居委会的管理视线之内，农村的都在生产队的管理之下，到哪里去办事，一般都要开一张介绍信，那个时代到哪里去办事离开介绍信简直是寸步难行，所谓的"黑五类"（地主、富农、反革命、坏分子、右派）每星期要向单位报告思想情况，想要随意上哪里去，那是不可能的。国家通过单位将很多政府的职能分担下来，单位几乎将所有事都承担了起来，单位要办托儿所、幼儿园、卫生院，负责老职工退休的生活，不仅负责养老，还要负责送终。单位还要负责职工的住房，要定期盖房子，等等，几乎无所不包，当时单位对于职工意味着什么？单位就是职工的靠山。离开了单位，你什么也干不了。当时的国家简直就像一个超大型的"单位"。

2. "运动式"的办理国家大事

由于我们党还缺乏管理国家的经验，加之当时的环境原因和已有的"革命式"的思维，在处理一些大事时往往采取的是"搞运动"的方法，建国初的"镇压反革命"、"三反、五反"、"三面红旗、大跃进"、"反右倾""反右派"、"四清运动"一直到"文化大革命"，这一时期，人们已经习惯了这种"运动式"的管理方法，一般轻易不敢表达什么观点意见，形成的思维模式和行为方式是"等、靠、要"，等上级安排我做什么，靠上级发给我房子及吃穿用品，要我还没有的和不够用的东西。

3. "计划式"的经济管理

其主要特征是国家所有的生产资料由政府支配，用计划解决配置资源，生产什么产品，产品的质量、数量、价格等一切都由政府部门决定。实践证明，我们这种低发展阶段的计划经济，不仅解决不了资源的配置问题，而且效率低，质量差，没有很好地培育起产品的质量意识，社会的责任意识，交往的诚信意识。

（三）社会主义市场经济体制下的社会管理

计划经济转型为市场经济后，社会管理方面最大的变化是什么？国家对社会的管理由“单位式”向“社会化”转变，社会资源的配置方式由“政府计划式”向“市场配置式”转变。目前正处于转型过程中。转型期间各方面矛盾凸显，国家的社会管理新机制正在探索过程中。

当前社会管理存在的主要问题：

1. 计划经济体制下形成的社会管控机制几乎失灵

传统中国社会的社会阶层结构是相当单一的，就是“两个阶级一个阶层”，工人阶级、农民阶级和知识分子阶层。在计划经济的背景下，他们之间的利益是高度趋同的，不仅没有根本性的冲突，甚至直接的冲突都几乎没有。随着市场化程度的不断深化，新的社会阶层和利益群体纷纷出现，新的社会阶层与传统社会阶层之间，新的社会阶层内部由于利益获取方式的不同往往也会发生各种冲突与纠纷，这些冲突与纠纷极易引发社会问题。像前段时间出现的农民工因讨薪而自焚跳楼、土地拆迁中的暴力争端等社会性事件，背后其实都是利益相关者在冲突。

2. 人口的流动性和随意性明显增强

目前我国有超过3亿的流动人口，在中国的东、中、西部地区之间、城市与农村之间流动。这种流动对社会管理提出很大挑战。传统的户籍管理是一个萝卜一个坑，坑在哪萝卜就在哪，而人口流动，有坑没萝卜，有萝卜没坑现象比比皆是。相应的社会福利保障、公平正义诉求以及由此而引发的社会治理等一系列问题就产生了。比如，农民工建设了城市，但却很难在城市中居住下来，只能像候鸟似的飞来飞去。如何调动流动人口建设流入地的积极性，保障流动人口在流入地的各项社会福利，让流动人口不至于因心态失衡引发行为失控，已经成为了城市化发展不能回避的紧迫问题。计划经济体制下有人管着，知道每天干些啥，市场经济体制下没人管了，有些人反而不知道该怎么做了，经常有意想不到的事情发生。

3. 信息传播易引发社会问题

信息的传播与扩散的过程是看不见摸不着的。信息开放与信息封闭状态下的社会管理方式是截然不同的，难度更是天壤之别。在信息不畅通的情况下，可以大事化小，小事化了，先捂住再慢慢应对。可是互联网让信息迅即甚至呈几何级数传播，往往“现场刚冒烟，网上已燃烧”。本来一个小事情根本就不是什么问题，信息一传播到网上，马上情绪激愤。加之，互联网还有强大的“自恋”功能，它可以把全世界各地看似一点联系也没有的人在不知不觉间组织在一集体行动里。

邓小平晚年的时候说过一句话：我们过去总认为发展慢了不行，现在看来，发展起来之后，发展快了问题更多、更棘手、更复杂。现在重温这句话，确确实实让我们感受到了什么是伟人的高瞻远瞩。

4. 社会道德失范

中国社会用30余年走过了西方社会数百年的历程，取得了举世瞩目的成就，但所付出的代价也是惨痛的，一个是社会风气问题，一个是权力腐败问题。要知道靠好的政策、资源和廉价劳动力30年发展起来是有可能的，这一点已经被实践所证明，但30年靠再好的政策建一个清正廉洁、诚信和谐的社会是不可能的。既有价值观已经失去了共识，新的价值观又没有真正形成。实践证明：一个社会只有存在共同的价值观才可能产生一致的行动。当出现价值观真空的时候，一切行为都将有可能是无序的，都可能自以为是，都将无所顾忌，都将不可预期。有的信奉赢者通吃，有的视法如无法，有的则认为绝望无助，就算那些自诩为只是“打打酱油”的群体，在其貌似超然的背后何尝不是一种无奈与愤懑，形成了“无直接利益冲突”的肥沃土壤。当有些人对一些国家行为都不再相信、不敢相信的时候，恐慌就会降临社会、动荡就会席卷社会。前一时期的“盐荒”背后并不仅仅是经济投机，更多的是社会性的焦虑与迷茫。

没有社会的稳定，就不可能有经济政治的繁荣发展，更不能有百姓的安居乐业。面对这些新的社会问题和管理要求，我们用惯了的、会用的、曾经很管用的、数十年来延续下来的一些社会管理模式与管理方法都不管用了，如何在新的发展背景下，有效地协调社会关系、规范社会行为、解决社会问题、化解社会矛盾、促进社会公正、应对社会风险、保持社会稳定，社会管理创新成为了必由之路。

二、西方社会管理模式与我国社会管理模式的异同

（一）历史发生条件的不同形成的治理方式不同

西方的法治精神源远流长，最早形成于古希腊，城邦制时期，它经过了一个不断发展、不断完善的过程。法治的标准是：一切国家机关都受法律的约束，国家的一切问题都可以变为法律问题予以解决、法律权威最高、公民一律平等、公民普遍自觉服从的观念基本形成。

历史上的中国没有形成法治国家归咎于中国中央集权的发达。一得必有所失，西方一直未能如中国般完成大一统，就好像停留在了先秦时期，可你别忘了先秦思想的发达，诸子百家，百家争鸣，什么屁都敢放，什么话都敢说，只因为君不正臣投外国。你能奈我何！这就是自由。

西方社会自公元476年西罗马灭亡始，开始进入封建社会，直至公元11~12世纪才基本上完成这一过渡。这一时期的基本特点是：宗教势力非常强大，封建王权始终没有取得对国家的绝

对统治地位，加之，贵族和商业基层也都在不断地争取本阶层的地位和利益，这样一来，法院就得以成为评判各方利益间矛盾纠纷的裁判机关，法律就成为裁判所依据的具体标准，法治就成为国家的基本治理方式。

（二）法治信仰与宗教

在西方，法律与宗教之间存在的一种奇特的关系：一方面，世俗法律制度（商人法、城市法、王室法等）的发展和罗马法的复兴，“法学世界观”的确立，构成了反宗教蒙昧的人文主义运动的因素，在教权与王权的斗争中实际地增强了国家世俗权力的对抗力量；另一方面，世俗的法治的成长却又得益于宗教信仰的支持，近现代西方国家的法律制度就是建立在过去两千年中基督教所创造的各种心理基础和多种价值之上的。

在基督教徒眼中，教皇是上帝的代表，此时的法律已被当作上帝的意志。因此，教会制定的一系列教条都被认为是神圣的、至高无上的，同时也被无条件的遵守。正因为此，经过历史的渗透与沉淀，宗教已把西方的法律抬高到了神圣的地位，将法治深入人心，让人民从内心里接受法律、服从法律。在这个时期，法律至上观已被确立起来，这为西方法治的发展极为有利，甚至可以说是关键性的。

美国法律史家哈罗德·J·伯尔曼在所写的一系列著作中指出，宗教理想是我们了解西方法律制度传统的关键之点，假如不去探讨西方法律传统的（宗教）神学渊源的话，要理解其法律传统的革命性质是不可能的。这是因为，在伯尔曼看来，法律和宗教“代表了人类生活的两个方面，法律意味着秩序，宗教意味着信仰”。没有法律，人类无法维持社会存续所需要的平衡及稳定基础；失去信仰，人类无以面对未知的未来，否则，社会将式微，将衰朽，（将万劫不复）。所以，宗教因法律而具有社会性，法律因宗教而获得神圣性，没有信仰的法律将退化为僵死的教条，而没有法律的信仰将蜕变为迷信。

法治的核心问题在于：君王是否应服从法律的统治法国的格尔森主张，未经正当程序，国王不得处死任何人；国王应服从最高法院的管辖；君王虽不受法律的羁束，但出于为其臣民树立榜样之故，也应依据他们自己所立的法律活动。英国的福蒂斯丘强调国王不得超越法律之上，即便与王命相违，法官仍可依法作出判决。在德国，尼古拉斯认为一切权力源自人民，并以耶稣为例指出："耶稣服从法律，他不是废弃它，而是成就它"。意大利的马基亚维里也认为，法国的幸福状态在于人民确知国王在任何时候都不违法，那里"依法生活"，"如必要则由法院更新法律"，"甚至最高法院针对君王的判决，该判决也足以使君王就范"。在这一时期，关于法律权威高于君王的思想不断被提出，当然，君王无须服从法律的观点也十分流行。

举两个例子说明一下：

1. 关于汉谟拉比法典

古巴比伦国王汉谟拉比（约公元前1792—前1750年在位）颁布的法律汇编，是最具代表性的楔形文字法典，也是迄今世界上最早的一部完整保存下来的成文法典。《汉谟拉比法典》原文刻在一段高2.25米，上周长1.65米，底部周长1.90米的黑色玄武岩石柱上，故又名"石柱法"。石柱上端是汉谟拉比王站在太阳及正义之神沙马什面前接受象征王权的权标的浮雕，以象征君权神授；下端是用阿卡德楔形文字刻写的法典铭文，共3500行、282条，现存于巴黎卢浮宫博物馆。

2. 关于摩西十诫

摩西生活的年代大约距今3000年前，摩西带领他的族人在西奈山下祈祷，请求耶和华为他的族人指一条道路。一只看不见的手——上帝之手在西奈山的峭壁上刻出10条戒律。《摩西十诫》被称为人类历史上第二部成文法律，体现了平等的"人神契约"精神：谁要毁约，谁就会受到上帝的惩罚。同时，人民也有“神不佑我，我即弃之”的权利。

这里我们应注意一个问题，在汉穆拉比法典的碑文上方，正义之神授予汉谟拉比的是象征王权的权杖，君权神授意思是先授权与王，再由王去实施法律，可到了摩西十诫，神直接授予人们的就是法律，意思是在法律面前人人平等，在法律面前没有王权的特殊。

进入17世纪后，法律权威至上的主张日益占据了上风，其中最著名的是英国1612年发生的一场争论。在争论中，英王詹姆斯一世宣称自己是上帝之下的最高裁判者，有权对司法管辖权的冲突问题作出裁决。时任普通诉讼法院首席法官的柯克（Coke）与国王的观点针锋相对，以“王居万民之上，惟居神与法之下”的古老名言回击国王西方的法治有三个特点：一是法律至上；二是程序至上；三是司法独立。西方的法治社会形成后，法治的样态是什么样呢?

这里我用两个案例来说明问题。

1. 辛普森案

英美法系刑事诉讼证据的证明标准是以程序至上为原则的。辛普森一案仅仅因为一些证据被怀疑有问题而没有被陪审团所认可，致使辛普森在警方握有其他大量真实确凿的证据，被认定为血证如山的情况下，被宣告无罪。辛普森一案是美国刑事诉讼证据规则发展到极致的产物，在相当程度上已经偏离了刑事诉讼打击犯罪的运行目的。在判决后，美国广播公司搞的民意调查结果是：多数人认为辛普森就是罪犯，同时又有多数人认为判的公正。为什么呢? 因为案件的证据获取程序确实有问题，警方在这个问题上存在着三个失误。一是派人不当。前往辛普森住宅取证的4名警察都曾进入过血迹遍地的第一杀人现场勘察，按规定不应再派往第二现场，防止第一现场的血迹与第二现场的辛普森住宅的血迹发生交叉沾染；二是非法搜查。警察们在没有取得法官签发的搜查许可证或法官的口头授权以及没有出现罪证可能被销毁的紧急情况时就进入辛普森住宅；三是辛普森的血样送检过程违反程序。取样后应3个小时之后才送检，且大约1.4至1.6毫升的辛普森血液样品竟然不翼而飞。辛普森的辩护人抓住这个重大疑点，大加渲染，使陪审团对警方涉嫌违反法定程序、栽赃陷害的疑虑大大加深。警方的上述失误导致陪审团最终作出了有利于辛普森的无罪认定，对此，有人会问，这不是明明白白地放纵犯罪吗？美国法官的回答是：我们牺牲的是一个案件的实体公正，却换来了全体人民对法律程序的更加尊重。所以，美国人也是较平静地接受了这个结果。

2. 布什诉戈尔案

2000年，是美国总统大选之年。11月7日傍晚开始计票。第一阶段：晚9点，媒体一度发布了票站调查信息，开始宣布戈尔拿下了佛罗里达。消息传来，戈尔的支持者欢声一片，并准备开庆祝会。第二阶段：到了半夜两点，CNN（美国有线新闻）宣称小布什赢了佛罗里达，以271张选举人票险胜戈尔。戈尔颇为大度，按大选惯例，打电话给小布什，承认自己败北，祝贺对手当选，表示愿在新总统领导下为美国人民服务。“小布什赢了！”的头条新闻也在报馆里开印。世界各国领袖纷纷发来贺电，争先恐后向新总统示好。第三阶段：戈尔打完电话后，驱车前往田纳西州州议会大厦，准备公开认输。就在戈尔的车队快要到达目的地时，负责佛罗里达选举事务的州检察长（民主党人）电告戈尔，且慢承认失败，因为戈尔与布什所得选票的差距不到0.5%，而根据佛罗里达的选举法，这种情况需要重新计票。第四阶段：绝路逢生，戈尔又活了过来。戈尔的竞选经理明确宣布，只要正式数据没有出来，竞选继续！戈尔又打电话给小布什，宣布收回认输和祝贺。小布什不敢相信这是真的，因为他正准备向几近狂热的支持者发表接受胜利的演讲。但他还是无奈地接受了现实，并努力安抚其支持者。各国领袖也很尴尬，纷纷又收回祝贺。第五阶段：11月8日下午，佛罗里达总算完成了67

个县的计票工作：在大约600万张选民票中，布什赢得2909135张，戈尔赢得2907351张，其他候选人共得139616张，布什仅比戈尔多得1784张选民票（相当于佛罗里达选票总数的0.0299%）。这一不到两千票的微小差距，对戈尔及其支持者来说，充满了诱惑。他们试图通过对选票的重新计算，争取改变选举结果。但对于布什来说，自然不肯放弃到手的胜利果实。结果，佛罗里达计票还未结束，有关选票的争执即起。进而，因计票纠纷引发了十几桩法律诉讼案，官司一直从佛罗里达的地方法院打到了联邦最高法院。第六阶段：11月10日，佛罗里达各县完成了机器重新计票，布什仍然领先，但与戈尔的差距缩小为难以想像的327票。之后又经过双方几轮的向法院告诉，最后于11月9日，在万众瞩目中，联邦最高法院以5比4的比例，作出了裁定，“推翻佛州最高法院命令继续人工计票的决定”。

统计结果：在选举团的538张选举人票中，布什和切尼赢得271张，戈尔和利伯曼赢得266张。在全国范围内，布什共得民选票50456141张（占总票数的47.87%），戈尔共得民选票50996039张（占总票数的48.38%）。布什比戈尔少了近54万张左右，成为继1886年哈里森之后又一位少数票总统。最高法院一锤定音：小布什当选。

（三）西方法治社会的形成经历了一个漫长的过程

亚里士多德曾在《政治篇》中指出：法治具有双重含义，法律获得普遍服从和大家所服从的法律本身应制定良好的法律。前者强调法律至上，后者强调法律正当。但这两种样态的形成却不是一朝一夕的，社会法治形态是需要长时间的积淀和培育的。西方的法治也不是一步到位的，它也是经历了一个较长时间的发展过程的。

这里再举两个例子说明一下：

1. 切诺基人诉佐治亚案

在19世纪30年代初期，有近125000名美洲印第安人生活在佐治亚州、田纳西州、亚拉巴马州、北卡罗莱纳州和福罗里达州广袤的土地上，他们的祖先世世代代在这片土地上耕作生活。但是到了30年代末期，在美洲东南部几乎找不到印第安人的生活踪迹。当时为了满足白人在印第安人土地上种植棉花的利益需要，联邦政府强迫印第安人移居别处，生活在密西西比河流域的制定区域。印第安人在美国军队的武装押送下远离自己祖祖辈辈生活的家园来到西部，他们移民所经过的路线就是美国西部开发史上著名的“血泪之路”。

开始，在共和国成立之初，联邦政府曾签订条约，承认切诺基人和美国其他印第安人继续拥有他们在佐治亚州东北部和田纳西州东部的土地权利。当1829年在切诺基人的土地上发现金矿时，佐治亚州立法机关失去了理智和耐性，通过法律废止了上述条约，没收了切诺基人的土地。切诺基印第安人虽然在美国最高法院打赢了保障自己生存的官司，却因为佐治亚州对判决的不屑一顾和美国总统杰克逊对于最高法院判决的置之不理，而不得不在白人刺刀的逼迫下走上种族灭绝之路。

总统安德鲁杰克逊长期以来一直是“印第安人移居”的提倡者。因为手握军权，他一直在领导着对在佐治亚州和亚拉巴马州的克里克里人的驱逐活动，让成千上万亩本该属于印第安人的土地被白人占有。1830年，杰克逊正式开始了“印第安人迁移法案”，授予了联邦政府合法的权利，让密西西比河流域以东的棉花种植区域蔓延到西部。

“印第安人迁移法案”要求政府公正、自愿、和平的商议移居条约：不允许包括总统在内的任何人以任何手段强迫印第安人放弃土地所有权。然而总统却和他的政府公然的违背了法案，强制印第安人离开世代居住的土地，要远离自己祖祖辈辈生活的家园的印第安人当然是反对这些条约，但美国政府通过大量贿赂部落酋长的手段，使得这些条约得以通过。法案规定由美国政府负责移民的费用并每年向印第安人提供食物和必要的武器，但事实是印第安人在美国军队的武装押运下强制离开家乡，在移居路途中缺水少粮，没有得到美国政府的任何援助，无数人丧生，这是一条充满血泪和死亡的移居之路。

印第安人的移居进程在继续。1836 年，最后一批乔治亚州的切罗基族人也在美国士兵的枪口和刺刀下含泪离开家乡来到西部：15000 人中的 3500 人没能走完全程。

2. 布朗诉教育委员会案

时间要追溯到 1950 年，这一年秋天，我们的小主人公林达·布朗刚好 7 岁。她家住堪萨斯州托皮卡市，她每天上学得先步行一段，赶到车站再改乘公共汽车，最后才能赶到她那所专门供黑人孩子念书的小学。她要穿行 21 个街区才能赶到自己的学校。距她家仅七个街区远的地方就有另一所小学，可她去不了，因为那是专门给白人孩子设置的。父亲奥利佛·布朗向这个小学提出申请，请求收林达上学，但校长拒绝了，布朗随后对托皮卡市教育委员会提起诉讼。历经两年的诉讼后，这个官司终经美国最高法院判决布朗获胜，小林达上学的“长征路”终于结束了。

1954 年 5 月 17 日。这一天，美国联邦最高法院 9 位大法官经过投票，一致认定在布朗案中所诉的广泛存在于美国教育体制内的黑白学校分离制度违反宪法，从而推翻了该院 1896 年在普莱西诉弗格森案中所作出的判决。在该案中，当时的最高法院面对的也是种族隔离之诉，但判决认为隔离制度并无不妥，宪法第十四条平等保护固然没错，但隔离或分离的状态并不与之相冲突，这是一种“隔离但平等”的先例，打破了当时 21 个州仍然保留在校际间的种族分离制度，影响面涉及全美 11000 个校区的 1200 万名学生，使得学校的种族隔离制度成为了历史。

大法官们于 1952 年 12 月对此案进行了审理，但他们的意见和分歧太大，无法达成一致。一年后，本案结论达成：驳回上诉。大法官的障碍无法消除，这不公平的命运，看来真的又要落在新一代人的身上了……

就在这历史的关节点上，正当反种族隔离的斗士们处于消沉之际，一件意外的消息传来：1953 年 9 月 8 日，最高法院首席大法官文森死于重度心肌梗塞。

一个大法官的死固然是悲痛之事，是否死得其所也另当别论，死得其时却是万万没有想到的。对布朗案的律师、原告以及千百万深受其苦的黑人孩子们来说，这无疑是一个天赐良机。连大法官费利克斯·法兰克弗特在案件判决之后不久也给一位助手说过这样的话，“这是我有生以来第一回感觉到，冥冥之中真的有一个上帝！”

看来上帝这回真的是在眷顾人间的苦难了。文森去世后不到三周，艾森豪威尔总统任命了首席大法官的接替人选：一位来自加州的前共和党人、前加州州长伊尔·沃伦。几个月后，大快人心的消息传来，布朗案获准重新听证！

直到 1953 年上任首席大法官，伊尔·沃伦还从未担任过法官一职。

1953 年 12 月听取了双方的辩论意见后，大法官们开始了幕后工作。沃伦很细心，他经过一番调查与沟通，对几位同事摸了底，以求尽善尽美。没多久，他确信已经有 5 位法官可以站在自己一边，也就是说还差 3 票就可以达成一致意见。这 3 个人中，前两个他可以试着改变立场的，他的手段是软化对方，新判决要着重强调平等权等等，使其减少一旦推翻普莱西判例后可能面对的责难和压力，这样就只剩下斯坦利·里德这样一个家伙最难搞定了。

里德明白自己的处境。作为南方人，他意识到自己如果持反对意见，不仅会使他面对新一重压力，而且更容易使判决本身引发社会煽动效应。几经权衡，里德终于转变了立场。

里德法官的妥协是相当重要的，这是本案历经现实考验的重要基础。为沃伦立传的克雷在评价该案时曾指出，“本案最终来讲是一个政治意义的判决”，亦即政治决定了司法。从里德的表现来看，这一评价显然是中肯的。为了抗击仍然处于合法地位的种族隔离制度，这种影响有极为积极的历史意义。

沃伦亲自书写了判词，1954 年 5 月 17 日早晨，他大声对着聚集在法庭上的听众朗读了判决，把 9 位大法官的意见清晰地表述了出来："仅仅根据肤色、种族和出身而把黑人孩子，与其他同年龄和资格的人相分离，会给人产生一种据其社会地位加以判断的等级差别感，这会以一种极难且根本无以弥补的途径影响他们的心灵和思想，……低人一等的感觉会影响儿童学习的动机。因此，获得法律支持的种族隔离具有阻碍黑人儿童教育以及精神的发展、部分剥夺他们在一个族群混合的学校体系中能够得到的益处的倾向。"沃伦朗声念道："在公立学校中只依种族而把孩子们相隔离……是否剥夺了处于小团体的孩子们获得平等教育的机会？我们认为确实如此。"

但真正的回答还需要等待。布朗案判决 5 周后，弗吉尼亚州州长托玛斯·斯坦利公开发表声明，"我将用每一个合法的手段，在我的权力范围内继续在弗州推行学校隔离制度"。佛罗里达州的民意调查也显示，仅有 13% 的警察愿意依法到种族混合的学校里去强制执行学生的接纳工作。1956 年，近 100 名来自南方州的国会议员联合签署了一份名为《南方宣言》的声明，誓言要以一切"法律手段"推翻布朗案判决。

确实，对于千百万有色人种而言，布朗案只是一个开始，但却是公平与正义的开始。它宣布公立学校中的黑白种族隔离制度违反宪法，由此撕开了美国南方种族隔离制度的缺口，吹响了全面废除种族隔离制度的号角，成为黑人民权运动和结束种族隔离制度斗争的一个里程碑。

1955 年 4 月 11 日 ~14 日，最高法院按计划讨论结束黑白分校的方式（补救措施），史称布朗第二案。5 月 31 日，法院以 9 比 0 裁定，将执行最高法院消除公立学校种族隔离制度的权力交给联邦地区法院，由它们根据各州的具体情况，逐步结束公立学校的种族隔离制度。最高法院没有给出最后的期限，许多南方州借机一拖再拖。还有的州和地区干脆废除了公立学校系统，资助建立所谓的“私立”学校，来维持教育领域中的种族隔离制度，以美国式的“上有政策、下有对策”的方式，对抗法院的判决。在很多地方，一些黑人家长因为积极推动黑白混校而被白人老板解雇，并受到暴力的威胁。最严重的一起冲突事件发生在阿肯色州的首府小石城（克林顿的老家）。1957 年夏，黑人女学生多罗茜·考茨和其他 8 名同学考入当地中学，但是遇到种种阻挠。该地的教育委员会接受联邦地区法院执行 Brown 案的判决，允许 9 名黑人学生进入小石城中央高中就读。9 月 2 日，秋季开学之际，该州民主党州长福布斯动用国民警卫队，封锁学校，禁止黑人学生入学。后在法院干预下，20 日撤回国民警卫队，任凭一些白人暴民捣乱。25 日，德怀特·艾森豪威尔总统不得不动用美国陆军 101 空降师，“占领”了小石城，维持秩序，并暂时直接控制了 1 万名州国民警卫队。在全副武装的美国大兵保护下，9 名黑人学生最终得以入学。反对种族主义的人们最终取得了胜利。

（四）我国的社会管理与西方社会管理的区别

在市场经济发展的过程中，市场经济的发育程度与经济发展的阶段不同，政府社会管理的方式方法也不同。

西方自由竞争的市场经济时期，政府的社会管理职能十分有限，主要是维护社会秩序的职能。这一阶段政府社会管理的基本特点与主要经验是：

1. 社会管理以社会自我管理与社会自治为主，政府之外还有很多社会机构、社会组织从不同的职能、不同的角度管理社会，政府对其采取引导、扶持的态度，政府对社会自我管理采取不干预政策。地方自治特别是市镇自治是政府社会管理的基础，是公民社会不断发展的前提条件。

我国是以政府管理为主，政府对社会采取的是一统天下的态度，地方政府一切听中央政府的，关于自治只是在村民委员会搞试点。

2. 政府的社会管理职能主要是进行社会秩序管理。维护社会秩序的主要目标是保护财产权，维持一种建立在财产权基础上的社会秩序，其主要手段是运用财产权利保护的法律维护社会根本秩序的基础。

我国则是一元化、一统制。

3. 政府承担起了救济贫民的职能，但济贫职能的履行尽量利用非政府组织进行。

我国则始终由政府负责管理。

20 世纪初至七八十年代左右的混合市场经济时期是福利国家建立与完善时期，政府社会管理的基本特点和主要经验是：

1. 建立完善的社会保障制度，建设福利国家或福利社会。福利国家是指承担维护和增进全体公民基本福利或社会福利的职责的国家；其主要目标是维持全体公民的最低生活水平与教育水平，实现充分就业，建立完善的社会保障制度。

2. 建立和完善基本社会关系管理制度。建立资本与劳动合作的社会制度；完善社会主要利益集团围绕国家政府与公共支出的多数表决制度；同时，发展社会自治和社会自我管理。

3. 始终注重提高消费需求，以促进充分就业、维护宏观经济稳定作为政府施政的重要目标。混合经济时期的经济发展模式是福利经济发展模式，它是一种追求资源配置的全社会效益最大化的经济制度和模式。

1978 年以来，是全球化的市场经济时期，这一阶段政府社会管理的基本特点与主要经验是：

1. 以教育、培训、基础科技领域为主要投资方向，以人力资本投资为核心，将“消极的福利国家”转变为“积极的福利国家”、“工作福利国家”或“社会投资型国家”。

2. 以充分就业政策为核心，将“福利”转变为“工作”，并适度限制福利支出的增长，达到平衡经济发展与社会保障发展、需求管理与供给管理相中和的社会管理与经济增长目标。

3. 主动利用基本社会组织、社会利益群体、非政府组织进行社会协作治理。福利国家改革时期也是非政府组织大发展的阶段。

4. 重视社会资本、重视社区建设与社区发展。20 世纪 80 年代以来，出现了向社区回归的发展趋势，即社会社区化或社会人文化的趋势。

三、我国社会管理创新建议

加强和创新社会管理，是党中央从实现“十二五”规划和全面构建和谐社会的高度而作出的重大决策，对于巩固党的执政地位、实现国家长治久安、确保人民群众安居乐业具有十分重要的战略意义。胡锦涛同志指出：“社会管理，说到底是对人的管理和服务，要坚持思想上尊重群众、感情上贴近群众、工作上依靠群众，把群众满意不满意作为加强和创新社会管理的出发点和落脚点。”因此，加强和创新社会管理，必须把保障和改善民生、让改革发展成果充分惠及全体人民作为重中之重，而大力实施民生工程则是保障改善民生、加强社会建设、创新社会管理的有效方式和具体体现。笔者通过对部分基层政府实施民生工程情况的考察调研证明，实施民生工程是推进社会管理创新的有效举措，创新社会管理是推进民生工程建设的重要保障。

（一）根据社会主义市场经济体制特点设定政府职权

建议在充分调查研究的基础上，针对当前社会管理中的突出问题，对政府的社会管理职能进行全面梳理和科学分析，着力研究解决“缺位”、“越位”和权限交叉问题，据此调整部门职能、机构设置和财政支出结构，实现财权和事权的统一。在此基础上制定社会管理和公共服务的标准体系，作为政府各部门的工作目标和考核标准，也交给人民群众一把衡量政府工作的尺子，既有利于监督政府也有利于理解政府。同时加强各个方面的监督，实行严格的问责制，切实解决责任主体“只作秀不作为”的问题，保障各项社会管理到位。既要寓管理于服务，以令人民群众满意的服务来取得人民群众对政府管理的支持，又要区分管理和服务，政府主要直接从事需要权威性和强制力的管理事项，不需要行使权力的服务项目尽可能通过委托或购买服务等途径，引导、鼓励和支持社会组织、服务行业去承担，避免政府机构膨胀和行政成本过高。现在许多地方和部门都在积极建设社会公共管理信息服务平台，这对于提高公共管理效率，方便群众办事，实行政务公开，加强民主监督等都具有重大意义，但亟待统一规划统一标准，加强互联互通，实现相互兼容和数据共享，避免形成信息孤岛，造成极大浪费。建议把这一更高层次的基础设施建设纳入“智慧浙江”建设的总体框架。

（二）将社会管理纳入法治轨道

法治是社会有序运行的根本保障。加强和改善社会管理的根本目标，是使全部社会生活有法可依，有法必依，执法必严，违法必究，使法制成为一切社会行为的规则。当前，社会管理的法律法规是社会主义法律体系中相对薄弱的部分，某些领域的基本法律尚未出台。建议针对当前社会管理中的突出问题，对已有的法律法规进行全面梳理和科学分析，尽快作出必要的修改、完善和补充。对尚无上位法的，浙江作为改革先行地区是否可以探索制定一些试行的条例？对社会管理部门内部的各种违背民主法治和公平公正原则的“潜规则”进行认真全面的清理，分析其思想文化和体制根源，深刻揭示其危害，找出使其失效的办法。建议在充分听取社会各界和相关部门意见的基础上，由人大相应的专门委员会牵头制定法规，以免只考虑管理者的需要甚至夹带部门利益，也避免法规之间的冲突。罚款式执法、应付式执法、运动式执法严重损害法制权威，建议加强监督，铁腕查处，尽快杜绝，首先根除某些领域靠罚款养人的机制。普法宣传教育也要紧密配合立法执法，把社会管理的法律法规作为“十二五”期间的普法重点。

（三）积极推进社会自治

社会自治是马克思主义社会管理思想的核心。要发扬我们党密切联系群众的优良传统和善于组织群众的政治优势，以城乡基层为重点，支持和推动社会组织健康发展，在社会转型过程中实现社会的“再组织化”。同时尽可能把不需要政府强制力的公共服务职能转移给社会组织，向社会组织开放更多的公共资源和领域，以购买服务等形式提供必要的财政支持，更好地发挥社会组织自我服务、自我教育、自我管理、自我监督、自我发展和表达诉求、维护权益、有序参与、社会协商、化解矛盾等作用。对于不同社会群体之间的利益矛盾，要逐步做到在党和政府的领导下通过民主协商解决，避免使党和政府卷入矛盾成为当事者。把社会组织作为新时期党的群众工作的重点，建立和完善相应的组织机构、工作机制和专业队伍，实现党的工作对社会组织的全覆盖，实行政府对社会组织的依法监管。对社会组织的发展采取先挖渠后放水的做法，首先放开目前管理基础较好的领域和容易管理的文化娱乐、自我服务等领域，并积极创造条件，成熟一个，放开一个。长期以来，实行参与公务员管理的科协、社科联、文联、记协、工商联等群团组织对管理所在领域的专业性社会组织发挥了重要作用，建议通过归口进一步发挥它们对所在领域所有的专业性社会组织的政治领导（特别是领导社会组织中的党组织）、业务指导和监督作用，同时强化它们的群团意识和服务意识，着重发挥它们的枢纽型社会组织功能。街道、乡镇也应推广一些地方的成功经验，建立枢纽型社会组织，联系和服务在本区域范围内活动的社会组织。城乡社区要积极建立社区工作站，延伸政府的公共服务职能，同时也要避免社区自治组织边缘化。居（村）民委员会和社区工作站之间的关系应该类似于人大和政府的关系，属于基层自治范围的社区事务坚持由基层自治组织讨论决定，由社区工作站执行，并在制度上解决这类事务的经费来源问题。还应推广成功经验，解决外来建设者参与基层自治的问题。在加强专业社会工作者队伍建设的同时，也要加强“义工”队伍建设。现在“义工”中共青团员居多，共产党员不应落后，关键在于组织。积极探索我国基本政治制度的内在衔接，加强人大、政协与社会组织的联系并实现制度化，使社会组织更多地通过人大、政协反映诉求，民主参与。

（四）有针对性地解决好社会突出问题

社会管理重在治本，即解决社会问题，化解社会矛盾。当前，广大人民群众最关心的是涉及切身利益、公民权益和公平正义的问题。一旦出现问题，大多数人还是就事论事。只要能及时公正地解决，就能提高党和政府的公信力、凝聚力和号召力。但如果处理不当，就会从对具体事件的意见上升到对相关的管理者和管理机关的不满。如果同类事件广泛发生，就会进一步上升为对相关政策的质疑。要是被实践证明是错误的政策长期得不到纠正，还可能引发对制度的怀疑。目前大部分社会问题包括引发群体性事件的问题还处在较低层面上，还不至于直接带来重大危害，但迫切需要通过制度性安排构筑有效防线，防止问题的升级。对群众反映强烈的社会问题必须及时作出反应，采取有效措施加以解决，一时难以解决的也要向群众作出令人信服的解释，取得谅解。解决社会问题要防止“抓小放大”，只解决容易发现和解决的“疥癣之疾”。有些深层次的社会问题尽管表现不那么明显，但损害人民群众的切身利益，久拖不决会成为经济社会发展的重大障碍，损害党和政府的公信力，破坏党群干群关系，动摇党的执政地位和国家的基本制度，属于“心腹之患”。尽管这样的问题往往涉及错综复杂的利益关系和管理权限，还可能是“冰冻三尺非一日之寒”，但必须下大决心、花大力气加以解决。这是社会管理的难点，也应该成为加强、改善和创新社会管理的重点。

域外考察篇

赴法国司法改革考察报告

（2002 年）

为促进中法两国间的司法合作与交流，应法国司法部的邀请，我国最高人民法院组织了中级人民法院院长考察团于 2002 年 11 月 21 日至 12 月 6 日对法国的法院制度进行了考察，我作为考察团长全程参与了考察活动。在法期间，走访了法国最高法院、巴黎大区法院、巴黎大审法院、司法部、法官培训中心巴黎分部等单位，与法国司法界的法官、检察官、律师、司法部的法院行政管理及法官培训官员进行了广泛深入的交流，对法国司法制度的总体情况有了进一步的了解。考察团在考察总结会上建议法方在今后的司法交流中，应加强对两国现行司法制度理论背景和文化传统背景，特别是社会与经济发展实际对司法制度演变所带来的作用与影响方面的交流与解读，从而确保今后双方司法交流收到更好成效。

一、对法国司法制度的初步看法

通过此次考察，对法国司法制度形成了以下几方面的初步看法：

1. 典型的职权主义诉讼结构

法国的诉讼制度非常注重法官在诉讼进程中的主导作用，属于典型的职权主义诉讼结构。具体表现为：（1）预审程序和预审法官的作用始终没有被削弱。在法国，刑事案件并不是直接提交法庭进行审判，通过具有法定保密性的预审程序由预审法官收集犯罪证据，对涉案证据是否充分进行审查，从而决定是否将被告人提交法庭进行实体审判。（2）在参观旁听庭审中，发现法官始终掌握着庭审的主导权和指挥权。在庭审过程中，大部分时间都是由法官询问被告人，听取证人证言。在必要情况下，法官可以决定将案件退给预审法官补充有关证据，以进一步查明案件事实，而且，庭审的辩论过程往往并不需要过多的时间就可以结束。

2. 日益重视提高司法效率

法国司法界在适用替代性纠纷解决方式（ADR）方面进行了广泛的探索。一是扩大简易程序的适用范围。在刑事审判领域，自20世纪70年代以来，法国司法界提出了简易程序扩张适用原则，对一些案情较为复杂，原本适用重罪程序审理的重罪案件，相应降低了程序无效的法律后果，采用简易性的轻罪程序进行审理；二是重视刑事案件的调停和民事案件的调解。刑事调停是对一些较轻的违法行为，通过必要的沟通与协商，促使犯罪分子自愿对受害者进行赔偿，法官则可以不经过开庭审理作出对被告人免于刑事处罚的决定。民事调解则是法官在征得当事人同意的情况下，指定案外第三人在当事人之间进行调解。调解程序一般是劳资纠纷、婚姻家庭纠纷等案件的必经环节。

3. 严格的法官选任与完善系统的法官培训制度

职业法官来自司法部的法官学院，法官学院提前计算出每年全国法官的缺额数，确定法官学院每年的招生数量并向全国公布，招生对象主要是法律专业毕业的大学生和具有一定法律知识背景且有5年以上行政工作经历的行政官员。进入法官学院后，学员均为见习法官，先进行一年左右的审判实务知识学习，之后开始实习，实习期间可以协助在职法官审理案件。法官学院学制为两年半，学员在即将毕业时需要参加统一考试，只有成绩合格者才能进入法官、检察官等司法岗位工作。合格者还需要再参加半年的岗前培训。这样，一个经过6年的大学法律专业学习和3年的法官职业培训的年轻人，在二十七八岁时才可以成为正式的职业法官。

4. 避免司法权干预行政权成为构建法国司法制度的一条独特线索

一方面，普通法院与行政法院并立。普通法院负责审理民事、刑事以及其他行政领域之外的案件，行政法院主要管辖关于行政活动是否违法以及公民对行政活动提起的诉讼；普通法院系统和行政法院系统均有各自的终审法院。行政法院的职权虽然属于行政权范畴，但除了最高行政法院行使一定范围的行政职能（如行政立法咨询）外，行政法院主要行使审判职能，行政法院的职权实际上已经演变为司法权范畴。另一方面，法院的司法行政事务均由司法行政机关负责管理。在法国，法院的一切行政管理、人事调动和后勤保障工作均由司法部负责管理，由司法部设立的司法事务司负责法院的人事管理、行政管理、后勤保障，包括法官的任命、指派、调动等。

二、法国司法制度的几点启示

1. 每个国家的司法制度都是其本土文化传统和历史传统产生的果实

一个国家的司法制度是长期积累起来的国家调整社会关系，进行社会管理的智慧、知识和经验的结晶，反映了历史上形成的有价值的司法观念和司法技术，反映了本土文化传统在司法制度发展史上的积淀广度与深度。因而，每一个国家的司法制度都印有该国民族发展历史的印记，具有其特定历史人文个性。法国典型的职权主义诉讼结构也很好地证明了这一点。从历史上看，法国的刑事诉讼传统始终非常强调法官的地位与作用。中世纪时期，在教会法官们建立的诉讼程序中，法官自行进行调查，并以书面的形式保存自己的调查结果，在此基础上对被告人定罪量刑。随后，这种诉讼程序也进入世俗法庭，1453 年、1498 年、1539 年和 1670 年颁布的有关刑事诉讼的重要法令越来越广泛地采取这种诉讼结构。法国资产阶级大革命之后，人的主体性及其权利、尊严越来越受到重视，赋予了当事人越来越充分的诉讼权利。尽管如此，法国社会各界在权衡从宏观上尊重社会公众利益，维护社会稳定与从微观上尊重被告人利益两者之间的轻重关系时，特别是在面对某些犯罪分子运用法律赋予的权利逃脱了法律制裁这一现实情况下，人们还是选择前者，职权主义的诉讼结构始终没有得到根本性的改变。

2. 各国司法制度之间的学习与借鉴应以符合本国特定国情为前提条件

世界的历史发展证明，人类之间有相当多的共同习性与特点，先进国家符合发展规律的司法制度在保有本国特色的个性印记之外，也会带有与其他国家在一定程度上的相通或类似之处。法国乃至世界司法制度的发展历史已经表明，借鉴是司法制度发展的重要途径。但借鉴不是无条件的，它必须充分考虑国外司法制度与本国司法制度之间的兼容性，要根据本国的实际国情，对国外的司法制度进行必要的机理调适，防止本国司法制度的个性特征对其产生异体排斥反应。法国之所以采用职权主义诉讼结构，这是与其自中世纪以来就强调国家权威在诉讼进程中的地位与作用有着密切联系。当时，法国封建王权的势力虽然得到了一定强化，但面对着众多的地方割据势力和五倍于英格兰的众多人口，迫切需要进一步强化王室权威，加快统一进程，尽早建立起稳定的社会秩序。而罗马法中关于皇帝权力神圣不可侵犯的公法观念有助于强化法国封建王权的司法统治权威（此时，经过几个世纪的逐步渗透，罗马法对法国的影响力已经全面化），法国接受了罗马帝国后期建立在这一观念基础上的非常途径诉讼程序，以期提高打击犯罪的力度与效率，维护社会稳定，职权主义的诉讼结构即发端于此，这一诉讼结构的国家权威观念传统延续至今。在中国古代社会，始终存在着强有力的封建王权传统，国家本位观念根深蒂固，国家与社会之间呈现出极为密切的同构关系。在诉讼过程中，人们非常注重法官的人格化权威及其指挥引导作用。因此，中法两国在诉讼观念传统上有一定的相通之处，在对当事人权利保护给予充分考虑基础上，借鉴法国的职权主义诉讼结构方式更为适合中国的诉讼传统与诉讼心理，更容易为民众所接受。

在法官选任方面，一般来讲，英美法系深受洛克、休谟等确立的经验主义认识论的影响，注意判例法的法律渊源地位，强调法官实践应用能力，侧重于从律师中选任；大陆法系深受笛卡尔、康德等确立的理性主义认识论的影响，注重成文法的法律渊源地位，强调法官的系统全面的理论分析能力，侧重于从法律专业毕业生中选任。中国是一个有着悠久的成文法历史传统的国家，自清末民初走上司法现代化的历史道路以来，就深受大陆法系的影响，因此，中法两国的法官选任途径始终比较接近，都是从法律专业毕业生中直接选任法官，初任法官者一般不超过30岁。但法国把法官职业的理论知识背景与实践应用能力有机地结合起来，并以国家法官学院为载体形成了独具特色的法官选任制度。

3. 当今世界凡是要跟上形势发展的趋势，寻求发展的国家都在不断地向别国学习，都在不断地改革

就法国的司法制度现状而言，其对国外经验的借鉴主要表现在两个方面：一是根据国内的社会形势变化，及时对审判权运行的价值目标进行调整。法国在资产阶段大革命之后建立起了现代司法制度框架，经过两个世纪的发展，在实现司法公正方面已经形成了一系列的制度与机制保障。自20世纪70年代之后，随着诉讼案件数量的不断攀升并对司法公正造成了一种事实上的无形伤害时，社会各界开始关注司法效率。在提高司法效率方面进行了有益探索，使审判权运行的价值目标体系更为合理。二是自觉地把全球化作为推动本国司法制度发展的外部推动力。当今世

界，全球化在促进各国司法制度发展中的作用越来越明显，我认为，一个国家的司法制度在世界舞台上能够处于什么样的地位，最终并不取决于这个国家的经济实力，而在于这个国家能够提供多少值得国际社会共享的司法价值理念，在于它的司法制度所反映出来的司法理念价值是否科学、是否符合审判规律及历史发展潮流。

4. 综观各国司法制度的变迁过程，都是在由国家主导下进行的

司法现代化是各国司法制度变迁过程的基本主题。尽管随着社会经济的发展已经蕴含着实现司法现代化的内在需要和生成条件，但如果离开了国家权力的主导作用，司法现代化就会因缺乏足够充分的启动力量和转化机制，无法从理论观念上的应然状态转变为现实运行中的实然状态。无论是内发型的司法现代化，还是外迫型的司法现代化，概莫能外。虽然各国的文化历史背景和现代化发生的时空条件不同，但是，在司法现代化的发展道路上都离不开国家的主导作用。如法国虽然在19世纪初期建立了近代司法制度框架，但由于历史发展的积累和经济发展现状等原因，法官的职业素质始终是困扰司法制度进一步发展的“瓶颈”制约因素。1958年，法兰西第四共和国总统戴高乐为了消除社会上对法官素质的不满情绪，恢复法官在法治国家中应有的地位与作用，发动了司法改革。改革的一项重要措施就是设立法官学院，使其成为法官群体唯一的、法定的选任来源，经过近半个世纪的发展，法国法官的整体素质已经有了极大提高，成为维系国家法制的重要力量。

法国司法制度的另一重要特色就是权力制约型的司法体制，这也是国家发挥自身主导作用的历史选择结果。虽然行政法院属于行政系统，行政权控制着法院的司法行政事务，并且司法权对行政权不享有司法审查权能，尽管这在英美法系国家看来是不可思议的制度安排，但在国家有力的主导作用下仍然收到了权力制衡的预期成效，行政权也没有被肆意扩张。

三、几点建议

赴法归来，我深切地感到，近年来的我国法院改革是有成效的，我们正在逐步缩短与发达国家在法制建设方面的差距。十五大提出依法治国，十六大提出发展社会主义民主，建设社会主义政治文明的奋斗目标，为法院改革提供了更为广阔的探索空间，这是法院改革进程中的一个难得的战略机遇期。我认为，在法院改革实践中，应把握好以下六方面的问题：

1. 法院改革必须从中国的实际国情出发。我们是在一个缺乏民主法治传统，城乡差别仍然明显存在的特定国情条件下进行司法改革，改革中遇到的问题相当一些是发达国家审判权运行机制形成和发展过程中从未遇到过的。仅就城乡差别而言，中世纪时期的城市法是发达国家现代司法制度的重要历史资源。发达国家的审判权运行机制是以城市为中心的，是建立在城市地区当事人诉讼能力状况基础之上的。显然，这与我们今天面对的现实国情条件存在着相当的差异，在这一现实条件下，我们确有必要认真地思考、探索能够有效地兼容城乡之间当事人诉权行使能力差异的诉讼机制，在法院改革实践中真正做到开放不失自我，借鉴不失选择，求同不失存异。

2. 要树立正确的改革观念导向。在改革实践中，要始终注意克服“四种倾向”：（1）理想化倾向。在目前的改革现实条件下，制度建设不可要求尽善尽美，只能在现实条件下寻求相对合理性，追求现实与理论紧密结合状态中的现实合理而不是理论上的理想状态中的绝对合理。（2）消极保守倾向。改革的外部环境与现实条件虽然不尽如人意，但就法院自身来讲还是能够有所作为的，特别是在法院内部管理方面仍然具有一定的改革空间，切不可安于现状，消极等待，否则，司法现代化建设的历史契机极容易与我们擦肩而过。（3）形式主义倾向。应坚决摒弃为了改革而改革，追求轰动效应的错误作法，要有一种长远、战略的眼光，真正地按照审判权运行规律和发展趋势要求，踏踏实实地进行审判制度建设。（4）行政化管理思路影响的倾向。要深刻地认识审判权与行政权在运行理念和方式上的差异，绝不能以行政管理取代审判管理，并注意保持各项改革措施之间的逻辑一致性。特别要注意不要用以往形成的行政化管理思路的习惯去思考、解决现实审判工作中存在的问题。

3. 强化内部监督。就法院而言，在法官群体的社会评价不尽如人意的现实条件下，应立足于强化内部监督，以强化法官责任制约审判权，在建立责任型审判权内部监督制约机制上下功夫。先把自己的事情办好，把队伍监管好。同时，这也有助于促进消除社会各界在法院外部监督问题上的情绪化反应。

4. 在现有体制框架和法律允许范围内完善管理机制。实现公正与效率这一主题离不开科学、规范的法院管理机制，如果能够建立相对科学、规范的法官流动机制、考评机制、监督机制、培训机制及案件流程管理机制，则不仅能够使法官的整体素质和法院的管理水平得到稳步提高，而且，更能够在渐进的、相对稳定的状态中逐步实现法院改革的预期目标。

5. 进一步加强对法院改革工作的统一领导。变相对自发的、各自为战的改革为更加理性的、在最高人民法院统一指导下的、整体进行的改革，通过理论探索、小范围试点、全面铺开这样一种渐进式的改革路径，最大限度地减少改革的试错成本，充分发挥出最高人民法院在推动法院改革进程中的主导作用。

6. 建立统一的法院改革研究咨询机构，为中央提供改革建议。最高人民法院应成立专门机构，深化对中国国情的研究，深化对中外司法制度理论和司法改革历程的研究工作，增强对司法改革规律性及科学性的认识，使法院改革始终能够在现有体制框架内，在现有国情条件下，在一种具有坚实的理论支撑，以一种务实态度和循序渐进的原则下进行，并在不超出现有法律范围情况下，为完成十六大报告提出的司法改革任务目标作出切实的努力。

赴英国、德国司法改革考察报告

最高人民法院代表团由司改办副主任孙万胜带领，于2009年9月6日至17日赴伦敦、柏林等地对英国和德国诉讼外纠纷解决机制发展情况进行了考察。在伦敦，代表团与沃尔夫勋爵进行了座谈，座谈期间，英国最高法院院长菲利浦先生会见了代表团成员，他热烈欢迎代表团的到来，并表达了希望能到中国访问的意愿。代表团还走访了司法部、商事法院、金融申诉专员、特许仲裁员协会、咨询调解和仲裁服务委员会等一系列机构，较为全面地了解了英国非诉讼纠纷解决机制的最新发展。在柏林，代表团在德国司法部安排下考察了柏林市中级法院、劳工法院等司法机构，与有关专家学者进行了交流，考察了调解、仲裁在德国的最新发展情况。现将考察情况汇报如下：

一、英国、德国非诉讼纠纷解决机制的发展情况

英国、德国虽然分属英美法系国家和大陆法系国家，但受到国内外社会纠纷演变及解决机制多元发展趋势的影响，两国都积极致力于发展调解等非诉讼纠纷解决机制。英国一方面进行诉讼程序改革，力争改变诉讼冗长、费用高昂等弊端；另一方面，在政府鼓励和立法支持下，将调解方式广泛运用于各类社会纠纷解决实践中，而社会性、民间性的纠纷解决机构也取得了较快的发展。德国部分州受到案件压力影响，积极推行非诉讼纠纷解决方式，但其非诉讼纠纷解决机制目前仍缺乏规范化和制度化，诉讼

外纠纷解决力量还不能适应形势需要。目前德国力争通过修订法律、加强教育、完善管理等方式促进社会纠纷社会解决方式的发展和完善。

（一）英国、德国法院推动调解的实践

英国司法部非诉讼纠纷解决机制（ADR）项目负责人杰里·塔格为代表团介绍了英国目前法院推动调解的实践情况。2006 年以来，基于节约开支成本和费用的考虑，英国多个法院以一定标的为标准区分是否直接提供调解服务。5000 英镑以上的民事诉讼，大多聘请了律师为诉讼代理人，诉讼时间越长费用越高，为节省费用，诉讼各方比较容易在诉讼早期达成调解。对该类纠纷，法院不直接提供调解，只为诉讼各方提供必要的调解指引，如为诉讼各方提供调解机构和人员名册、调解热线电话、调解手册等。5000 英镑以下的民事诉讼，当事人一般不聘请律师出庭。这样的案件诉讼费用低廉，但诉讼时间较长，通过诉讼程序解决的司法成本可能远远高于案件本身争议的价值。对于此类纠纷，法院提供免费的调解服务，力争早日解决纠纷，节约司法成本。由于调解成功率和当事人满意度高，目前英格兰和威尔士地区的法院正在普及。据杰里·塔格介绍，法院内部已经任命了 25 名调解员。调解的基本程序为：（1）诉讼各方填写诉讼情况表；（2）法官指引建议当事人选择调解；（3）各方自愿选择接受调解；（4）各方通过电话与调解员联系；（5）调解员安排时间调解。统计表明，这种调解的效果非常明显，在过去的 12 个月里，共调解了 8600 宗案件，其中超过 90% 的案件通过电话调解完成，达到了 71% 的调解成功率，当事人满意度非常高。

伦敦商事法院还介绍了其案件解决会议和早期中立评估两种制度。案件解决会议是指案件起诉到法院时，法院通知双方当事人代理律师（有时包括当事人）到法院正式见面，就案件的基本问题进行协商，并指出调解的好处，促成当事人在立案时就可以解决争议。早期中立评估是指在争议发生初期或当事人起诉到法院时，法官根据个人经验和专业知识，对案件作权威性评估，为当事人尽快解决争议提供参考。

德国法律规定部分案件在起诉前必须先调解，即强制调解。一是民诉法规定的强制调解。2000 年 1 月 1 日施行的《德国民事诉讼法施行法》第 15a 条授权各州可以规定部分争议的提起只有在州司法管理机构设置或认可的调解机构对争议调解之后才被受理，如邻地争议、没有经过媒体、广播报道的个人名誉损害等纠纷。这是德国第一条具有较广泛效力、规范起诉前强制调解的法律；二是专门法律规定的强制调解。如我们所访问的柏林劳动法院介绍，根据《德国劳动法院法》规定，当职业培训者与被培训者之间发生纠纷时，由该行业的专业机构，如手工业会、工商协会等，设立特别的委员会，在起诉前试行调解解决，相当于劳动法院的和解程序。在此达成的和解协议，经双方当事人承认后具有执行力。该程序无须任何费用，成功率相当高。

此外，代表团到柏林中院了解其调解运作模式。据柏林中院专门负责调解的法官介绍，法院根据案件的情况为诉讼各方免费提供调解以促成当事人达成和解。目前在柏林地区，共有 27 名法官从事调解工作，这些法官大多经过了 80 课时的专业调解培训。除了 4 名法官在中级法院，其他 23 名法官分布到各个初级法院。柏林中院的 4 名法官开始是在业余时间进行调解，现在有 2 名法官专门从事调解。法官主持调解一般遵循三个原则：一是自愿原则。法官向诉讼各方提出调解的建议，由诉讼各方自愿选择是否同意调解；二是中立原则。法官居中调解，不向诉讼各方提出具体调解建议方案，完全起主持人的作用；三是保密原则。调解法官不得将调解的过程和内容公开，调解法官不得参与案件的继续审理。其调解的具体步骤是：（1）法院受理案件后，承办法官先了解纠纷的情况，以决定是否适合调解；（2）如法官认为案件适合调解，建议诉讼各方使用；（3）诉讼各方如同意调解，法官将案件移送至法院设立的专门负责调解的部门；

（4）调解法官收到案件后，写信给双方律师，了解诉讼各方能够调解的时间和想法；（5）如诉讼各方同意调解，法官一般在1~4周内安排调解；（6）调解法官安排在专门的房间或场所进行调解；（7）如调解法官发现双方达成了一致意见，调解法官将调解意见记录下来由双方签字即具法律效力。如在调解法官的主持下未能达成调解，双方律师事后协商达成协议的，也可来法院确认；（8）如调解不成，将案件移送回审判庭继续审理。据柏林中院介绍，通过法院调解成功的案件比例逐年增长，2007年为57%、2008年为59%、2009年为63%。

（二）中立性社会机构在英国纠纷解决中的作用

在英国，独立于政府和司法机构的社会性纠纷解决机制获得了蓬勃发展，具有代表性的机构是ACAS和各类申诉专员（ombudsman）。

1. ACAS在解决劳动争议方面的积极作用

ACAS是英国咨询、调解、仲裁服务委员会（advisory conciliation and arbitration service）的缩写。ACAS提供独立的雇佣关系服务，帮助雇主和职员改善关系，解决劳动争议，预防劳动纠纷产生。现代形式的ACAS是于1975年成立的。上个世纪七八十年代，由于经济混乱，劳资关系紧张，ACAS因成功处理劳资纠纷成为家喻户晓的名字。ACAS是不属于任何部门的非盈利性公共机构，其资金主要由商务革新及技术部提供，同时，他们也通过提供部分有偿服务解决一些开销。管理ACAS的委员会的主席及成员是来自企业、工会及学术界的领袖人物，由商务、革新及技术部任命。ACAS提供服务的方式主要有：通过热线服务电话、网络、出版物提供信息和建议；提供培训课程；为企业提供定制服务；一系列纠纷解决服务，如仲裁、调解和协调。

ACAS提供的调解服务有两类，一类是自愿调解服务（mediation），主要范围是免费调解服务不能覆盖的纠纷领域，这类调解服务是收费的（调解费用一般由雇主承担）；另一类是法定调解服务（conciliation），其适用范围为涉及劳动权纠纷，且此类纠纷可以诉至劳动法庭或已经诉至劳动法庭。这类调解服务是免费的。2009年4月6日前，对未到劳动法庭起诉但有权起诉的特定纠纷，ACAS有进行免费调解的法定责任，但自4月6日起，这种责任变成了任意性的权力。在任意性免费调解情况下，如果ACAS认为自己无力解决所有案件时，ACAS将对案件进行筛选，将有限资源用于最可能产生最大影响的案件。

通过ACAS法定调解（conciliation）后达成的协议具有法律拘束力。调解协议的内容将由ACAS记录下来，并由双方当事人签字，作为达成协议的证据。如果相关纠纷已经起诉到劳动法庭，当事人在ACAS达成调解协议后，ACAS将通知劳动法庭办公室，劳动法庭将终结案件审理工作。不能达成调解协议，也不撤回诉讼的，劳动法庭将就案件作出裁决。另外，ACAS的调解和劳动法庭的诉讼程序是相对独立的，调解不影响诉讼的进行。在ACAS调解期间，劳动法庭审理程序继续进行，除非劳动法庭得知案件已经调解成功或当事人提出撤诉。

法定调解在化解劳动争议方面发挥了积极作用。2006/2007年度，ACAS通过法定调解受理纠纷67258件，2007/2008年度为67339件，2008/2009年度为78670件。受金融危机影响，2009/2010年度预计可以上升到90000至95000件。2008/2009年度调解成功率为42.6%，撤诉率为30.7%，诉至劳动法庭的比率约为26.7%，81%的人对法定调解表示满意。

2. 申诉专员（ombudsmen）在英国的发展

对于英国来说，申诉专员（ombudsmen）是外来词。申诉专员（ombudsmen）是瑞典语，意思是“人民的代表或代理人”。1809年，瑞典首先设立了申诉专员。申诉专员的角色是保证公共机构（包括法院）遵守法律以及在所有其他方面履行义务。如果申诉专员认为官员（包括法官）违反法律或其他法定义务，申诉专员可以告发该官员（包括法官）。此后，北欧及世界其他国家纷纷仿效。其他国家建立该制度时，沿用了申诉专员的叫法。英国目前有30多个较大的申诉专员机构处理不同投诉。其中，多数申诉专员是根据法律规定设立的，有少数申诉专员是由其所服务的机构自愿设立的。

英国申诉专员的共同特点在于：独立于法院及政府；有调查的权力；不完全依照法律处理纠纷，而是灵活处理案件，追求实质的公正；无权强迫履行申诉专员的决定，但有相应的制约性措施；可以运用调解、协调等多种方式解决纠纷。

代表团考察了英国申诉专员制度中比较有代表性的金融申诉专员和住房供给申诉专员制度。

英国金融申诉专员制度比较发达。根据2000年金融服务与市场法案，与金融有关的管理、服务机构有3个，分别是金融监管机构、金融申诉专员机构和金融服务赔偿机构。金融申诉专员处理的纠纷多数是涉及银行、信用联盟、独立金融咨询机构、保险公司、股票经纪人、抵押中介、保险中介、信用卡提供者、商店卡提供者等机构的纠纷。金融申诉专员服务不向个人（消费者）收取费用，其资金主要来源于金融机构，其中30%来源于征收，70%来源于案件处理费用。大约有6家最大的金融组织支付了超过50%的案件处理费用。金融申诉专员去年至今年3月31日，约接到书面和电话咨询789877次，其中约有127471件进入调查程序。在进入调查程序的案件中，大约92%的案件通过调解等非正式方式解决，约8%进入申诉专员处理程序。申诉专员通过调查（有时也通过听证的方式），作出最后的决定。无论金融机构是否接受该决定，该决定对金融机构有拘束力，如果消费者接受这个决定，则该决定对双方都具有拘束力。如果消费者拒绝该决定，消费者可以将金融机构诉至法庭。但从实际情况看，这类案件很少，每年只有大约10～20个案件最后到了法庭。

住宅供给申诉专员机构（Housing Ombudsman Service）是根据议会决定设立的非政府公共机构，其资金不由政府拨付，而是由所有房东依法支付，房客不用支付费用。一般来讲，房东按照房屋数量交费，一幢房屋一年大约交 30 英镑。住宅供给申诉专员有权根据通胀率予以调整收费金额。住宅供给申诉专员机构的董事会由 3 个房东代表、3 个房客代表和 3 个独立人员组成，5 年任期。该机构主要职责是及早、公正地解决住宅租赁等纠纷，主要处理房客投诉房东的案子。目前，住宅供给申诉专员有一套完整的程序处理咨询、评估及纠纷解决服务。他们给人们提供如何解决与房东纠纷的建议和帮助，向房东提供免费的培训，避免纠纷产生。住宅供给申诉专员和法院之间的工作衔接比较紧密。对于要求修缮漏雨房屋等案件，如果未经住宅供给申诉专员处理，英格兰和威尔士一些法院会让当事人先去请求住宅供给申诉专员处理，法庭也可以决定自己受理。该机构处理案件的主要方式是协调、调解，只有少数案件进入调查程序并作出相应的赔偿决定或提出相关建议。虽然住宅供给申诉专员无权强制当事人履行决定，但通常情况下，大多数房东履行了这些决定或建议。当事人不服住宅供给申诉专员的决定，可以到法院起诉。从实际情况看，住宅供给申诉专员的决定对法院没有拘束力，有的法院尊重住宅供给申诉专员的决定，有的法院则会作出自己的判断。

（三）民间调解机制的发展

在英国共有民间调解机构 200 多家，其中 160 多家是商业性的，40 多家为非盈利的公益性组织。商业性机构具有公司法人资格，需要依法纳税。司法部每年采用公共服务采购的形式，采购商业性的民间调解产品，并对公益性调解机构予以补贴。这种补贴纳入财政部的年度预算，由司法部下属的法律顾问委员会在进行成本预算后提出报告。对于民间调解机构主要采用行业自律的办法，对于与政府有合作合同的公司或公益性组织，则由独立的第三方进行绩效审计，作为合同履行或者是否继续合作的参考。这些民间调解机构的从业人员必须受过调解员课程训练，但更多的人员并未受过系统的法律训练，他们中有许多是心理咨询师、会计师或者其他专业人士，他们的专业意见，往往更容易说服当事人接受调解。

英国的司法部除了给提供合同的调解组织予以补贴外，还利用各种方式特别是建立网站广泛地宣传调解对于纠纷解决的种种好处，鼓励当事人通过调解而不是诉讼来解决纠纷。各种免费热线电话的设立，使得纠纷发生时，当事人可以通过电话向热线工作人员咨询，获取建议。

二、英国、德国发展非诉讼纠纷解决机制的特点

通过考察，我们认为英国、德国在发展非诉讼纠纷解决机制方面具有以下特点：

1. 根据社会发展需要及时改革纠纷解决机制。纠纷解决方式从原始社会的直接野蛮争斗到现代社会的法治文明，随着社会的进步而进步，不断适应着生产力的发展。在生产力高度发展、社会分工日益精细化和专业化、经济全球化日益加强的今天，纠纷数量大幅上升，逐渐呈现专业化、复杂化、新型化的趋势，传统单一的司法审判制度面临重大挑战，已不能完全适应社会的发展。这要求不仅要对司法制度本身如审判方式、审判程序等方面进行改革，而且还要积极调动社会力量来化解社会纠纷。英国、德国正是根据社会发展的内在要求，积极进行司法改革，培育和发展非诉讼纠纷解决机制，以满足国内外日益上升的纠纷解决需要。

2. 司法更亲近公众，更易为公众所利用。诉讼支持、促进非诉讼的发展，非诉讼反过来影响、改变着诉讼方式。非诉讼纠纷解决机制有其独特优势，在形式上更大众化、平民化，在解决效果上更能使争议各方维持良好的合作关系，更符合社会和谐的要求。目前英国的司法改革，正是吸收了非诉讼纠纷解决机制的这些优点，朝着司法更易为民众所接近，使更多的人都有机会向正义的方向迈进。如英国的法庭布置出现了新的变化。英国最高

法院新法庭中，法官坐席不再高高在上，而与当事人坐席在同一水平面；原告和被告不是分列两边，形成互相对峙形势，而是平行面对法官。这种对话而非对抗的气氛，使当事人感受到了司法的可接近性，使司法显现出更多亲和的氛围。德国一些新建法庭诉讼参与人坐席摆设也与此类似。

3. 纠纷解决更加注重加强对话，注重促进社会和谐。人们日益认识到，解决纠纷仅仅是纠纷当事人的利益之一，维护和谐的关系，发展长期的合作，也是当事人的利益所在，更是维护社会和谐的利益所在。因此，无论是法院还是民间的纠纷解决机构，都更加重视调解的作用，鼓励当事人在第三方协助下，通过对话而不是对抗来解决纠纷。英国有越来越多的法官愿意从事调解工作，有很多社会化的调解机构专门从事调解，ACAS、申诉专员等专业性的民间纠纷解决机构也主要运用调解来解决相关纠纷。调解的理念在仲裁领域也逐渐得到认同。德国柏林中级法院所开展的调解改革，部分法官改变只有审判才是法官职责的观念，从当事人需求出发，从维护当事人和谐关系的角度出发，认真学习调解技能，鼓励当事人在调解法官主持下进行调解，帮助当事人建立理性的对话机制。

4. 政府积极推动发展非诉讼纠纷解决机制。英国司法部对于民间调解，尤其是公益性民间调解给予资金支持，从而促进了民间调解的发展。政府对非诉讼解决机制的使用提供了政策支持，规定如申请人不首先选择申诉专员或其他非诉讼解决机制解决纠纷而直接起诉至法院，将拒绝为其提供法律援助资金。同时，政府部门对调解好处的广泛宣传，也促进了公众对调解的认同和利用。

5. 法院在发展非诉讼纠纷解决方式过程中发挥着支持者、推动者、监督指导者的作用。在英国，由于受经费体制的局限和出于开支成本的考虑，法院在开展调解方面积极性有限，除对于小额民事纠纷提供调解外，主要试图通过经济杠杆，包括法律援助资金和诉讼费用促使当事人自觉地采取调解等非诉讼方式解决争议。同时，对非诉讼纠纷解决的结果，如申诉专员的决定，法院仍有权予以审查，给当事人提供相应的司法救济。对于调解协议，当事人也可以通过法定程序到法院申请换取法庭命令，从而使其具备强制执行的效力。

法院在鼓励调解等非诉讼方式发展的同时，十分注意保障和维护司法的独立性和公正性。英国和德国严格遵守“调审分离”原则，即参与同一宗案件调解的法官或工作人员，不得参与该案件的继续审理工作。其主要理由是：调解人和法官由同一人担任会使判决直接受到调解的影响，法官在调解过程中已经形成了先入之见，调解的结果往往就是判决的结果。这会使当事人在调解中承受来自法官的压力，他们所采取的行为和策略也会不同于面对中立的调解人。由于担心承担调解失败的责任，以至于在以后的诉讼中处于不利地位，有的当事人会屈从法官的调解方案，这就违背了调解的自愿原则，直接影响到办案质量。也有的担心在审判中获得有利地位，在调解中不肯作出让步，从而影响了调解的成功率。

6. 注重社会的自我管理，加强社会性纠纷解决机制的建设。申诉专员（ombudsman）、各类盈利性、公益性调解组织对化解行业性、专业性纠纷，化解家庭纠纷、商事纠纷及其他各类民事纠纷都发挥了积极作用。这些民间的、社会性的纠纷解决机构独立于政府，具有相对中立的地位，但他们同时又得到政府支持，获得立法支持，这些因素使其既能获得社会信赖，又具有发展的政治基础、法律基础、经济基础和社会基础。这些机构解决纠纷的实践表明，社会具有自我管理的热情、能力，只要创造适当的条件，这些社会机构就能够发挥维护社会和谐的积极作用。

7. 积极总结非诉讼纠纷解决机制的发展成果，促进其法制化、规范化。90 年代中期，前最高法院大法官沃尔夫主持完成关于英格兰及威尔士民事司法制度的《中期报告》和《最终报告》，鼓励当事人使用非诉讼方式解决纠纷。之后，英国在不同时期、不同地区、不同级别的法院开始了“自愿调解”和“半强制调解”的试验。经过几年的探索，以上述两份报告为基础并作为其法律化形式，1999年施行的《新民事诉讼规则》规定，诉讼当事人在提起诉讼前应该采取一个适当的解决办法以避免诉讼，如法院认为使用调解或其他方式将更有利于解决争议，法官有权中断审理案件。而且，任何一方如不接受法官的建议，不配合或不愿意调解，最后将会被判承担更多的诉讼费用。德国在《民事诉讼施行法》基础上，正积极调研，广泛研究世界各国的调解制度，包括我国的调解制度及我国最高法院最近出台的《关于建立健全诉讼与非诉讼相衔接的矛盾纠纷解决机制的若干意见》，准备出台专门法律，以贯彻欧洲调解指令的有关要求，促进本国调解制度的发展。

三、对建立和完善我国非诉讼纠纷解决机制的几点建议

我国和英国、德国具有不同的国情，面临不同的问题，因此，解决我国的问题必须结合我国的国情予以思考。但是，我们也看到，我国与英国、德国在处理纠纷方面，也有相似的目标，即通过有效及时化解纠纷，维护当事人权益，维护社会和谐。在面临的问题方面，虽然各有不同，但纠纷数量大，单靠法院无法解决各种社会纠纷，这一点也是相似的。我们思考我们的改革方案时，必须结合我们的优势、特点，针对我们自己的问题，寻找自己的解决方案。在此过程中，可以通过客观分析他国的得失成败，寻找有益于自己发展的合理因素。

（一）规定部分案件在起诉前必须经过调解

分析英国的纠纷解决机制，其更多地运用经济杠杆如法律援助资金和诉讼费用来引导诉讼各方自愿地选择非诉讼纠纷解决机制来解决纠纷，并且根据司法成本费用、适用调解成功率来决定法院是否直接提供调解。这与英国社会化的纠纷解决机制高度发

达密切相关。而德国民间调解市场尚在培育，调解的社会化程度不高，这就促使它推动调解的手段更为强硬，如它以立法的形式规定了三种类型的民事纠纷，必须在诉前强制调解，调解不成才能起诉至法院，也即在一定范围内设立了调解前置原则。虽然这在德国内部争议很大，有人认为，这违背了调解自愿原则。但无可否认，这项规定对缓和社会矛盾，节约司法资源，促进德国社会的稳定和发展发挥了重要的作用。而我国目前的情况与德国更为相似，除诉讼纠纷解决方式外，人民调解、行政调解等其他纠纷解决方式还未能发挥应有的作用，故德国的诉前强制调解模式对我国更具有借鉴价值，我国应探索实行部分案件调解前置。

（二）实现调审适度分离

法院调解是我国一项传统审判方式，长期以来，我国的民事纠纷案件相当一部分是以调解方式解决的，调解在我国民事审判中发挥了重要的作用。但我国法院调解与英、德不同，它没有特定的程序，也无须遵守“调审分离”原则，法官可以在同一宗案件中既调解又审判，故常常出现“以判压调”的情况。这与我国长期以来法院案件数量庞大、法院处理案件力量相对不足有关。随着我国民事审判改革的深入发展，各种社会纠纷解决机制的培育和健全，“调审分离”原则应逐渐适用在我国的法院调解制度当中，以确保司法的公正。

（三）大力加强对调解人员的培训

调解是一门专门的艺术，英国、德国十分注重对法院调解人员调解技能培训。如德国，法院调解员一般都接受了 80 个课时的培训，包括心理学、谈判交流技巧、角色扮演等课程。而德国红堡大学法学院，也开始增设调解课程。两国经验表明，调解的成功率，很大程度上取决于调解员的素质。经过系统培训的调解员，掌握了人与人之间的交流沟通技巧，善于分析不同类型当事人的心理活动状态，善于驾驭现场谈判气氛，善于总结问题争点，知道如何帮助当事人消除隔阂和分歧、达成共识，更加容易促使调解获得成功。在我国，法官同时兼任着调解员的职责，但在法官培训中还没有开设专门的调解课程。因此，在法官培训中增设调解课程，注重培养和提高法官的调解技能技巧，理应成为当前和今后法官培训工作中的一个重要课题。

（四）提供中立、综合的劳动纠纷预防、化解服务

调解机构应当具有独立性和中立性。申诉专员等机构之所以能够赢得当事人信任，其重要原因在于其中立性。ACAS 虽然是政府出资的机构，但其独立于政府，也不与企业或工会存在隶属关系，这就保证了其在处理纠纷时的中立性。我国目前也设立了企业内部的调解组织，有街道调解组织可以调解劳动纠纷，但是，企业内部的调解组织的中立性不足，其作用发挥有限，而且一些中小企业并没有设立调解组织，不利于纠纷化解。街道调解组织的调解范围广泛，缺乏专业性，不熟悉劳动纠纷的特点和相关法律，也不利于其妥善及时化解劳动纠纷。劳动争议仲裁机构从设置理念看，具有中立性，但其工作量也很大，因此，可以在整合现有劳动纠纷调解资源的基础上，推动建立提供综合性劳动纠纷服务的中立的、非盈利的纠纷解决机构。除了提供调解服务外，还应当通过热线电话的方式，对劳动纠纷当事人提供及时地咨询服务，引导当事人通过调解等诉讼外的途径及时妥善化解矛盾纠纷。

劳动纠纷应当着重预防，着重早发现矛盾，将矛盾化解在萌芽状态，避免矛盾激化。我国现在有大量的民营企业，而且这些企业通常没有健全的工会组织或调解委员会，企业内部工人之间的矛盾，工人与企业老板之间的矛盾难以及时有效解决。尤其在农民工大量涌进民营企业的情况下，问题更为复杂。农民工通常以老乡、民族、血缘等纽带相互联系，一旦其中个别人权益受损，易引发群体性事件。因此，在新形势下，如何建立劳动纠纷预防及化解机制，值得深思。

与加拿大法官管理制度的比较考察

——以中国与加拿大两国法官管理制度比较为考察背景

作为一个正在努力迈向司法现代化的发展中国家，中国需要向包括加拿大在内的发达国家积极地借鉴、吸收法官管理制度中的有益经验，为中国法官管理制度注入更多的具有现代法治理念特别是具有21世纪时代特征的价值观念和理性精神，提高中国法官管理制度的科学化、规范化水准，从而为充分发挥法官在建设社会主义法治国家进程中的应有作用提供更为有力的组织支持和制度保障。通过对中加两国法官管理制度的差异及其相关的司法传统背景的考察，以期丰富对中国法官管理制度的改革转型及路径选择的理论探讨和实践探索。

一、对加拿大法官管理制度的几点认识

加拿大属于英美法系国家，从笔者掌握的资料看，加拿大的法官管理制度呈现出这样几方面的基本特点：一是法官准入标准的精英性。加拿大《法官法》严格限定了法官选任条件，这些条件包括：做出庭律师或代理人至少10年，并且应是任何一省律师协会的会员；或曾经是出庭律师或代理人，从业年份加起来超过10年，并且也须是任何一省律师协会的会员；或在成为出庭律师或代理人并作为律师协会会员后，在法定的某一职位专职从事司法工作，从业年份加起来超过10年；二是法官任命程序

的开放性。在联邦法官和省高等法院法官的任命过程中，社会机构和社会公众以及律师群体发挥着重要的作用，司法部长可以向有关社会机构寻求更多的信息，从而使得法官评估渠道不再仅仅局限于司法机关或行政机关内部；三是法院内部管理机制的保障性。在职能保障方面，加拿大法院一般都实行首席法官制，负责整个法院的行政事务管理。但是，首席大法官不能直接或间接地干预其他法官行使司法功能，对法官的管理是作为法官公正而高效地行使其司法权的保障而存在的；在身份保障方面，法官一经任命，未经特殊程序解除职务可以任职到退休为止，由于解除法官职务的程序相当复杂，法官职务的解除往往非常困难；在经济保障方面，加拿大法官的经济保障得到了法律的明确确认，《法官法》为此详尽规定了各级法官的工资标准。

加拿大的法官管理制度之所以呈现出上述几方面的基本特征，从其国家历史发展进程中我们看到，其法官管理制度的形成与其司法传统乃至历史文化传统之间有着极为密切的联系，存在着这样几方面的内在规律性：

1. 加拿大的法官管理制度是伴随着国家发展进步过程的一种历史进化的结果。在法官选任方面，律师基本上是法官选任的唯一来源，这种选任制度来自于英国的司法传统，即使是在英国，这种选任制度也不是预先进行理论设计的产物，而是英国司法发展过程中历史选择的结果。在英国，法官与律师之间的职业关系极为密切，在中世纪，律师在一定程度上处于法官的控制之下。最初，执业于中央法庭的职业辩护律师都是法官直接任命的，后来，他们先由资深律师提名，然后由法官任命。到了13世纪，随着司法审判对法律专业知识要求的不断提高，职业法官开始从精通法律知识和司法经验丰富的职业辩护律师中选任，而且必须是英国林肯等4个历史悠久的律师公会会员。1290年，国王任命的4个普通诉讼法庭的法官和王座法庭的首席法官都是出类拔萃的职业律师，职业法官群体与职业律师群体的渊源关系更加紧密。到了14世纪，法官必须从职业辩护律师中任命已成为一条不成文的习惯法原则，如果任命没有适当法律职业背景的人做法官，会被人们当作一件不可思议的事。① 随着历史的发展，这一传统一直延续到今天。

2. 加拿大的法官管理制度带有强烈的英国传统文化色彩。加拿大是以英国移民为主体民族的国家，自1763年—1900年，盎格鲁—凯尔特人一直构成加拿大社会的多数民族。加拿大的英国传统不仅仅在于其独立之前受英国的管制，而且还在于加拿大的政治文化根源于英国这一历史事实，传统英国的价值观及其文化、习俗，体现到了加拿大社会生活的方方面面。1867年不列颠北美法确认了加拿大独立的自治领地。该法案最重要的条文是序言中关于加拿大必须建立一个“原则上类似于联合王国”的政府。② 从而为英国传统保持对加拿大的持续性历史影响奠定了法律基础。正如前文所述，加拿大的法官的管理具有充分的保障性，这与英国司法传统文化的影响是分不开的。包括英国在内的西欧各国大多都是从原始社会直接进入封建社会的，在社会制度形态上的转变是一种历史的大跨越，封建王权权威的形成缺乏如同中国古代封建皇权权威形成所具有的历史生成阶段，这样一来，封建王权权威的强化只能是在与社会发展形态进行转变的过程中同步进行。在这一过程中，以国王为代表的封建王权始终没有成为对国家的绝对主导支配力量，自始至终受到教会、分封贵族和商人阶层的牵制与制约，虽然作为统治阶级，封建王权较之其他利益集团有了相当程度的强化，取得了一种相对的优势地位，但随着资产阶级革命的爆发则迅速瓦解了封建王权这种并非绝对的力量优势地位。从而导致任何一个利益集团都没有足够的力量自始至终地取得对国家权力的绝对支配。资产阶级革命胜利

---

① 程汉大：《英国法制史》，齐鲁书社2001年版，第131～133页。

② 宋玉波：《民主政制比较研究》，法律出版社2001年版，第222～223页。

后，人们普遍信奉这样一种观念，即法官存在的目的在于保护个人的权利不受国家的侵犯，与法官有关的各种管理机制绝对不能妨害法官在判决个案过程中的宪法职能，立法机关和行政机关乃至司法机关内部必须对此给予足够充分地保障。这就进一步强化了早已存在的法官的审判行为不受外界支配与干预的传统观念，而资产阶级革命的胜利不过是为这种传统观念转化为具体的制度设计提供了相应的历史条件，加拿大的历史文化沿革过程决定了目前加拿大法官管理制度的主导观念。

3. 加拿大法官管理制度中也包含着吸收借鉴他国有益经验和自身主动探索创造的成果。司法委员会是加拿大法官管理制度中的一个重要职能部门。无论是联邦还是各省都设有司法委员会，分别管理相应的司法事务。《法官法》第60条，规定了司法委员会的目的和权限。其目的是：促进司法的统一性和效率；提高司法服务的质量。司法委员会的权限包括：定期召集首席法官及副首席法官的会议，负责法官的继续教育培训，调查、质询对法官的投诉，对某一法官离职提出建议。实际上，司法委员会的设立是加拿大从美国法官管理制度那里借鉴来的。为了保障法官独立审判，仅有充分的外部保障是不够的，任何一个国家的法院在运行过程中都会存在着涉及法院的日常运行、经费预算、法官惩戒和培训等大量的行政事务，行政管理是一个不可避免的需要认真加以解决的重要课题。美国的法院系统在20世纪30年代为解决这一问题，在英美法系国家中，较早地在联邦法院成立了联邦司法委员会和联邦巡回区司法委员会，按照法官管理法官的原则，由法官自己处理、决定法院内部的行政事务，以此提高法院行政管理的效率，为法官独立审判提供更有力地保障与支持。加拿大在20世纪70年代积极地借鉴了美国的有益经验并在80年代通过制定《法官法》给予了肯定。当然，在借鉴有益经验的同时，加拿大也从自身发展变化实际出发对此进行了主动探索与创造。如美国的司法委员会隶属于法院系统，全部由法官组成，但加拿大的司法委员会则隶属于行政机构，分别对联邦司法部长和各省省督负责，这就为司法机构与行政机构乃至社会各界的沟通与协调提供了制度化渠道，保证了法官管理的开放性。

二、中加两国法官管理制度的比较

与加拿大的法官管理制度相比较，中国法官管理制度存在着以下两方面的不同点：

1. 审判管理行政化。我国的法官管理制度存在着审判管理与行政管理逻辑观念相似甚至相同的问题。具体表现为：现阶段法院的行政管理与审判管理相混淆，历史上曾经是行政管理吸收审判管理。导致案件决定权由合议庭或独任法官向庭长、院长运行，案件决定权的归属按照行政职务高低来确定，形成行政权运作体系方式在司法机关的翻版——等级裁判体系。这种等级裁判体系是行政管理逻辑取代审判管理逻辑、行政命令取代审判监督的必然结果，使得法官在审判管理中应有的主体地位，在行政管理逻辑面前被完全地客体化。

2. 法官管理地方化。法院人事管理的主导权在地方而不是在法院系统自身，历史积淀没有充分认识到法官与公务员两个职务序列的职能差异，把法官与公务员放在同一人事管理平台加以管理，形式上形成了对法官的管理和对案件的管理的实际状态是："管人的不管事，管事的不管人"，事实上导致了：（1）审判权行使的地方化，法官在处理法律利益与地方利益之间的关系上难以消除地方色彩，地方保护形成一种必然的带有普遍性的客观存在。（2）法官群体职业素质的大众化。法官队伍的知识背景高低不一，无法形成"法律职业共同体"；职业道德水准不高，自律意识不强，缺乏应有的维护公平和正义的职业品格，缺乏为维护法律而献身的职业情操和敬业精神。

中国法官管理制度存在的上述两个方面的特点与中国古代司法传统的影响有着很大的关联。在中国古代，道德教化成为国家的首要职能，道德教化强调法律规则之外的实质合理性，实质合理性属道德情理层面的范畴，不同背景的人有不同的判断标准，对于实质合理性的追求是一种灵活、易变的行政政策分析过程，难以有一个相对统一明确的具体标准。这样，由行政机关在行使行政权时履行这一职能便成为合理的制度选择。这种传统造成的结果是，司法职能在行政职能面前没有自身不同于行政职能的独立运行逻辑，因为两者都是通过处理一定的事务来对社会成员进行教化，因此，司法职能就成了行政职能的一部分。自然，在机构设置上也就没有从行政机构中分离出去的必要，并且，只能由行政官员而没有必要设置专门的司法官员来行使司法职能，国家对各级官员的管理能力标准要求是“儒学家”而不是“法学家”，法官职业的特殊性始终没有成为中国古代司法传统的基本观念。新中国成立后，我们在一个时期内治理国家又是延续历史传统，更多的是运用行政政策而不是法律实现国家对社会的治理，无论是国家还是社会的法律需求都很薄弱，所以，法官并不具有职业的特殊性这一中国古代司法传统的基本样态得以延续下来，并极大地影响了中国法官管理制度的现实面貌。

司法权是一种判断权，即法官依照法律原则和法律规则就案件当事人提出的事实问题主张和法律问题主张在是非、曲直、正误、真假等方面所具有的多种可能性之间进行的辨别、选择与断定。法官进行这种判断活动的意义在于，通过对案件事实问题和法律问题的判断，维护法律所蕴涵的价值观念，实现法律对社会的整合功能。因此，法官是司法权运行过程中的真正主体，而法官职业则是一种运用系统化的法律知识和建立在这一基础之上的法律技能对纠纷和案件当事人的诉讼主张进行判断，以追求司法公正，服务于社会大众并以此获得制度性个人生活来源为职业目的的中立性专门职业。无疑，中国法官管理制度的现实与法官职业的本来意义以及法官在法治国家的地位、作用存在着一种制度性张力。

中国现代法官管理制度的建立必须与法官职业化这一法院队

伍建设的长远战略目标相适应，并以此确定今后的发展方向，具体来说：一是国家在法官从业资质、职业身份、法官生活来源等方面提供充分的保障；二是从组织上保证法官具有成熟的司法理性，即以权利和义务作为视角来观察、分析、解决问题，通过权利义务的分析完成合法性的认定与排除，这正是法律思维区别于政治思维（利弊的权衡、取舍）、经济思维（成本与收益的分析）、道德思维（善恶评价）的关键之处；三是使法官具备强烈的职业道德自律意识。法官的职业道德自律意识越强烈，就越能在解释和适用法律过程中自觉地依据职业义务与责任准则进行司法判断，更为自觉地尊崇、奉行法律及其价值体系；四是有力的职业责任监督制约。这不仅能够通过制度的他律作用增强法官的职业道德责任感，而且，可以使制度约束与道德约束有机地结合起来，减少由于法官权力的扩大所带来的道德风险。

在中国法官管理制度的转型过程中必须处理好从国情出发与借鉴、吸收发达国家法官管理制度之间的关系，并使之符合当代世界法官管理制度的发展趋势。我们所进行的法官管理制度改革是在中国特定国情条件下进行的，所遇到的许多问题是西方发达国家法官管理制度形成过程中所没有遇到过的。如中国法官队伍的数量极为庞大，一方面，法官知识背景高低不一，缺乏形成法律价值共识的前提基础，法官之间的法律理性沟通较为困难，通过司法活动维护法律的统一难度较大；另一方面，法官职业化需要法官队伍的精英化，这必然需要精简法官队伍，这种代价是法院自身所无法承受的，更是西方发达国家所没有遇到过的。这种情况下，如果简单地照搬西方发达国家的法官管理制度，就有可能产生与当前社会成员的法治观念水准不相适应，且容易带来心理抵触等一系列方面的问题，况且目前也缺乏相应的制度运行条件与环境。当然，这绝不是否认借鉴西方发达国家法官管理制度的必要性。但借鉴不是无条件的，借鉴的前提首先是要读懂自己，也就是对自己的国情有一个清醒的认识，搞清自己的来龙去脉，一切从现实出发；其次是弄懂西方，要分辨出在西方发达国家的法官管理制度中，哪些是科学的、先进的，符合时代发展趋势的，哪些是符合他们国家国情而不符合我国国情的，特别是不要把人家要改革的、甚至用过的东西拿过来当成好东西。我们要通过对这两方面的深入思考，弄清楚哪些是适合目前中国国情的，哪些是下一步我们需要学习的。我们必须充分考虑中国与外国法官管理制度之间的兼容性，根据本国的国情，在借鉴先进国家经验时，必须对国外的法官管理制度进行必要的机理调试，防止中国法官管理制度的个性特征对其产生异体排斥反应。大陆法系与英美法系国家法官管理制度的根本差异是，在制度设计上如何处理好法官独立审判与实现对法官职业共同体必要的整体控制之间的平衡关系。德国、日本等国家更倾向于实现对法官共同体的必要控制与制约，如日本最高法院设有事务管理总局，全面管理法院系统的行政管理与人事管理，上级法院和资深法官在法官的选任、晋升、惩戒等方面享有较大的权威与影响力，但是，这并没有损害法官的独立审判，否则，我们就无法解释日本法官在促进社会经济发展中所发挥的作用。加拿大等国家显然更为关注法官的独立审判。因此，在法官管理上实行的是依靠法官的高素质和职业自律而实行一种较为松散的内部管理。但是，自上世纪开始，加拿大等国家纷纷成立了司法委员会，法院内部的行政管理和人事管理呈现出权力逐步集中的趋势。对此，我们必须给予足够的重视，以便于我们在法官管理制度转型实践中作出正确的选择，通过提高法院人事管理、行政管理的一体化程度，促进法官职业共同体的早日生成。

三、中国法官管理制度转型的路径选择

中国法官管理制度转型的路径选择应该坚持这样三方面的原则：一是从实际出发，循序渐进，适度超前。由于法官管理制度改革是权力与利益的再调整和再分配，在这一过程中，受现实国情条件的

限制，法官管理制度改革面临着相当多的相关问题，因此，在法官管理制度改革过程中应确保改革的进度、法官管理制度改革的调整程度与法官群体的承受力之间的统一与协调，在一种相对平稳的状态中推进改革进程，力争改革前进的每一步都是扎实稳妥的。同时，要敏锐地认识到社会发展变化给法官管理制度改革外部环境条件带来的影响，在适当时机出台一些既具超前性，又能得到社会认可的改革措施，通过改革的拉动效应，稳步推进法官管理制度改革；二是在改革进程中始终坚持国家主导原则。虽然十六大报告对法官管理制度的改革提出了明确要求，但从这几年来的实践看，法官管理制度的改革涉及建国以来长期形成的组织人事制度的现有格局，仅凭法院自身的力量来改变这一格局是远远不够的。应该在中央的统一部署、领导下，把法官管理制度改革纳入到政治体制改革的总体框架中来加以考虑；三是法院系统应该积极探索，为中央提供改革建议与试点经验。在改革实践中，应通过理论探索、经请示进行小范围试点、全面铺开这样一种渐进式的改革路径，最大限度地减少改革试错成本，充分发挥出最高人民法院在法官管理制度改革中的应有作用，深化对中外法官管理制度理论背景和历史背景的理解，增强对其中科学性和规律性的认知与把握，适时地提出具有可操作性的改革建议。

在目前的条件下，法院系统应该在现有法律允许范围内，力所能及地通过自己的努力积极地探索，推动法官管理制度在现有体制框架内建立符合审判规律的管理模式。其基本的规律性特点应该是审判管理与行政管理相分离。审判管理的核心在于维护法官的独立审判方式，在法院管理中居于中心地位，而司法行政管理的目标在于，在尊重审判管理特有逻辑的前提下，为审判管理提供充分的服务性保障。如果能够建立相对科学、规范的法官流动机制、考评机制、培训机制及案件流程管理机制，则不仅能够使法官的整体素质和法院行政管理、人事管理水平得到稳步提高，而且，更能够在渐进的状态中逐步实现法官管理制度改革的预期目标。

审判监督篇

在法官违法审判责任追究会上的发言（1）

（1998 年 12 月 14 日）

同志们：

今天的会议是长春市两级法院贯彻落实最高人民法院《人民法院法官违法审判责任追究办法》的具体举措，是进一步强化法院内部监督机制，确保司法公正的实际行动，是今年以来我们开展集中教育整顿，严格查处违法违纪行为，加强队伍建设，建设人民满意法院的重大举措。这样做，不仅反映了广大人民群众和绝大多数审判干部的强烈愿望，也进一步表明了我们狠抓队伍建设，深入开展反腐倡廉的决心。刚才，于海河副院长对十二件违法审判的案件进行了分析，宣布了追究结果。这些分析是实事求是的，是非常中肯的。我们应该从中得到启发，吸取教训，受到教育。

下面，我就法院内部监督机制建设和违法审判责任追究等方面，讲三个问题：

一、前一段审判监督工作的基本情况

对审判工作实行监督在我国宪法和法律中有明确规定，实践中也得到了一定程度的落实。近几年来，我们按照党委、人大的要求，按上级法院的部署，在审判的内部监督方面做了大量的工作。两级法院领导非常重视监督工作，把监督工作纳入重要议事日程，常抓不懈。坚持院长接待日制度，直接倾听人民群众的呼声。普遍制定错案责任追究办法，建立岗位责任制度。1995 年省法院颁布实行《吉林省各级人民法院追究错案责任暂行规定》后，又普遍加大了审判监督和错案责任追究的力度，审查了大量的案件，追查了一批错案。这些，对于两级法院严格执法，提高执法水平，加强干部队伍建设，发挥了保障和促进作用，收到了较好的效果。

但是，我们也必须看到，目前的监督工作还不完全适应形势的发展和实现人民群众对审判工作满意的需要，还存在一些问题和薄弱环节。从监督的过程上看，存在着过于滞后，落得不实的问题；从监督的措施上看，存在着不完善、不系统、不到位、不直接的问题；从监督的结果上看，在有些方面还存在着针对存在问题“有而不查，查而不追，追而不处，处而不严”的问题。法院系统教育整顿年年搞，但在有些地方群众的意见反映却不见减少。我们认为，这与监督不力有很大关系。正是根据实现司法公正和监督工作的实际状况，在确定今年法院工作重点时，市院党组明确提出了“监督机制建设要有新的发展”的目标。经过反复调查和论证。根据《人民法院组织法》等有关规定，党组决定在法院内部建立监督委员会，利用院长监督程序，在院长和院长的具体监督之间建立起一座桥梁，院长授权，由监督委员会代行院长监督中发现问题阶段的职能，发现并经调查提出意见后，由院长提请审判委员会和监察部门研究并解决问题，从而使原来只有规定，缺少具体操作程序的院长监督更加具体、直接，更加有效。这个委员会由在职中层干部，离退休和退二线老法官组成。监督委员会在院长领导下，在审判委员会指导下相对独立地开展工作。其主要职责：一是对法院的审判工作和队伍建设进行宏观分析，发现问题，总结经验，提出对策；二是从审查当事人有反应的案件入手从事监督工作。对本院各审判庭的审判工作进行监督。监督委员会成员以小组的形式集体行使监督权。主要针对上级改判发回案件、当事人反映强烈的上访案件及人大等领导机关批转需要调查案件等开展监督工作。监委会成员可以接待上访群众，听取群众对法院的监督意见；可以调阅有关已审理完毕的案件卷宗，可以询问当事人；可以向有关法官了解情况。深入基层法院和法庭了解考察审判工作，但不得干预案件的审判工作。

对于我院监督委员会的建立，市委、市人大和省法院领导以及组织部、编委给予了充分的肯定和及时的指导。市委杨国勤书记在批示中指出："成立监督委员会对加强审判监督，促进司法公正，提高队伍素质等是会有好处的，这是新事物，应大胆尝试，大胆实践。"市人大在批复中指出："市人大常委会有关主任阅后十分欣慰，一致感到此举体现了市中法勇于实践，大胆开拓的改革精神，必将对我市的司法廉政建设起到重要的推动作用，望你们大胆探索，认真总结，取得成效。"省法院认为："这是加强法院廉政建设，促进司法公正，提高队伍素质的有效措施，"希望我们积极探索，大胆实践，努力走出一条强化监督制约机制的新路子，更好的实现"做让党放心法官、建人民满意法院"的奋斗目标。

今年的8月19日，市法院监督委员会正式成立。到目前为止，经过百余天的努力，共审查了79件案件。这些案件的主要来源是市人大执法检查中发现有问题认为需要调查的、省高院改判发回的和人民群众反映强烈的。审查工作完全是按最高人民法院规定要求，由监督委员提出审查意见，提交院审判委员会研究确定案件审理情况的对错结论，由监察部门根据有关规定对有关责任者提出追究意见，党组最后批准的程序办理的。今天分析追究的这些案件都是由审判委员会确定的，其中市中院3件，南关区法院2件，朝阳区法院2件、宽城区法院、二道区法院、绿园区法院、德惠市法院、九台市法院各1件。今天的大会是监督委员会工作的一个初步成果，是一个良好开端，我们相信，这次大会以后，我们两级法院的监督工作将会进入一个新的发展阶段。

二、这次违法审判责任追究的意义

今天大会的主要任务是通过对部分案件的分析并对有关办案人员的责任追究，把个别同志的教训变成全体法官的财富。提醒大家引以为戒，下不为例。为什么要这样做，需要同志们认真思考，正确理解。我们曾经多次在公开场合反复强调：作为院党组，我们绝不是和哪一个人过不去。我们希望的是每个法官都能朝气蓬勃，兢兢业业，在自己的工作岗位上作出优异成绩，实现自己的人生价值，而绝不是希望哪个同志出问题，受处罚。之所以这样做，完全是由人民法院的性质决定的，鉴于我们队伍存在的问题，鉴于我们有些单位年年整顿，而问题连年增多的实际，我们这样做，完全是大势所趋，形势所迫，这是党的要求，是人民的要求，历史发展的要求，我们认为，从国家的角度讲迟早都会这么做的。因为，如果我们再不这么做，人民群众就会真的不答应了。我们每一位法官都应该站在战略的高度，以积极的、正确的态度充分认识进行违法审判追究的现实意义。

1. 对违法审判责任进行追究是维护司法公正的需要

司法公正是人民法院审判工作的生命线，是审判工作的基本要求，也是人民群众的真切希望。由于法院居中裁判的特殊地位，多少年来人们都把法院看成是正义的化身，当成主持公道，最能说理的地方。过去封建社会和资本主义社会，由于历史文化的原因，司法裁判的标准虽有区别。但在司法的目标上，要求公正合理则是始终如一的。我国历史上曾出现过多位主持正义公道，为民做主的“青天”。人民群众有口皆碑，称颂不已，这些人因公正廉明，同时也因为人民群众向往，并期望出现这样的清官，而使这些人万古流芳。当今是人民当家做主的国家，立法上的人民性和司法要求上的公正性达到了高度的统一，这给我们公正司法提供了前所未有的制度保证。

但是，司法的公正，并不会因为有了这样一种制度而自然到来，公众和社会对法院和法官是否是公正的评价，不是根据社会制度，而是根据具体的审判实践，其不仅来源于对法院全部工作的评估，更重要、更直接的是来源于对每一个案件审理结果的实际感受，也就是说维护司法公正是通过一件件案件来实现的，破坏司法公正也是通过具体的案件体现的。每年，我们两级法院审理的案件达四五万件，这些案件大部分，绝大部分是正确的。但存在的问题也是明显的，不容忽视的。虽然从我们有问题案件占案件总数的比例看，并不是很大，单从省、市两级法院改判发回和当事人上访的案件数看，只占案件总数的百分之一点几，但从绝对数看，也是不小的。另外，这期间真正有问题的案件可能也只占百分之零点几，但对具体当事人来讲可就是100%，这起错案就有可能造成企业的停产或破产，就有可能造成个人的家破人亡。而在社会上造成的不良影响有时则可能会是放大多少倍。我们查处违法审判案件：就是要尽量减少这种案件的发生。追究错的，才能树立正的，要肯定对的，就必须否定不对的，对错案不追查，任其发生发展，客观上就是对正确的否定，对勤勤恳恳，公正无私的广大干警的否定，对错案的容忍和放任，就等于是“自毁长城”。对此，我们全体审判干部，特别是各级领导一定要提高认识，不能再拿以前的思维方式，对待今天的新形势，决不能认为习惯就能成为自然，更不能麻木不仁，无动于衷。我们要通过违法审判责任追究，树立司法公正意识和办案质量第一的观念，让人人都自觉地维护司法公正这一法院工作的生命线。在审理案件中做到程序合法，实体公正。通过严格依法办事，坚决维护当事人的合法权益，树立法律权威。这当中，我们要充分认识到，法律的权威，在相当的程度上是通过法官树立起来的。这既说明了在建立社会主义法治国家过程中法官的责任重大，同时也说明了只有在严格公正的执法中，法官的权威才能真正树立起来。

2. 对违法审判责任进行追究，是解决人民群众不满意的问题，改善法官形象的需要

近一个时期以来，解决司法腐败问题是党中央，各级党委人大、上级法院反复强调，反复部署的重大问题，也是人民群众反映强烈，呼声较高的问题。腐败现象对党和国家来说，可以改变党的宗旨，改变国家的性质，使党和国家因此而失去人民群众的信任和支持。对人民法院来说，腐败不仅直接引发人民群众对社会的强烈不满，而且直接损害国家利益，动摇人民民主专政的根基。

如果司法方面存在的问题得不到有效解决，什么树立法律权威，什么依法治国，建设社会主义法制国家都会成为一句空话。

几年来，在市委的正确领导下，两级法院在抓队伍建设，反对司法腐败方面做了大量卓有成效的工作，取得了显著的成绩。但我们也要看到，在我们审理的案件中还存在着这样那样的问题。实事求是地说，我们的有些部门，其存在的问题无论是性质还是数量，不是越来越下降，而是越来越严峻。市法院纪检监察部门有一个统计，1996 年两级法院共查处干部 7 人，其中市法院 1 人，1997 年查处了 9 人，其中市法院 4 人。今年两级法院共查处 30 人，其中市法院 13 人。干警违纪人数，3 年纯增加了 3 倍多，当然，这当中，尤其是今年有集中教育，主动抓整顿的原因，但也不能不说明我们队伍存在问题的严重性。从海河刚才分析的这些案件中，我们可以发现，有的案件明明是法有明文、规定不让受理，却偏偏受理。有的上级法院三令五申，可个别单位还是我行我素，最后给当事人造成了很大的诉累，造成了很坏的社会影响。有的案件明明不该判缓刑，却判了缓刑。还有的案件程序严重违法，随意超过审理期限，老百姓打一个官司，动辄经年累月，有的甚至要花上三五年。应该说，这些案件所反映的问题，还只是我们队伍存在问题的一部分，这些案件中，严格地说有的也不是非常典型的，比这些问题更严重的问题还是有的。

被追究的同志中，有的也不是平时表现最差的。这些，是由多因素造成的。问题不是一朝一夕形成的，解决这些问题更不可能毕其功于一役。绝不能指望一、两次公开处理，就能全部解决所有问题。在反对司法腐败的问题上，在实现提高人民群众满意程度目标的道路上，我们必须树立长期作战思想，一个问题一个问题地去抓，一件案件一件案件地去解决。只要这类问题没有得到很好解决，我们的决心就不能变，力度就不能减，劲头就不能松。不这样，党委就不会放心，人民群众就不会满意。只有这样坚持不懈地抓下去，人民法院、人民法官的良好形象才会不断地树立起来。

3. 对违法审判责任进行追究是提高法官素质的需要

在审判工作中，人的因素也同样是最重要的，我们工作中存在的问题，都和法官的政治和业务素质紧密相关。随着社会主义法治建设的不断发展，人民法院的社会地位和作用越来越突出，人民群众对法院的要求也越来越高。从审判实践看，人民法院受理的案件不仅在数量上越来越多，而且在类型上也越来越复杂。这种工作趋势和外在执法环境的要求，对我们法官的政治和业务素质提出了严峻的挑战。江泽民同志曾经反复强调“实行依法治国，建设社会主义法制国家，必须有一支高素质的政法队伍”，要适应当前形势发展需要，保质保量地完成日益繁重的审判任务，我们必须建设一支政治坚定，业务精通，纪律严明，作风过硬，清正廉明的法官队伍。

几年来，经过各级法院的不懈努力和广大法官的积极工作，广大法官的素质有了明显提高，通过审理大量的各类案件，为社会稳定和经济发展作出了重要贡献，但从整体看，我们的法官素质还远不适应工作的需要。我们必须狠抓政治素质和业务素质的提高。在历次执法检查中所发现的问题中，由于法官业务素质不高所产生的问题都占一定比例。这次追究的案件中，有极个别案件承办人对法律知识的匮乏也到了相当的程度。在我们的队伍中，提高业务素质从而提高执法水平的紧迫性目前还没有得到很好的认同。有的同志还满足于对法律的一知半解，满足于昨天的过得去，本来水平就不是很高，又不认真学习，这怎么能适应新形势呢？同志们，形势在飞速的发展，社会在日益进步，包括人民群众的法律意识也在不断提高的情势下，我们必须尽快地提高自身的素质，以适应工作的需要。要知道“以其昏昏”，不可能“使人昭昭”，贪官不可能办公正案。同样，糊涂官更不可能办明白案。我们对这些有问题的案件进行追究，就是要从机制上形成一种压力，使大家有一种紧迫感、危机感。促使大家加强理论的学习。不断树立正确的人生观和职业道德观，促使大家抓紧业务知识的学习。尽快充实自己，使之更好地胜任本职工作。

法官的职业和新的形势给法官提出了很高的要求，它要求法官必须具备政治上的坚定性，业务上的专业性，能力上的适应性，根据这一标准，并依据全市两级法院法官共同建立起来的流动机制和监督机制，我们要尽快提高两个素质。努力做到：让腐败分子在法院无藏身之地，让不符合法官标准、不适应工作需要的人在法院没有立足之地。

三、正确认识和对待监督，努力把监督工作提高到一个新水平

我们根据最高人民法院《关于违法审判责任追究的有关规定》制定了《关于加强审判监督的实施办法》，成立了监督委员会，对两级法院的审判工作实行了有效的监督，今天又适时召开了违法审判责任追究大会。可以说，今年是我们的监督工作力度强化、成果显著的一年。这项工作得到了绝大多数干警的重视、理解，社会各界的支持和人民群众的广泛欢迎。但是在部分法官中仍然存在一些模糊认识。有的对加强监督感到不舒服，认为这是没事找事。有的认为，监督和追究是自讨苦吃，自己给自己找麻烦。有的则认为，在这种情况下，办案越多越吃亏。有的同志有“畏难”情绪，认为违法审判责任难区分，范围难确定，处理难落实。还有的同志认为法院的监督已经够多的了，再这样搞，没有必要，等等。这些思想认识都是错误的。我们一定要明确强化内部监督的认识，积极正确地对待监督和追究，逐渐使它成为我们加强审判工作不可或缺的一部分。这是形势发展对我们提出的必然要求。要提高对审判监督的认识，当前必须处理好三个关系。

1. 要正确认识审判监督与独立审判的关系。法律赋予法院独立审判权的目的是为了减少外部对审判工作的干扰、保证审判结果的公正，并不是给法官个人设立无拘无束的权力。法律的权威属于国家司法机关，不属于法官个人，任何个人都没有要特权、要威风的权利。为保证审判权的正确行使，国家规定了对法院审判权的监督和制约。规定了人大及其常委会对人民法院的工作监督，人民检察院对法院的法律监督，上级人民法院对下级人民法院的审判监督，同时还规定了各级人民法院自身的院长监督。今年9月最高人民法院下发的《人民法院法官违法审判责任追究办法》明确规定：“上级人民法院监察部门认为下级人民法院应当追究有关法官责任而没有追究的，报告院长决定，责令下级人民法院追究责任，必要时直接调查处理。”我们认为，规定这些监督方式的目的是为了促进公正审判，监督要解决的是不公正审判的问题，对于我们目前审判实践中存在的问题，必须通过加大监督力度去推动和促进尽快解决。独立审判是相对那些违反法律的干预而言的，而依法进行的监督则是必须的，不可缺少的。实践证明，真正的公正审判，是不怕监督的。目前我国立法机关正在着手起草一部全面系统的《监督法》，今后的监督工作只会加强，不会削弱。只有完善了依法、正确的监督，才更有利于人民法院依法独立审判，失去这种监督，就会出现审判权的滥用，导致司法的不公正，从而失去人民法院的权威。

2. 要正确处理内部监督和外部监督的关系，也可以说是主动监督与被动监督的关系。从当前情况看，法院的外部监督有人大的监督、检察机关的监督、社会的监督，以及舆论的监督。监督方式越来越多，力度也越来越大。在这种情形下，我们法院自身内部监督也要跟上来。内部监督和外部监督，是加强审判监督都不可缺的两个方面，是相辅相成的，绝不是因为有了外部监督，就可以没有内部监督。内部监督是我们法院自己主动出击，不是单纯等着别人来告，而是自己主动去发现错误，纠正错误。我们认为，这种主动监督效果会更好。实践证明，在实行监督上，早实行早主动，晚实行就被动。在解决自己存在的问题上，自己解决比别人解决好，早解决比晚解决好。与其被别人找去处理，不如我们内部监督查处，还可以及时地发现，有效地遏制积小成大、集腋成裘的问题。只要我们及时纠正错误，就可以大大减少错误本身给我们带来的负面效应，若等到问题被外面曝了光，我们法院的声誉、法官形象就要受影响。那时候再来处理，我们就陷入了被动。所以在监督上，我们要立足内部，主要靠我们自己解决存在的问题，充分发挥内部监督的作用，同时积极接受外部监督。

3. 要正确认识追究与爱护的关系。加强监督，是保护司法公正、廉洁的需要。在审判纪律面前，法官人人平等。无论是谁，只要通过监督发现有违法审判行为，都要予以查处。我们开展违法审判责任追究的初衷，绝不是要处罚某一个同志，追究绝不是目的。对有问题的案件来说，有相当一些是认识问题和教育问题，真正应受到追究的是那些故意违法审判和严重不负责任，造成严重后果的案件承办人。这样的案件只能是极少数。追究本身只是一种手段，是进行教育的一种方式。这种方式虽然不太好接受，但是可以震动大家，警示大家，对被追究者的长远来说也不是坏事。从这个意义上讲，追究也是对干警的一种爱护。我们始终认为，宽是害，严是爱。我们有的部门出问题，很大原因上就是领导者管理失之于宽，使一些比较好的同志的问题由小到大，最后难以自拔。我们建立监督委员会，形象一点说，就是在法院和不正之风之间设立一道防风林，在公正裁判和枉法裁判中间设立一道警戒线，免得有的法官因小失大，走得太远。对各级组织来说，我们要把对干警的真正关怀落实到严格的管理之中，不护短，不姑息，在干部的成长过程中尽到一个领导者应尽的责任。对广大法官来说，要从积极的方面出发，深刻领会、充分地理解监督的真正意义，吸取自己和他人的教训，严格要求自己，做到自重、自警、自省、自励。要珍惜自己的岗位，珍重法官这个称号。当法官，更要当一个好法官。在各种考验和诱惑面前，保持人民法官的高尚人格和道德情操。对受到追究的同志来说，可能思想一时想不通，有压力，但长远来看，这比让你自然发展下去，好得多。因此，要把压力变为动力，不要把追究当成阻力，甚至产生消极情绪。要振奋精神，多从自身找一找原因，不要不服气，纠缠于一些细枝末节。犯错误并不可怕，可怕的是有错不知，知错不改。只要认识错误，并认真加以改进，这样的同志仍然是好同志。

这次追究大会，只是我们响应上级法院要求，建立健全法院内部监督机制，强化监督力度，采取的初步举措。今后的监督工作还要长期、不间断、全面深入地抓下去。我们已经和各基层人民法院打了招呼，要求各基层人民法院也都要建立起相对独立的内部监督机构，加强对本级审判工作的监督，同时也对市中院的审判工作通过正常的程序提出意见。上下衔接，互为补充，从真正解决问题的角度，解决好监督问题。我们认为，法官手里的审判权有多大，我们的监督力度就要有多大，坚决防止审判权的滥用和腐败现象的发生。为了做好今后的监督工作，市中院提出以下几点要求：

1. 要进一步加强监督委员会的工作。监督委员会从成立到今天，还不到 4 个月，此间这些同志发扬吃苦耐劳特别能战斗的好传统、好作风，特别是这些老同志勤勤恳恳，辛勤工作，顶着各方面的压力和干扰，经常是既当书记员，又当调查员。各项工作基本都得亲自去做，以严细、公正的态度完成了前一阶段的工作任务，为下一步工作奠定了基础，开了个好头。但是，监督委员会毕竟是个新事物，还处于尝试和实验阶段，其工作程序、工作制度、人员编制、工资待遇等方面都还要进一步不断健全、规范和完善。一方面，要求我们这些监督委员会的同志们要继续积极工作，努力探索，另一方面，又需要人大代表、政协委员、执法监督员、新闻舆论部门以及社会各界、各兄弟部门的理解和支持，更需要我们各级办案单位和广大法官，积极支持、主动配合，共同提高监督委员会的工作成效，完成监督委员会所担负的工作任务。

2. 要进一步加强法院系统对监督工作的管理力度，强化上级法院对下级法院的监督，强化法院系统化管理，是法制建设发展的一种趋势，是维护法制统一的客观需要。目前，在法院上下级工作关系上还有很多问题要解决。有的基层法院不按上级要求去办，有的自行其是，甚至相互掣肘。这次监督委员会收到人大转来的 23 件案件，但只审查了 11 件，另有 12 件因卷宗没有及时调上来而未予审查和追究。有的几次向基层法院下调卷令，案卷就是不往上送。在今天追究的案件中，有的基层法院没有，但并不等于那个基层人民法院就没有该追究的案件。对需要调卷审查的案件，会后，我们要继续审查，该追究的一定要追究，而且要严肃查处。同时，我们也对有的单位的这种工作不负责任、顶着不办的做法提出严肃批评。今年省法院曾就加强法院内部系统管理专门下发了文件，各院要结合这次会议，认真学习和领会省法院文件精神，增强法院内部系统凝聚力，向心力，一定要做到令行禁止。进一步加强上级法院对下级法院审判监督的权威性、有效性和正确性，保证审判工作的正常运行。

3. 要抓好领导这个关键。一个院、一个部门能否做到队伍清正廉洁，执法公正无私，监督有力，关键还是在领导。领导自身身正，干净干事，才能敢抓敢管，这本身就是一种形象威力和带动力。法院的各级领导干部一定要有责任意识，要站在对法院审判事业负责的高度，首先管好自己，然后是管好自己的部门，管好部门的人员。各级领导一定要认真贯彻执行今年建立的流动和监督机制这两个制度，发现违法审判一定要付诸检查，发现违法违纪的，一定要按照流动机制严肃处理。今后考核领导干部，要按照谁主管谁负责原则，强化责任考核，对不尽职责，做老好人，袒护违法违纪者的领导要划入不称职的行列。

4. 各基层法院都要强化内部监督工作。主要领导要亲自安排，亲自过问，要选择那些有能力、有水平，敢讲话的同志到监委会来工作，要安排好他们的生活，不断树立他们的威信，争取1999年这项工作有一个新的发展。同时，要依据《人民法院法官违法审判责任追究办法》进一步强化监察部门职能，注意收集违法审判线索。对涉及中院审判干部的违法审判线索，基层法院监委会或监察部门要将材料报送中院监察室处理。市法院监察部门对各院监察工作负有直接领导责任，今后各院在违法审判责任追究处理时要上下及时沟通，逐步朝着认识一致，标准一致，步调一致的方向努力。

同志们，人民法院面临的任务艰巨而繁重，监督工作任重而道远。在今后的审判实践中，我们将以审判方式改革为突破口，以规范审判秩序为重点，以强化法院规范管理、责任管理为手段，通过加强机制建设，促进干部素质的提高，全面提高审判质量。全市两级法院广大审判工作人员要积极行动起来，解放思想，勇于开拓，紧密团结，努力工作，以实际行动，为我市的社会稳定和经济发展作出新的贡献。

谢谢大家。

在法官违法审判责任追究会上的发言（2）

（2001年11月22日）

同志们：

今天的大会，是1998年最高人民法院实行违法审判责任追究制度以来，市中院召开的第五次公开追究处理大会，体现了我们对公正与效率这一人民法院世纪性工作主题的深刻关注和不懈追求。首先我对参加今天大会的全国、省、市、县区的各级人大代表、政协委员以及两级法院的执法监督员和人民陪审员表示欢迎和感谢，感谢你们对两级法院工作的理解、关心、支持和有力的监督。下面我代表市中院党组讲三个问题。

一、实施违法审判责任追究制度以来的基本情况

1998年以来，市中院在市委领导下，在市人大和省高级人民法院的指导下，针对法院内部审判权运行过程中，纪律监督与审判监督缺乏制度性衔接，审判责任虚化，内部监督机制呈现“软约束”的问题，以“责任制约束审判权”为着眼点，把纪律监督与审判监督有机地结合起来。通过成立监督委员会，为追究工作提供了组织保证。监督委员会依据法定的院长监督职能，由院长授权，代行院长监督权中发现并审查问题的职能，对有问题的案件及办案人应负责任一体审查。形成了监督委员会负责收集

违法审判线索并向审判委员会提交审查意见，审判委员会负责案件违法审判责任的认定，监察部门负责违法审判责任人员的处理，审判监督庭负责对审委会定性为确有错误的案件进行再审的内部监督工作格局。全市各基层人民法院也于1999年全部建立了专门的监督委员会，两级法院初步形成了标准统一、步调一致的与审判权相脱离的内部监督运行机制。在3年多的时间里，监委会逐渐建立了收集违法审判线索、立案、阅卷调查、集体评议、有关责任人申辩、提交审判委员会讨论定性等一整套比较严格规范的工作制度，确立了“三不”原则，即监督委员会不干预办案、不参与处理、不受理法定程序中职能部门未处理或正在处理案件的原则和集体把关原则，严格区分主观故意和工作过失原则，罚当其过原则，监察工作垂直领导原则，公开追究处理原则等六项追究工作原则。两级法院的监督委员会目前已有专职监督人员10人，此间共审查案件5777件，向审判委员会提交审查案件119件，其中市中院追究处理案件43件，追究责任人44人，包括撤职8人，降级1人，记大过5人，记过9人，警告5人，通报11人和两个单位。各基层法院分别追究27件追究责任人案件。可以说，在落实违法审判责任制度过程中，我们在机构设置、人员配备、工作原则、追究程序以及相应配套措施等方面都进行了比较有成效的探索，责任型审判权制约机制已初见成效，在维护司法公正与效率方面，越来越明显地发挥了作为一种新机制的作用。主要表现为：“三高三低”和“三多三少”。“三高”是一审案件结案率、执行率、上级法院对上诉案件的维持率不断提高，1998年至2000年两级法院的结案率分别是93.87%、97.19%、97.35%，执行率分别是56.4%、69.6%、75.8%，上诉案件中被上级法院维持原判的比例分别是42.91%、43.56%、50.02%；“三低”是上诉率、改判发回率、抗诉案件数量不断降低。1999年至2001年两级法院的上诉率分别是6.22%、5.28%、5.21%，在上诉案件中二审法院改判发回率分别是35.94%、35.50%、31.72%，抗诉案件分别是54件、34件、21件。“三多”是法官自觉学习、主动研究业务的多了，敢于坚持正确意见、不为法外因素干扰所动的人多了，受到群众表扬、送锦旗表扬信的人多了。“三少”是无法定理由超审限的案件明显减少，群众上访总量逐年减少，法官违法违纪的现象明显减少。在2000年3月2日召开的最高人民法院违法审判责任追究工作长春现场会上，我们向全国法院系统与会代表介绍了实施追究制度的做法和体会，得到了一致的好评。最高人民法院院长肖扬等领导同志来长春法院视察时，对我们的工作也给予了充分的肯定。

追究的实践使我们深深体会到：（1）在不断深化司法体制改革、逐渐加大法官和合议庭审判权力的情况下，在法院对社会纠纷调整范围不断扩大、法院的社会作用不断增强的情况下，相应的对法官审判权力的内部监督必须加强，以形成适度的判断压力环境，保证法官对案件作出客观公正的结论。（2）应该以审判责任为核心，建立和完善审判权内部监督机制为审判权的正当行使提供合理的约束与保障，只有不断地克服对办案人的监督与对案件监督、纪律监督与审判监督的脱节问题。才能使内部监督机制充分地发挥出应有的效能。（3）法院领导干部作为审判工作和法官队伍的管理者，对追究制度必须在政治上高度重视，思想上充分理解，才能在行动上主动采取有效措施，确保追究制度落到实处，才能保证案子少出纰漏，队伍少出问题。（4）要想使违法审判追究机制落到实处，必须不断提高广大审判人员的思想认识，真正从关心爱护法官出发，通过治小抑大的具体行动，逐步形成广大法官对追究机制的认同。实践证明，没有相应的追究氛围，追究工作是搞不好的。

二、适应新形势、新任务的要求，进一步深化对追究制度的认识

世贸组织的加入标志着我国在形式上已融入经济全球化，新的参与国际经济竞争的舞台，对我们提出了新的标准和要求。入世后的国际竞争将是国民素质和人才的竞争，为了适应这种竞争，我们必须对竞争的环境作出正确的估计。入世后变化最大的方面之一将是法律环境，凡是与世贸组织规则不一致的法律法规都将被废止或修改，民事审判领域的企业破产、经济合同、劳资纠纷、劳动争议、知识产权等纠纷案件将会不断增长，法院需要更多懂得国际经济运行规则的法官，特别是精英型和专家型的法官，这对人民法院既是严峻的挑战，更是难得的机遇。为了尽快适应国际竞争机制，提高我国司法的国际竞争威信，司法改革的步伐将会进一步加快，法官素质和执法水平必须尽快提高。为贯彻落实十五届六中全会精神，最高人民法院于近日分别颁布了《法官职业道德准则》、《地方各级人民法院及专门人民法院院长、副院长引咎辞职规定（试行)》，意在加强法官队伍建设、加强法院领导干部作风建设，改革和完善法院领导干部管理制度。在这样的新形势下，通过主动积极的追究工作，强化内部监督/提高执法水平，改善法院和法官的执法形象，较之以往有更重要的现实意义。

虽然经过多年来的艰苦细致的工作，追究工作已被广大法官所认可，被当成了审判程序中当然的一部分，但由于它是一个新的事物，在一些个别法官甚至个别法院领导头脑中仍然存在着一些错误的认识，加之新形势新任务的要求，有必要对追究工作的认识不断地加以强调。

（一）为什么要实行法官违法审判责任追究制度

1. 法官的违法审判行为在现实审判实践中还时有发生，这些问题还在损害着法官和法院形象，损害着法律的权威，人民群众对此还有意见。从这次追究的案件看，有的是违法调解，背着当事人随意添加调解协议内容；有的是拖延执行，长达多年；有的是违背法律规定，该保护的不保护，不该保护的乱保护，等等。这些错误是较明显的错误，法律的有关规定就摆在那儿，只要依法办就行了，偏偏就有人不依法办，为什么他要这么办而不那么办呢？事出总是有因的，产生这些问题的原因是多方面的，有历史的原因，也有现实的原因；有客观原因，也有主观原因，但我们认为关键还是主观上领导抓得不紧，个人要求不严的问题。这些案件虽是个别的，在今年近8万件的两级法院的办案量中，是极小的一部分，但对这些具体案件的当事人来讲，就是全部。作为法官要树立百姓意识，要经常地从当事人的角度，设身处地地想一想，办这样的案件，人民群众怎么能满意呢！无论是从人民群众的呼声和期待看，还是从审判机关应有的地位和作用看，都不能任由这些违法审判行为发展下去，必须采取相应的措施加以整治。

2. 以目前的法官素质和执法水平，采取责任追究的办法是实事求是、切实可行的监督手段。《法官法》的颁布和修改，表明我国法官制度建立和完善的过程是一个渐进的过程，法官群体的职业化更是一个需要更长时间才能逐步实现的。仅就长春市两级法院为例，在目前实有的1440名法院工作人员中，受过全日制高等教育的只有129人，仅占8.9%，其中法律专业的104人，仅占7.2%，通过其他途径接受本科教育的451人，占31.3%，实际水平远没达到修改后《法官法》的基本要求。因此，出现少数法官业务素质不高、职业道德操守不端正、审判作风粗暴等现象是不奇怪的，以这样的素质状况要想达到较高的职业化水平还需要相当长一段时间。目前法院还在一定程度上依照行政部门的运行机制在运转，法官对司法职业的特殊性还缺乏足够的认识，把自己简单地定位于“官”从而导致了审判质量和审判作风等方面的问题，并由此引发了人民群众的不满，要改变这种现实，解决这些问题单靠自律是不够的，单靠社会监督、舆论监督也是不够的，单靠有关部门发现问题提出问题再去解决更是不够的，这样的监督都是被动的，不全面的甚至是滞后的。解决这些问题最直接、最有效的办法就是自己动手解决好自己的问题，特别是要探索建立一套自己能、自己想主动解决好自己问题的运行机制。

3. 实现法官责任追究制度是探索有中国特色的司法监督方式的一种积极尝试。近几年来，对于审判权的监督由于其社会作用的不断增强，越来越受到关注。有人提出对法官追究责任是对法官权威的挑战，有悖于司法独立原则。我认为，这是一种脱离中国实际的看法。我们可以就中外法制建设的发展历程做一对比，西方国家目前的司法文明是建立在发达的市场经济基础之上的，在不断完善现代民主政治体制的前提下，经历了三百多年的发展过程建立起来的，他们有法治的传统，有比较普遍的对法律的信仰和尊重，法官和公民的法律意识相对较强。即使在这样的司法传统背景下，他们仍然重视审判纪律对法官权力的监督与惩戒。美国是英美法系司法制度的代表性国家，早在1924年就制定了《法官行为规范》，美国法官要受严格的纪律约束。为了从组织上保证法官纪律的执行，联邦和州法院系统都设有法官行为调查委员会，专门处理法官的违法违纪行为，惩戒措施包括：警告、公开警告、短期停止工作直至撤销法官资格。德国是大陆法系司法制度具有代表性的国家，在联邦最高法院和州法院都设有内部纪律监督机构性质的法官职务法庭，就法官在纪律与惩戒方面所作的申诉进行裁决，制裁的方式包括申诫、减薪、降级、停职等。而我国秉承人治主义的历史渊源，相对地缺乏民主和法制的传统，市场经济建设刚刚起步，建立现代司法制度、司法与行政分立、法官职业独立的时间都很短，法官和公民的法律意识、法律信仰和法律心理，都处在一个较浅的层次。在一定意义上，西方国家的司法制度发展轨迹是先树立法官的权威，根据法官执法过程中出现的问题，不断加强监督，因此目前西方国家也有通过追究法官责任强化对司法权监督的趋势。我国在司法制度建设相对落后的情况下，在经济全球化和法律全球化的进程中，不能亦步亦趋地重现西方国家的发展过程，而应根据中国国情选择司法权力的监督机制，不单是通过法官的司法过程，而且也应同时考虑有效地监督司法权的行使，及时地修正司法实践中出现的问题，从两个方面不断地树立司法的权威，法官的权威。

4. 实行法官责任追究制度，是给人民群众一个信心使其更加坚信社会公平和正义。法院是社会公正的最后一道防线，司法公正是一个法治国家的必备要件，如果人民对司法公正没有信心，这个社会就会缺乏得以维系和发展所需要的统一观念基础，国家的凝聚力就无从谈起。人民群众对法院和法官的要求其实就是一个简单的标准，就是看你案子办的是否公正，对那些能把案子办公正的法官，他们就信任信服，对那些案件办得不公的法官，他们就怀疑。如果我们对案件办得不公的法官不处理，没有说法，人民群众就可能由对某个法官的怀疑导致对整个法院的怀疑，乃至对法律的怀疑，这种怀疑在一定情况下可能会被联系到党和政府。如果我们对违法审判的法官实行了责任追究，人民群众就会认为法院和法律是公正的，不公正的只是极个别法官，从而进一步认识到，如果法官侵犯了当事人的权益，法律是有说法的，有追究制度管着，从这一角度而言法官责任追究制度对于提高司法的公信度是大有好处的。说心里话，我们也不愿向社会披露我们的问题，但在当今社会民主化程度不断提高，要求公共权力机关办事透明度要不断加大的情况下，要想解决问题，首先要正视问题，要想使司法机关成为人民信得过的公共权力机关，就必须将其真正置于人民群众的监督之下，真正把人民的意见当回事。我们理解党的十五届六中全会何以强调作风问题，关键是要恢复和保持党同人民群众的血肉联系，在计划经济向市场经济过渡，现行政治向现代民主政治转变过程中，很重要的一个变化是在社会政治生活中，将由国家至上转为人民至上，人民的国家主体地位，将进一步体现，关注人民的意愿，按人民的要求办事将成为国家的主要任务。在这样的观念基础上，我们认为，解决问题的最佳途径莫过于自己想办法解决好自己的问题。这不仅最简便而且最直接，而且成本最小，这不仅是一种要求，而且是一种历史的责任。

（二）追究的标准是什么

个别审判人员一提追究就牢骚满腹，觉得一年到头办这么多案子，谁也难免出点差错。出错就追究，今后谁还干活？我觉得这一说法是自己给自己的错误找借口。根据最高人民法院颁布的《人民法院法官违法审判责任追究办法》的规定，实行违法审判责任追究的重点是故意违背事实和法律作出错误裁判的案件。何为“故意”？（1）明知法律、法规有规定而不适用的；（2）案件事实清楚，当事人举证证据充分而不认定的；（3）一方当事人举证不能，对方当事人否认而无根据认定的；（4）违反法定程序阻碍当事人依法行使诉讼权利的；（5）二审或再审发回重审，明确指出依法应当纠正而不纠正的。可以说这是对法官行为的最低要求，是底线。依照法律办案是不言而喻的，如果你连这一点都做不到，就说明你缺乏法官应有的起码素质和水平。法律给予了法官一定的自由裁量权，允许法官在办案过程中对适用法律有不同理解，对证据采信和案件事实认定有自己的看法和判断。因此，对于因对法律、法规理解和认识上的偏差或对案件事实和证据认识上的偏差，导致错误裁判的，不认定为故意，未造成后果的，一般也不追究。但无论是谁，不能违反法律的明确规定审理案件，这个要求还做不到就不可以了。我们实行违法审判责任追究的动因之一就是想通过追究，督促那些由于业务水平原因导致违法办案的法官，及时发现自己审判业务能力上的不足，尽快学习，迎头赶上。警示那些出于私利等非水平原因执法犯法的法官，悬崖勒马，别拿自己的事业和前途开玩笑。我们在公开处理大会上再次重申追究的标准：也是希望与会的各位代表及委员对我们实行的追究制度有进一步的了解，有正确的认识，不是凡案件有偏差法官就都要受到追究。根据最高人民法院的两个办法，只是追究那些主观故意办错案件和过失办错案件而造成重大损失的责任者。法院有责任有义务维护法官裁判的既判力。维护审判权力的权威和监督审判权力的行使是并行不悖的。

（三）追究与爱护是什么关系

有个别法官特别是曾经受到追究的法官，认为对哪个人实行追究，就是跟哪个人过不去，是整哪个人，这种观点是错误的。平心而论，我们实行追究制度是从爱护干部的角度出发的。我们所追究的案件，有的群众意见较大，屡屡上访告状；有的人大代表提起咨询，政协委员拿出提案，要求必须答复；有的上级法院改判，错误明显，且明确提出要求；有的是检察院有明确的态度，要求再审。对这些案件的追究，我们已经是很被动的了。所以说追究也是爱护，一是不追不行，不足以向人民群众及有关部门交代；二是在定性上比较慎重，对有争议有疑问的仍在继续调查，目前还没有追究；三是相对于发现小问题及时通过追究抑制不再犯大错误而被其他机关处理，这本身就是一种负责任的表现。所以广大法官要对追究有一个正确的认识畏惧心理，消除抵触情绪，通过追究，吸取教训，今后不再犯错误，从长远的意义上讲，这是一种积极的保护。

（四）追究与弘扬是什么关系

有人说1998年以来，我们净搞惩戒了，队伍集中教育整顿、一年一追究、查摆剖析没完没了，难道法官都那么黑吗？我们是不是自己往脸上抹黑呢？难道我们法官就没有值得弘扬的东西吗？我们两级法院1998年至今年10月底共审结各类案件220783件，而我们这4年一共才追究70余件，占全部案件的0.03%，比例是微乎其微的。如果说因为我们实行追究，就等于抹煞了那些成绩，那是一叶障目。如果说因为这些违法审判案件的存在，在人民群众中造成不良的影响，给人民群众一个不好的印象，那就是0.03%影响了99.97%，这对那些办案质量好、群众信赖的法官是不公正的。相反，对这些违法审判案件追究处理了，才能向社会展示法院和法官的全貌。值得弘扬的法官精神是什么？就是敢于排除各种干扰，依法审判，勇于捍卫司法公正。实行追究，就是弘扬这样一种理念和精神，因为公正和效率是人民法院工作的主题，通过各种管理机制建设在广大法官中普遍培育这样的理念和精神，同时这也是创造先进的法官文化和法院文化。在另一个角度上说，法官依法办案，秉公执法是天经地义的，就像国家官员不能贪污受贿一样，是当然的、应该的、起码的。法官中兢兢业业、克己奉公、廉洁执法的先进人物应该加以宣传和奖励，但他们所做的一切都是分内之事，没有做到的就是失职。所以追究与弘扬不是相对立的概念，不是非此即彼的。而事实上这些年来，我们也树立了一批任继友式的先进法官和二道法院等先进法院，而且我们还在不断地努力做着这项工作。

（五）追究与政绩是什么关系

这几年来，每次中院召开全市法院公开追究处理大会，都会对中院和基层法院的一些案件和相关责任人进行追究，常常是中院的监督委员会和审判委员会还在讨论审查，个别基层法院的同志就闻风而动，具体办案人也左找右找。特别是有些基层法院的同志，有一种比较普遍的担心是，我们法院的案子受到追究，当领导的脸上无光，我们是先进法院、人民满意法院，怎么会还有案件被追究？这就提出一个问题，法院领导对自己工作和队伍中出现的问题是捂着盖着，还是勇于揭短，严格管理，究竟怎么做，才是对干部好，对法院也好呢？首先，我觉得法院领导应该对法官的执法水平和法院的执法环境有一个正确的把握。在目前的条件下，人们的价值取向纷繁复杂，原有的道德标准发生了相当大的变化，在这样的大环境中，要求法官超凡脱俗，不食人间烟火，不受利益诱惑是不现实的，以法官现有的状况要求不出一点差错也是相当难的。在这个问题上正确的态度应该是：法官出问题有客观的原因，但不能完全归咎于客观原因，应该说，每一个法官出现的问题都与我们领导抓的不力有关。那种认为我们已经是先进法院就不应该被追究的想法是不现实的，先进单位出了一两个问题只要你自己主动抓，主动处理了，并不影响你的先进，但如果因为你是先进就采取双重标准，那种虚假的荣誉是不真实的，老百姓也不会相信。在这个问题上我们要克服我们民族文化传统中过分求完美、超现实理想化的思维习惯弊端，真正脚踏实地从实际出发，有问题并不可怕，可怕的是我们不正视问题。其次，法院领导要对新形势下，实行司法改革后法院领导的职责有一个新认识，审判方式改革后，还权给合议庭，法院领导的职责是轻了，还是重了？答案是后者。你所思考的问题不是以往等级裁判体制下对个案的管理，而是宏观的整体意义上的管理手段和效果，是如何体现领导的责任。一个称职的法院领导要学会灵活运用各种监督手段和管理方式，通过规范法官行为提高审判水平。法院领导的政绩体现在高水平的审判管理和严要求的队伍管理上，不是没有一例被追究的案件就完事了。应该说，实行追究制度以来，各院领导的认识和工作力度都有很大的提高，今天的大会也是两级法院共同实行监督的结果，但是我们不能满足于监督工作目前取得的成绩，要在新形势下不断提高监督工作水平，今后我们的工作目标不是追究得越多越好，而是人民群众不满意的案件越少越好。

（六）追究和“人民满意”是什么关系

近年来，“人民满意”成为衡量审判工作水平的一个标准，这是体现党的宗旨的一个目标，体现了司法的人民性。“人民满意”究竟是什么内涵，值得大家认真思考。我理解，人民满意是宏观上、整体上社会对法院和法官的一种良好愿望和要求，人民满意作为目标。内涵就是司法的公正和效率，这是我们法官应坚持不懈追求的。人民满意是一个政治概念，其本意在于法院的审判活动要让赋予我们审判权的人民满意，维护全体人民的共同利益，但共同利益绝不是个人利益的简单相加，因此不能把“人民满意”狭隘地理解为“当事人满意”、“原告满意”或“被告满意”，“人民满意”一般是不可量化的，把当事人都请到法院，统计原告被告满意率，这是违背司法规律的。拿实行法官责任追究这项工作来说，法院追究的案件再多，也总会有当事人觉得追究的不够，是不是这就是“不满意”，我们是否要适应这部分群众的要求，追究得越多越好？越重越好？我看不是这样，只要我们严格依照法律的规定办案，严格依照法律规定追究，我们就是维护了司法公正，人民群众对此就会有一个总体上的满意。

回答了上述几个问题，主要是想就审判队伍中对追究制度的一些模糊认识予以澄清。提高认识和改善工作都需要一个相当长的过程，我们一定要沿着这条道路坚定不移地走下去，只有这样才能越来越接近于司法公正的目标，才能逐步让人民群众真正满意。

三、下一步两级法院工作的要求

（一）抓作风，建秩序

追究的目的并不单在于纠正几件案件，处理几个责任人员，更重要的在于使全体法官引以为戒。从几次追究处理的案件看，有相当多的问题与审判作风有关，与法官的业务水平有关，与审判管理不善有关。这要求我们在明年的工作中，一是要抓好作风建设，两级法院要认真贯彻落实党的十五届六中全会精神，认真解决好审判作风问题，努力学好《法官职业道德准则》，培养法官公正、公平、公开意识。各部门领导要对照有关规定要求，认真排查本单位、本部门审判工作中存在的作风问题，逐方面的梳理归纳，深刻地分析其产生的原因，并制定相应的措施，采取有针对性的办法，限期解决。在制定明年工作计划时，要把法官作风建设和职业道德建设，作为队伍建设的重点任务，切实抓紧抓好；二是要抓好业务学习，要把我们历次追究的案件作为典型案例，反复分析，争取避免相似问题的发生。要建立经常的学习制度，中院党组最近已作出决定，明年实行“每周一讲”制度，每周讲一课，从领导开始，或是政治或是业务或是研讨，培训部门要请业务骨干和专家学者，设立专题讲座、疑案分析等多种形式的业务学习活动，不断提高法官的政治素质和业务水平。特别要加强对 WTO 有关规则、新颁布的法律法规和有典型意义判例的学习，逐渐适应新的审判形势的需要；三是要建立全面配套、切实可行、行之有效的规章制度，建立科学合理运转有效的工作秩序，减少由于内部管理混乱和管理不善造成的各种问题，堵塞管理上的漏洞，克服不依制度办事的“人治”弊端。各级领导对此一定要高度重视，没有制度建制度，有了制度要切实抓好落实；四是各院的考评部门要在明年扩大考评范围，增加考评内容，从考评庭审和审判人员业务水平向考评领导管理水平延伸。在作出考评结论时，不单要有审判业务水平方面的评价，还要有审判作风、内部管理状况等方面的评价；五要加强法院宣传工作，特别是要认真总结法院内部的好人好事，树立典型，弘扬正气，要有效利用各种新闻媒体，向社会各界宣传先进法官典型，宣传好法官业绩，树立法官的新形象。

（二）抓领导，领导抓

目前我们国家正处于人治向法治过渡的过程当中，是人治和法治交替的时期，在现实工作中，单纯靠哪一种方式都是不够的，必须两者并用，逐步朝法治的方向努力。改善领导方法是目前亟待解决的问题，我们有个别法院领导干部不想事、不研究事，干事干得也不够。当一天和尚，撞一天钟是对领导干部的低标准要求，充满信心地带领本单位、本部门富有创造性地开展工作是时代赋予我们的使命。审判方式改革之后，等级裁判体系正在逐渐被打破，法院领导除了在一些比较敏感、社会影响较大的案件上必须依照程序规定严格把关之外，应逐步把精力转移到审判工作管理和审判队伍管理上来。领导的任务就是抓管理，抓队伍，不能再靠计划经济体制下养成的“等、靠、要”观念维持领导了。法院各级领导要适应形势的转变，要尽快提高领导水平，不断地适应新形势的需要。

（三）不断完善监督机制，不断加大监督力度

目前两级法院的监督工作已经有了一个良好的开端，监督体系基本形成，监督标准和监督程序已经统一，我们的工作制度和监督程序也得到上级法院和有关部门的认可。我们下一步要做的是：一要进一步拓展监督渠道，多方面收集违法审判线索，要把监督机制与法院管理和法官管理的其他机制如：考评机制、培训机制、流动机制等有效结合起来；二要进一步完善监督工作制度，确保监督制度化、规范化，加强两级法院监督工作的协调和统一；三要把追究向领导干部延伸，对构成违法审判责任的案件，要追究相关领导的责任；四要从单纯追究案件主办人员责任向追究合议庭集体责任过渡，目前我们追究的案件还有审判方式改革以前审理的，那时实际上的个人办案还没有完全杜绝，因此，目前追究的多数是个人责任，今后如果再出问题就要强调追究审判长责任和合议庭责任。在加大追究力度的过程中，我们要继续严格依法追究，在坚持实行追究制度的同时，尽快提高法官素质和执法水平，使追究制度的警示作用充分发挥出来，对法院建设和法官队伍建设起到积极的推动作用。

（四）切实抓好三项责任制的落实

1. 队伍管理责任制，针对法院个别领导干部表率作用和管理作用发挥不够的问题，市中院于今年7月30日下发了《领导干部引咎辞职若干规定》，列举了领导干部应引咎辞职的13种情形，对领导干部引咎辞职的提请等相关程序作出了具体规定，把能否抓好队伍建设作为考核法院领导干部是否称职的首要标准，把开展本职工作和搞好队伍建设等方面的具体职责落实到每个领导干部，并明确了追究责任的方式。工作中出现重大问题的、部门人员中有重大违纪问题的，就没有资格继续当领导。这项责任制不仅局限于院长、副院长，受约束的人员扩展到法院各级领导干部。我们将进一步将此项责任制与最高人民法院的规定

相统一，制定出一个符合长春法院实际的实施办法。

2. 审判工作责任制。针对个别地方审判工作环节运行不畅、超审限、超期归档、执行不规范等质量和效率方面的问题，市中院调研室、考评办和监督委员会等职能部门，根据程序法和审判流程管理的有关规定，制定出要求明确具体的审判工作责任制度，审判过程中哪个环节出现了问题，就追究相应责任人的责任，构成违法审判责任和违反审判纪律的要按照两个办法严肃处理，不构成违法审判责任的要根据院审判工作责任制进行处理。无论是哪个环节出现了问题，无论是哪一级哪一个部门的责任，都将受到追究。

3. 信访工作责任制。针对群众信访和个别上访老户问题解决不力的问题，市中院今年向社会公布了《信访工作责任制规定》，以高于以往的工作标准强化了院长、庭长、具体信访案件承办人的工作责任。对群众来信来访问题的接待、审查直至真正解决问题作出了详尽的程序规定，规定初访要由作出裁判决定的合议庭审判长出面接待，复访要由主管庭长出面接待，反复访的由主管副院长接待，老上访户由院长解决。同时明确信访案件不落实的相关责任。各基层法院、市院各部门都要加大信访工作力度，解决一些上访老户确实存在的实际问题。监督部门要注意在接待信访过程中收集违法审判信息，对上访问题久拖不决的有关责任人，要依照责任制规定进行处理。

在不断加强内部监督的同时，我们也欢迎来自法院外部的社会各界的监督，我想借此机会恳请各位人大代表、政协委员乃至全市市民对两级法院的审判工作给予理解、关心和支持，对法官的执法行为给予进一步强有力的监督。我们愿意不断加强人民法院与人民群众的血肉联系，不断改善审判作风，以高水平的审判工作为改革开放和经济发展提供司法保障和司法服务，在新的历史时期作出人民法院应有的贡献。

在审判监督工作总结会上的发言

（2000 年 9 月 11 日）

同志们：

今天我们在这里召开全市法院监督委员会工作总结大会，表彰先进，鞭策后进，对长春市两级法院监督委员会两年来的工作进行认真回顾，总结经验和体会，分析问题和不足，研究今后发展提高的思路。目的是进一步认识监督工作在新形势下的规律特点，把内部监督工作推向一个新的阶段。刚才，南关、宽城、朝阳、九台等四个基层法院领导介绍的经验说明，设立监督委员会：（1）路子是正确的，效果是明显的；（2）开始步入规范化轨道；（3）认识是基础，领导是关键；（4）良好的思想愿望要变成实际的成果必须脚踏实地，一步一个脚印地去实践，这当中最关键的是认识。西方有一位哲人讲过，没有制动器就没有机器，也就是说没有有效的机制，就没有规范的、高效的行为。总体上说，我们的工作刚刚起步。下面，我代表市中院党组，讲三个问题：

一、两级法院监督委员会工作的简要回顾

市中院的监督委员会成立于 1998 年 8 月 19 日，各基层法院的监督委员会分别于 1998 年底、1999 年上半年相继成立并开展工作。两级法院监督委员会现有 33 人，其中有审判职称的 25

人，书记员等工作人员 8 人。市中院的监督委员会自成立以来，共审查各类案件 587 件，这当中有院长交办案件 43 件；按监督工作规定程序审查 168 件；调卷审查 376 件，其中包括省院改判长春中院的所有案件及群众反映强烈的案件；提交院审判委员会讨论 97 件；另外还指导基层法院审查被改判案件 216 件。一个基层法院的监督委员会共阅卷审查各类案件 4189 件。根据监督委员会的审查，经过审判委员会认定，两级法院共处理违法审判案件 46 件，追究责任人 47 人，其中中院处理追究 34 件 35 人。实践表明，通过建立监督委员会强化内部监督的做法，符合新形势下加强法制建设和反腐败斗争的需要，赢得了社会各界和广大人民群众的充分赞许，取得了明显的效果，达到了预期的目的。

（一）监督委员会的成立背景和基本职能

1998 年初，在全国法院系统集中开展教育整顿过程中，我们根据对发现和查处的违法违纪问题的分析，感到执法不廉、办案不公是两级法院审判工作和队伍建设中存在的突出问题，也是人民群众对法院和法官最不满意的问题，而这个问题的产生。与法院内部监督不力有很大关系。经过深入的调查和分析思考，我们发现，由于历史的原因，使得法院内部监督不完善、不到位、不规范；已有的监督措施落实的也不够，在有些情况下，存在着有而不查、查而不追、追而不处、处而不严的问题。监督工作总体上处于相对被动状态，头痛医头，脚痛医脚，预防和震慑作用不足，没有形成有效的监督机制。由于机构设置受行政化因素影响，使法院的监督工作没有完全从审判规律需要出发，特别是没有把监督案件和监督办案人有机地结合起来，缺乏针对性和有效性，当时监督部门的职能分工是，审判监督庭从审判监督的角度审查认定案件裁判的正确与否，但不对产生错误的原因进行归纳性的分析确认，也无权对造成案件错误的责任人进行处理。监察室负责查处审判人员违法违纪行为，但对违法违纪行为造成的案件错误没有认定的权力，更没有改判案件的职能，两部门缺乏有机的联系和有力的配合。事实上缺少一个从案件入手把审查案件存在问题与办案人存在的思想行为责任相结合的监督职能部门。

市中院建立监督委员会的想法就是在这样的背景下产生的。想法产生后，我们把它交给广大法官讨论，经过4个月的讨论，基本统一思想后，我们把这一想法，向市人大、省高院及市委分别作了报告，得到了上级领导机关的充分肯定。市委、市人大及省高院分别书面批示，同意我们试验，监督委员会就是在这样的情况下开始起步的。监督委员由专职审判委员会委员、曾经担任过副庭长以上职务的离退休、退二线老法官和部分在职中层干部组成。经过认真的分析研究，我们设定：监委会行使监督权的依据是《人民法院组织法》中有关院长监督的规定。具体监督方式是由院长授权，由监督委员会代行院长监督程序中发现并审查问题的职能，在院长的直接领导下，在院审判委员会的指导下，对案件本身存在的问题及办案人应负责任一体审查并提出认定处理意见。通过设立这个专门机构，既弥补了院长监督程序缺乏经常性具体落到实处的缺陷，在院长和院长监督之间架起一座桥梁，真正落实院长监督程序，又弥补了监督案件和监督人相脱节的缺陷，协调审判监督庭和监察室的监督职能，一定程度上解决了法院内部监督机制建设上存在的机构设置、职能设定不合理的问题。

监督委员会成立之初我们给它规定的职能，一是对法院的审判工作和队伍建设进行宏观分析研究，总结经验，发现问题，提出对策。二是从案件入手，对本院各业务庭和各基层法院的审判工作进行经常性积极、主动的监督。1998年9月，最高人民法院颁布《人民法院审判人员违法审判责任追究办法》后，在落实《办法》过程中，根据监察部门的实际状况，我们把专门负责收集违法审判线索、审查并对违法审判责任案件提出初查意见的职能也交给了监督委员会。即针对上级法院改判发回案件、当事人反映强烈的案件、上级领导批示要求查处案件及院长认为应监督的案件等热点问题进行审查，收集违法审判线索，为落实违法审判责任追究提供具体依据。

(二) 监督委员会的工作原则及工作程序

以监督委员会的审查工作为基础，审判委员会、监察室、审判监督庭等有关职能部门各司其职。

1. 为使追究办法落到实处，制定了程序化的相对严密的工作规程。通过收集违法审判线索；监督委员会立案；监督员小组集体阅卷调查并提出初步意见；监委会委员全体评议；有关责任人申辩；审判委员会讨论定性；监察室作出追究决定；院党组讨论确定处分意见、召开全市法院大会公开处理等8个工作步骤，保证了追究工作的科学性、严肃性和有效性。

2. 通过实践，监委会的老同志们逐步摸索出了实施违法审判责任追究应遵循的几项原则。一是“三不”原则。即监督委员会不干预办案、不参与处理具体人员、不受理依照法定程序其他职能部门未处理或正在处理的案件；二是集体把关原则。即调查时必须两人以上进行，调查结果必须集体评议，防止了监督权的滥用；三是严格区分主观故意和工作过失原则。即明确确定了主观故意的五条标准：(1) 明知法律、法规有规定而不适用的；(2) 案件事实清楚，当事人举证证据充分而不认定的；(3) 一方当事人举证不能，对方当事人否认没有根据而认定的；(4) 违反法定程序阻碍当事人依法行使诉讼权利的；(5) 二审或再审发回重审中，明确指出依法应当纠正而不纠正的。对于因对法律、法规理解和认识上的偏差或对案件事实和证据认识上的偏差，导致错误裁判的，不认定为故意，未造成损失的一般也不给予处分，责任人应当接受教训，提高审判业务能力，减少以后的失误；四是罚当其过原则。即在违法审判责任案件线索的收集、立案、调查、核实、申辩、定性、追究、复议等各个环节严格依法办事，坚持具体情况具体分析，区别对待，宽严相济；五是充分运用监察工作垂直领导原则，对基层法院的违法审判案件有此情况下直接审查，直接处理；六是处理追究的情况向社会各界和新闻媒体公开，欢迎群众监督。

3. 建立健全了与监督机制相关的工作制度。市中院的监督委员会从成立之初，就注意监督工作的规范化和制度化建设制定了明确具体的《监督工作规则》和比较严格的实施责任追究的立案、阅卷、调查、集体评议、装卷归档等一系列工作细则，制发了格式化的系列表格和审查报告样式，保证了追究工作程序的规范化，做到了审查每起案件都有书面记载，有卷宗可查，有监督员责任制。定期召开全市两级法院监督委员会的工作会议，做到了年初有安排，季度有小结，年末有总结，重大事项随时能协调。自1998年8月以来，全市两级法院共召开监督委员会工作会议7次，市中院监督委员会的同志们深入基层人民法院指导研究监督工作87人次，各基层人民法院召开有一把手参加的监督工作签到34次。

（三）监督委员会的工作成效

监督委员会作为法院内部的审判监督专门机构，通过其认真负责的工作和实事求是的科学态度，逐步得到了两级法院广大审判人员的接受和认可。监督机制的有效运转，强化了审判人员的执法观念和公正意识，有力地促进了法院改革的深化和执法水平的提高。工作成效具体体现在：

1. 根据监督委员会有效的工作，追究了一批违法审判责任人的责任，纠正了一批违法审判和有问题的案件。使一些当事人不满、社会反映强烈的金钱案、关系案、人情案得以及时纠正，通过纠正案件的错误裁决，处罚的人数之多，力度之大，也是以往没有过的。

2. 对监督工作的认识和监督约束力都有较大提高，一定程度上避免或减少了进一步违法违纪问题的发生。对这个问题的认识是逐步提高起来的，在监督委员会成立初期，有的审判人员对追究很不理解，更不适应，认为“这是不干活的整干活的”；也有人认为，这是临时性工作措施，以后就不会再有了；还有很多审判人员感到“案件不好办了，多办容易出错，错了就要被追究。多办不如少办”；“追究就是抓倒霉的，抓住了也没办法”；也有的因基本工作水平不高，感到对工作底气不足，心里没底，提心吊胆，无所适从。其他方面说风凉话的、泼冷水的也为数不少。针对这些消极的思想意识，我们从院领导到中层干部，从各职能部门到监督委员会成员，大家积极做审判人员的思想工作，做宣传教育工作，使大家发自内心地认识到：内部监督的宗旨是促进司法公正，是及时惩戒防止干部犯更大的错误，帮助大家在利益的诱惑面前站稳脚跟，自觉做秉公执法的模范。在做好思想工作和宣传教育工作的同时，监督委员会的几次追究实践、通过正确的引导，特别是被追究的审判人员的现身说法使大家对这种监督逐步开始有了正确的认识，逐渐感到追究的实质是为大家好，是对社会的负责、是对绝大多数法官的关心、是对个别犯错误同志的挽救，出现问题早追究比晚追究好、主动追究比被动追究好、自己追究比外界追究好，组织采取措施及时，才能避免酿成大问题。这样广大审判人员对监督委员会这个新生事物，从有反感到能适应，从不理解到能认可，对监督委员的态度也从戒备到信任，从敬而远之到主动咨询探讨问题，监督委员会设立的目的达到了，作用发挥出来了，这项制度逐渐深入人心，并逐渐转化为审判人员的自律依据。

3. 保证了全市法院在监督工作上步调一致。自1999年基层法院的监督委员会相继成立以来，市中院的监督委员会积极主动指导配合各基层法院监督工作。明确规定，基层法院监督委员会有权在审查其被改判的案件时提出的异议，中院监督委员会将这项工作列入正式程序，认真对待，及时研究，发现中院改错了的及时提出解决意见，必要时提请院长交中院审委会研究，做到两级法院上下沟通及时，反馈迅速，互相监督，共同提高监督水平。仅今年以来，就指导基层法院审查1999年以来被中院改判案件216件，发现确有问题的45件，在此基础上，所有的基层法院都召开了违法审判责任案件评析追究大会，对其中的34件案件32名责任人进行了通报分析和追究处理，其中，按照《办法》进行追究的责任人12人，宽城法院有2名中层干部受到追究。

4. 营造了自觉维护司法公正的良好氛围。两级法院都采取了对违法审判责任人员公开处理的方式，在社会各界引起了极大震动，人民群众感到，法院能够自己主动建立监督机构，及时发现问题，及时查处，而且查处力度大，不护短，不手软，真正体现了维护司法公正解决人民群众不满意问题的决心，从而对法院和法官的执法形象看法有明显的改变。自监督委员会成立并实施具体追究以来，客观上也有力地促进了审判人员、审判能力的自觉提高，审判人员自觉钻研业务、廉洁办案、秉公执法逐步开始形成风气。审判质量和效率明显提高，1999年的一审案件结案率比1998年上升了3.32个百分点。1998年全市两级法院被处理的违法违纪人员29人，1999年17人，2000年1~6月5人，明显呈下降趋势。两级法院在社会各界群众中的满意率逐渐上升，群众上访数呈逐年下降的趋势。在人民代表大会上得到的肯定与好评越来越多，批评和不满逐渐减少。

5. 监督委员会的工作方式和成效得到有关领导和上级法院的充分肯定。在法院内部成立一个专门监督机构，这在全国法院系统尚属首例，是一个新生事物。我们的探索从开始就得到了市委、市人大和上级法院的全力支持，在几次公开追究违法审判责任之后，上级法院和有关领导部门也对我们的实践给予了具体指导和进一步的认可。1999年9月，最高人民法院纪检组长刘法合同志来市中院视察指导工作，仔细地听取了全市法院通过成立监督委员会加强内部监督机制的情况汇报，认为我们把违法审判责任追究制度真正落到了实处，鼓励我们发挥已有的机制建设的优势，把法院内部监督工作做得更好，在法官队伍建设中发挥更大的作用。2000 年 3 月 2 日，最高人民法院违法审判责任追究工作长春现场会上，我们向全国法院系统的与会代表介绍了实施追究的情况，得到了与会代表的关注和肯定。现场会以来，先后有全国各地 50 多家兄弟法院来中院考察交流。对监委会工作的评价是，今年以来的工作比去年上了一个台阶，但总体上还处于起步阶段。

二、监督委员会工作的几点体会

总结两年来全市法院监督委员会工作，我们感到有如下几点成功做法：

1. 做到了监督权和审判权相分离。从理论上讲，监督工作的权威性和有效性来源于监督本身的外在性。监督委员会行使监督权，但不享有审判权，两者的分离使监督者和被监督者划清了界限，这样才有可能真正体现监督效果。审判监督权和审判权的分离，在一定程度上也解决了“自己的刀削不了自己的把”的问题。好比又伸出一只手，用这只手里的刀去削另一只手里刀的把，自己的刀削自己的把就有了可能性。监督权和审判权相分离，也避免借行使监督权滋生新的执法不公、执法不廉，防止了监督权的滥用。当然这种分离是相对的，随着改革的不断深入，对监督工作的管理将会逐步完善。

2. 比较好地处理了监委会与监察部门和审判监督庭的分工协作关系，做到了各司其职，各负其责。我们确定的监督工作管理格局是由监督委员会负责收集调查违法审判线索，由审判委员会讨论定性，由监察部门负责追究处理，由审判监督庭负责收集调查违法审判责任的案件进行再审。既形成了在监督过程中分工不同互相制约的合作关系，又符合目前法律、法规对法院内部监督工作的有关规定，使各职能部门的监督工作阶段分工明确，分兵把口，各个环节不脱节，从而确保了监督取得实效。

3. 坚持从审判工作规律出发，由内行监督内行。监督委员会的委员不仅政治素质强，办事坚持原则，而且业务水平高，发现审判过程中存在的问题能够一针见血，这样才能以发现问题的准确性保证监督工作的正确性。同时也较好地解决了监察部门人员少、长期不直接接触审判业务，审查案件任务量大等具体实际问题。最主要的是监督委员会委员有比较丰富的审判经验，了解广大审判人员的心理，他们实事求是以理服人，使大家心服口服，事实上监督效果不仅体现在事后，也体现到了事中和事前，对增强审判人员的自律意识大有好处。

4. 两级法院的监督工作初步形成了网络。监督机制的运作必须依靠监督网络的支持才能形成合力。上级法院和下级法院在监督机构的设立、监督的标准、监督的程序上逐步开始统一起来，也只有这样，才能使两级法院互相沟通，上下联动，使追究工作没有死角。我们在监督委员会工作中既注意了市中院对基层法院的指导，又注意收集基层法院对中院监督工作的具体意见，使两级法院对案件的处理结果、对监督工作的尺度把握都有一个统一的标准，从宏观上也保证了全市两级法院执法的一致性，有利于维护法律的尊严和法院的权威。

5. 法院领导对监督工作高度重视，积极支持。在成立监督委员会之初，法院内部和外部都有许多不同意见，有很多同志对这个新生事物不理解，对监督委员会履行监督职能持怀疑态度，甚至有人预言监督委员会长不了，解决不了什么问题。中院党组旗帜鲜明地给监督委员会撑腰。对监委会提交审判委员会讨论的案件能够定性的，坚决顶住各方面的说情风给予定性并进行追究处理，领导的坚定信念和坚决态度给监督委员会的委员们增添了信心，无形中也为他们树立了威信。各基层法院的监督工作状况也明显地说明了这个问题，今年各基层法院的监督工作有起色、有力度、有效果的，都是领导重视，敢于碰硬的。由此看来，再好的制度、再好的机制如果没有落实的决心和具体的行动都不能发挥出应有的作用。这当中，领导是关键。

三、监督委员会工作存在的问题和下步工作要求

总结两级法院监督委员会两年来的监督工作，尽管取得了一定的成效，但不容否认仍然存在一些问题，主要表现在：一是监督工作发展不够平衡。有的法院能够较严格依照两个办法的要求，无论构成违法审判的责任人员涉及谁，都能严肃处理。但有的法院还停留在通报分析、扣分扣奖金等老式处理上，严重影响监督的力度和效果；二是有的法院领导对监督委员会工作的重视程度还不够，支持还不够，缺乏积极主动的工作谋划和具体深入的研究，往往是上级法院有要求时，才象征性的动一动。

产生这种现象的原因，一是说明该单位领导不愿得罪人，安于现状不思进取。二是不敢得罪人，前怕狼后怕虎，不敢克硬。三是两级法院的监督委员会还缺乏及时有效的联系与协调，监督的科学化规范化程度还须提高。搞得比较好的法院的一些成功做法没有及时地介绍出去，一些走得比较慢的法院还缺乏危机意识和责任意识，还没有得到有力的推动。四是监督委员会监督的范围还没有监督到位，还需要进一步拓宽，特别是被监督的对象不应仅仅局限于一般审判人员，而应该扩展到相关的领导，应该着眼于更高级别的法官和更大的权力，我们的本意不是要追究这些人，而是这些人本来就应在监督范围之内，只有这样才是一个完整的监督，只有该监督的都受到监督，得到监督，监督的效果才能达到。五是监督委员会的工作还缺乏及时深刻总结，调研工作没有完全跟上，还缺乏上升到理论高度的成型经验。

随着法院改革的不断深入，合议庭和法官的裁判权不断得到强化，最近最高人民法院颁发了《人民法院审判长选任办法（试行）》，进一步明确了审判长的权力和责任，这种审判权配置的变化，对法院内部监督机制的运行提出了更高的要求。它要求我们在把握法院监督工作的基调的同时，必须从原来的单纯侧重遏制司法腐败现象、查处违法违纪问题向建立符合审判规律的规

范化的审判监督机制、保障审判权的正确运行过渡。它要求我们彻底摒弃法院监督工作的临时观点和短视行为，从审判制度、法官制度和法院管理制度的建立健全的层面上来谋划审判监督的深化和发展，研究监督工作的可行性和实效性，实现从事后追究到事前自我约束的转变。

因此，我们下一步的监督工作要从这样几个方面入手：一是进一步提高法院各级领导对监督工作的重视程度。只有真正在思想上重视起来，才能在实际工作中认真地行动起来。只有有效地开展监督工作，才能有效地促进法院队伍建设工作，只有充分发挥监督委员会的专门作用，才能把群众不满意的审判工作方面问题的解决落到实处，才能在审判人员当中形成自觉秉公执法、廉洁办案的良好氛围，也才能在社会各界重塑起人民法院和人民法官的新形象。二是进一步加大对违法违纪人员和违法审判责任人员的追究力度。明智的真正负责任的法院领导，对自己队伍当中存在的问题是绝不护短，绝不姑息养奸的，养痈遗患后果是可想而知的。我们成立监督委员会的目的是立足于自己主动发现问题，自己主动解决问题，今后再不应出现问题被提出来了，有些领导仍反应迟钝，视而不见，或轻描淡写，不了了之，那样损害的不仅仅是监督委员会的形象，也损害了法院领导自身的威信。所以对监督委员会发现的问题，必须有个说法，必须依照有关法律和政纪的规定，严肃处理。三是监督委员会要在提高监督水平上下功夫。打铁先需自身硬，监督委员会的成员要有意识地主动去学习新的知识，不断提高政治素质和业务素质，不断强化依法监督和慎用监督权的意识，在监督工作上要站得直，叫得硬，落得实，真正树立起自身的权威，成为审判人员信服的、人民群众信赖的保公正的坚固防线。四是两级法院的监督委员会进一步加强联系协调，建立反馈迅速的信息联系制度，定期协调会制度，定期检查工作制度，案件通报分析制度等等，保证全市两级法院的监督工作更加协调统一，步调一致。五是监督委员会要进一步搞好与其他职能部门的工作协调。如与纪检监察部门、审判监督庭、审判委员会、信访部门、督办部门等工作环节的衔接和配合上也要逐步形成制度性的规定和工作规范，保证各司其职，各尽其责，不扯皮的推诿。六是调查研究部门要有意识地把法院监督工作的实践作为重要的研究课题。有针对性地开展卓有成效的调查研究工作，为法院监督机制建设献计献策，这方面的调查研究其重要程度绝不亚于审判业务的研究，各院对此不应忽视，应力争早出成果。

同志们，强化内部监督对法官执法来说并非仅仅意味着约束和压力，还代表着保护和促进。在深化法院改革的过程中，强有力的内部监督，也是抵御来自各方面对审判工作不良干扰的有益屏障。全市法院监督委员会的同志们，要清楚地认识到自己的使命和责任，在已取得成绩的基础上，继续努力，不断完善，共同把法院监督工作推上一个新的台阶。

在违法审判责任追究暨表彰廉洁公正好法官会上的发言

（2003 年 9 月 2 日）

同志们：

今天我们在这里召开全市法院大会，对 9 名违法审判责任人员进行追究，这是我们 1998 年以来第六次违法审判责任追究大会，会上还对 11 名“心系百姓，廉洁公正好法官”进行了表彰。目的是通过表彰和追究，激励先进，鞭策后进，弘扬正气，遏制歪风，向社会宣示我们狠抓队伍建设，促公正审判，努力实现历史发展赋予我们责任的决心和态度，以回应人民群众对司法公正与效率的希望和要求。下面，我代表市中级人民法院党组讲三个问题：

一、1998 年以来追究及表彰工作的简要回顾

1998 年以来，全市法院紧紧围绕“发展、提高”的目标，积极探索，以提高素质，练好内功，加强班子建设，强化责任追究基本工作思路，努力开创全市法院工作新局面。

6 年来，两级法院通过监督委员会共审查人民群众不满意案件 6115 件，提交审判委员会讨论 584 件，两级法院共追究了 227 件 235 人；其中，中院审委会讨论 135 件，分析追究处理两级法院案件 64 件，追究责任人 72 人，受警告以上处分的 51 人，通

报批评21人、一个合议庭和两个基层法院审判委员会。两级法院全体法官已经开始从思想上接受了内部监督的做法，追究制度对法官自觉提高素质的促进作用已经逐渐显现。6年来的监督工作实践使我们体会到：

1. 有效的监督是中国特色社会主义司法权正确运行的基本要求。司法权是一种判断权，它是法官依照法律原则和法律规则就案件当事人提出的事实问题主张和法律问题主张在是非、曲直、正误、真假等方面所具有的几种可能性之间进行辨别、选择与判定的一种终局性权力。简单说就是法官用庭上通过调查认定的法律事实去解释法律的一种实践活动。这种权力要求权力的实施者要有深厚扎实的法学理论功底，丰富深刻的社会阅历，公正无私的精神境界。在当前的社会形势下，不仅我们的法官没有达到这种应有的水准，我们的国家也没有达到法治化的程度，这是历史文化发展积淀的原因，这些年来，虽然法官整体水平有一定提高，但离应有水准还有很大差距，各种社会不正之风无时无刻不在影响着法官，干扰着法官办案，这种情况下，如果失去了监督，那么，有些案件的审判结果将会是不可想象的。

从理论上讲，司法权的运行也需要监督，孟德斯鸠曾讲过："一切有权力的人都容易滥用权力，这是一条万古不变的经验，有权力的人们使用权力一直到遇到界限的地方，方才休止。"实践证明，如果权力缺乏监督就有可能走向反面，这应该是历史的规律。

2. 强化内部监督是当前形势下抓好队伍建设的最有效方法。综观世界上各国的监督方式和方法，我们的监督种类，可谓是最多的，但为什么这些年来，在司法战线，腐败性质的问题在有些地方不是逐年减少，反而有增加的趋势呢？我们认为，目前虽然有工作的、法律的、社会的、舆论的诸多方面的监督，但总体上看，这些监督还是不完善、不系统、不到位的。我们感到，监督不在多，而在有效。在目前情况下，在重视强化各类社会监督的同时，下功夫主动抓好内部监督不失为一种有效的方法。(1) 这是内行对内行的监督，简单易行，行之有效，被监督者难钻空子；(2) 这是一种及时的监督，它可以及时发现问题，及时解决问题，防止造成更大影响和后果；(3) 这是我们自己可以主动而为的，是只要想做，依据有关规定，就可以主动进行的；(4) 这也是关心干部，保护干部的一种有效措施，与其怕得罪人，任其自然发展，将来可能犯更大的毛病，真不如现在就得罪他，及时有效地抑制其刚刚开始的小错误、小问题，这一点，我们已经追究过的人员思想中已明显地反映出来，他们由开始时的不理解、有抵触，到后来该案件被有关机构再次审查时，发现法院已经追究，从而未发展到更严重程度、未受到更严厉处罚的现实中，客观感受到了，这种及时追究，从长远的角度，不仅是对错误的一种及时抑制，更是对干部的一种保护。我们目前的追究，不仅广大法官理解认可了，而且绝大多数被追究者也接受了。

3. 只有领导班子思想认识一致，率先垂范，敢抓敢管，才能保证监督工作的正常开展。实践证明，一个单位的领导班子不仅决定着一个单位的工作质量和工作成效，而且决定着一个单位的精神状态和风气氛围。我们一班人充分地认识到了这一点。几年来，通过不断地讨论、不断地交流、不断地思想碰撞、不断地形成新的一致，从而坚持不懈一直抓了下来。开展追究工作之初，两级法院有一些人对违法审判责任追究不理解、不支持、甚至不配合，有人讲，全国都这样，我们为什么要多此一举。对此，我们反复研究，认准了方向，坚定了信心，顶住了压力，反复逐级地做大家的工作，逐步达成了一致。认识的相对一致，经过了反复的思想交锋，逐步磨合的过程。特别值得一提的是，以老院长周澍澄、监委会主任周子龙为首的监督委员会的老同志们从实际出发，从具体事实出发，做了大量耐心、细致的思想工作，使广大审判人员，包括被追究人员，对强化内部监督，从心理上逐渐开始接受，从行动上给予配合，从而使这些年来的追究工作，始终顺利有效地进行下来。由于认识上的逐步统一，行动上的大家支持，包括追究结果的有效体现，各级领导看到了追究工作对抓队伍的重要性，普通法官看到了经常性警示的必要性，这些为两级法院内部监督的不断进行提供了一个良性发展环境。

4. 只有在依法办事前提下，大胆创新，才能保证内部监督工作不断抓出成效。上届班子以来，在深化法院改革和加强法官队伍建设的新形势下，市法院按照稳步推进、适度超前的原则，在全国范围内率先成立了审判工作监督委员会，建立了两级法院上下协调一致的监督体系，这一做法得到最高人民法院的充分肯定。2000 年最高人民法院在我们这里专门召开了情况交流会，向全国推广了我们的经验。工作中，我们注意解决了过去法院管理程序中存在的对人的监督和对案件监督相脱节问题，把对案件的监督和对人的监督相结合，把纪律监察和审判监督相结合，严格依照法定程序进行，逐步完善监督程序。如审委会认定的错误事实要与本人见面，给其申辩机会；党组作出追究意见后，最后宣布前还要与当事者见面，争取让其认错服究，如果其提出的意见有道理，党组还可复议。通过不断地探索，不断地完善，不断地提高了监督的准确度，保证了追究工作的正当性和权威性。

在不断加强内部监督机制建设，大力整肃队伍的同时，我们还注意发现、树立和推广在我们身边的先进典型，大力弘扬正气。几年来，我们先后表彰了任继友、董保国、孙景裕等一批后来被最高人民法院和省法院树立并决定向他们学习的先进人物，涌现了一批优秀法官和先进集体。在表彰先进工作中，我们感到：

1. 只有不断地弘扬正气，时刻保持积极向上的精神氛围，才能使队伍本固基强。实践中，我们认识到，一个单位、一个部门，正气的树立单靠自然发展是不够的，单靠领导一般地抓也是不够的，只有不断地肯定好人好事、好的精神品质，不断地抑制歪风错事，才能保证这个单位、这个部门的正气地位。不论是我们已经树立的先进人物还是我们今天表彰的11名好法官，他们都有一些共同的特点：这就是思想和行为相一致的司法为民的职业宗旨，执着敬业精神、公正的司法实践。为民是人民司法的本质和灵魂，离开了为民的宗旨，司法权就会脱离正确的运行轨道。实践证明，坚持司法为民是当好法官的基本思想基础。我们应牢牢地记住，我们手中的司法权是人民通过国家赋予我们的，我们不能把它当作自己的私有财产，去换取一己之私。司法权的人民性是党的宗旨、国家的性质决定的，时代越发展，社会越进步，这一点就会体现的越明显，对此，我们须臾不可忘记。忘记了这一点就当不好法官，甚至被历史所淘汰。好法官的另一个特点是敬业，敬业是一种品质，一种高尚的品质，对自己所从事的职业怀着一份热爱、珍惜和敬重，不惜为之付出和奉献，从而获得一种崇高的价值成就感，敬业精神是一种发自内心的持久动力。好法官的第三个特点是公正，公正在思想上是一种境界，境界是一片政治思想、知识层次所折射的内心思想天地，是个人在工作实践中自认的观念依托，“心底无私天地宽，不畏浮云遮望眼”，“胜人者力，自胜者强”，“苛利国家生死以，岂因祸福避趋之”这些都是实现公正的思想境界。这些品质和境界就是正气的具体体现，也是我们队伍的主流。弘扬正气，队伍就会获得长足发展；反之，正气不盛，邪气自然上升。在一个缺少良好的精神氛围的群体里，不良现象的发生将会是必然的。

2. 只有树立典型，才能使正气有可知可感的标志形象。司法为民的宗旨是和具体的敬业精神、公正刚直的工作态度及诚实守信，质量效率准则联系在一起的。司法为民是个人社会责任感的具体化，是职业素质、职业精神的表现，也是判断一个法官是否合格的标准。日常之时，细微之处同样也体现着一个人的思想水准，看看我们身旁的人，便会发现不同的情况：有的淡泊名利，心系百姓，默默奉献，有的则热衷名利。私字当头，凡事先替自己打算；有的勤勤恳恳，任劳任怨，尽职尽责，有的哗众取宠，夸夸其谈，敷衍塞责；有的刚直不阿，清正廉洁，勤奋自强，有的趋炎附势，不思进取，随波逐流。前者是正气的典型，是我们学习的榜样，后者则是我们否定和批判的对象。我们身边正面的典型多了，歪风邪气自然减少，正气不断上升，才能形成一个良好的不断上进的精神氛围。

3. 只有不断表彰典型，才能使队伍有不断发展的活力。抓队伍建设的实践告诉我们，一个集体在需要责任压力的同时更需要鼓励，如果说对不公正行为的放纵就是对公正的最大不公的话，那么，对公正廉洁典型的冷漠就是对司法不公的消极放纵。只有对不断产生的先进法官的肯定，才能源源不断地、更有效地激励广大法官，让大家看到希望，使大家学有榜样，赶有目标，以激活法官潜在的源动力，使之形成整体向上的健康发展态势。

我们坚持一手抓弘扬，一手抓惩治，使法院各项工作取得了一定进展。1998 年以来，全市两级法院审判质量逐步提高，管理机制建设逐步完善，法官素质相对提高，受到群众表扬的人多了，自觉学习、主动钻研业务蔚然成风。干部违法违纪现象逐年减少，信访案件总量逐年下降，案件超审限、超期归档现象已基本杜绝；1998 年至 2002 年底，五年全市法院共受理各类案件 328379 件，审结 324114 件，诉讼标的额 88.5 亿元，执结 58030 件，执行标的额 62.28 亿元。成功审理了 3·05“法轮功”犯罪分子破坏有线电视网络案、梁笑溟黑社会性质组织犯罪案、张仲贤等 36 人恶势力团伙犯罪案等一批社会关注的大案要案；近年来，两级法院有 4 人荣立个人一等功，8 人荣立个人二等功，99 人被省法院评为“人民满意法官”，1 个基层法院荣立集体一等功，5 个单位荣立集体二等功。1999 年市中院被全国精神文明建设指导委员会评为“全国精神文明建设先进单位”，是全国法院唯一获此荣誉的省会城市中级人民法院，并连年保持该荣誉。

二、充分认识弘扬与惩治工作对于队伍建设的重要意义

我们认为，弘扬与惩治同为实现“三个代表”重要思想指导下抓好法院队伍建设的重要举措，是“党放心，人民满意”这一法院工作目标下的两种不同实现手段，是“公正与效率”这一个法院世纪性工作主题下的相辅相成辩证统一的一个整体。抓追究是纯洁队伍保公正，搞表彰是要提升正气促公正。刚柔并济，奖惩分明是我们中华民族传统管理文化中颇具辩证色彩、具有生命力的核心理念，今天仍然有其重要的现实意义。

违法审判责任追究，是因为法官队伍中少数违法审判现象的存在。这些问题与“三个代表”要求背道而驰，败坏了法官、法院乃至党的形象，拉大了人民法官同人民群众的距离；是社会公平与正义的天平发生倾斜，造成了人民群众对法官的不信任，对法院的不信任，继而导致对法律失去信心，影响依法治国方略的顺利实施。对“心系百姓，廉洁公正”好法官的表彰，是要弘扬法官队伍的主旋律，我们队伍的绝大多数法官是值得人民信赖的。他们不为名利，本着高度的事业心和责任感，在工作量逐年增长，审理难度日益增加，工作压力逐日增大的形势下，兢兢业业，任劳任怨，这样的同志才代表法院的形象，我们要树立起我们身边的榜样，严刹队伍中的不正之风，让社会全面地了解我们、理解我们，不断地支持我们。

我们的工作虽然取得了一定成绩，但也还存在一些违法审判、违法执行的问题，关系案、人情案、金钱案还时有发生。这些问题的产生既有历史积淀的原因，也有现实原因。既有体制制度方面的问题，也有个人素质方面的问题。但这其中，最根本的原因有两条，一是一些审判人员心中没有装着人民群众，在行使权力时，没有想过权力是谁赋予的，应该怎样行使权力，没有牢记司法为民的根本宗旨；二是我们的工作抓得还不够，还需要继续努力。

中华民族有几千年的文化传统，这些传统今天看来并不都是优秀的，我们必须现实的分析，科学的对待。中国历史上很早就有重人治、轻法治，官本位等思想，且在历史上长期作为主流思想存在。这些观念深深扎根于人们的意识中，使人们崇尚权力，视权力为神明，把权力作为控制社会、驾驭人民、捞取个人好处的工具，这种权力观在当今一部分人的头脑中仍然占有一席之地。由于农业文明和宗法文化的影响根深蒂固，关系哲学，人情世故这一套东西还在大行其道，无论是打官司还是办什么事，首先想到的不是按规矩和程序办事，而是找熟人，看能不能拉上关系。直到现在"案件一进门，双方都找人"现象依然带有一定的普遍性。

新中国成立以后相当长一段时期内，法院作为专政机关，和其他政法机关一样，是专政的工具。文化大革命时期，受到了史无前例的冲击，恢复之后，我国司法机关在传统思维模式的影响下，长期实行行政化管理模式，不注重职业的技术性和职业化，审判队伍整体素质不高已是不争的事实，是历史的选择造就了当前的法官队伍和法院运行管理机制，在不断加强法官职业化的今天，我们一方面要努力完成维护社会公平与正义，为改革、发展、稳定大局服务的繁重审判任务；另一方面要积极补历史进化方面的缺课。虽然这几年来队伍整体形象，队伍职业化水平有所提高，但离党和人民的要求，离应有标准还有相当的距离。

实行社会主义市场经济改革开放20年来，社会利益结构发生了改变，社会多元产生价值多元，一些人的思想信仰发生了动摇。一些腐朽思想乘虚而入，金钱的作用使一些人的思想意识膨胀起来，极端的利己主义在一些人中成了主导思想，伴随着社会生活经济化，个别法官把等价交换的经济原则运用到司法权的运行程序中。"百姓意识"淡漠，权力观念扭曲，职业道德的丧失，见利忘义，非但不能做到权为民所用，还把手中的权力当作了为个人谋利的工具。

从目前的实际情况看，我们的队伍建设工作还存在一些问题：一是制度不落实。制度是制度，实际是实际，制度和实际“两层皮”；二是管理不到位。有的个别领导不愿得罪人，想当官但不愿碰硬；有的领导干部以身作则不够，“领”和“导”的作用发挥得不好，假公济私、以权谋私，不注重世界观的改造，不严格要求自己，最后走上犯罪道路。目前追究工作有的地方还有避重就轻的问题，一些关键环节还要靠领导的重视与推动，制度化、规范化程序还需要进一步提高。

由于上述原因不是短期能够消除的，决定了内部监督工作必须常抓不懈，法官队伍建设必须坚持长期地抓下去。

1. 坚持弘扬与惩治两手抓是把“三个代表”重要思想落实到抓队伍建设上的必然要求。人民当家作主是社会主义本质在政治上的体现，是社会主义政治的内在要求和价值目标。公民的诉讼权利是民主权利的重要组成部分，只有正确行使人民赋予审判权，坚决惩治司法领域内的违法审判现象，弘扬法官队伍中的先进形象，才能密切党和人民群众的血肉联系。随着社会主义政治文明建设的推进，人们的政治参与意识，人民群众对法律在政治生活中重要性的认识与日俱增，人民群众对案件审理、法官队伍整体素质及形象、法院内部监督的有效性等法院各项工作会更加关注，对公正司法的要求和期望，对遏止司法活动中违法行为的呼声也会越来越高。

2. 坚持弘扬与惩治两手抓是贯彻落实十六大精神、消除司法腐败现象的要求。政治文明的内涵是法治民主，先进的政治文明包括规范、完善的民主政治制度和与之相配套的政治运行机制和监督制约机制，以实现依法治国的目标。法的目的在于通过和平、文明的方式主持公道，司法工作所体现的人文关怀的基本含义就是执法者的权力要受到监督和制约。执法不公，裁判不明是与政治文明相对立的，内部监督机制的建立就是为了解决人民群众信心问题，这是与时代发展的要求是相一致的。

3. 坚持弘扬与惩治两手抓是发展法院各项工作的有力举措。

（1）坚持弘扬与惩治两手抓有利于司法公正。“法必须被信仰，否则将形同虚设。”司法不公必然影响人们对法律的信仰，弱化守法意识，在这个意义上讲，没有任何行为比不公正的执法对一个法治社会更为有害的了。也正是在这个意义上，公正是对司法的本质要求，是司法的第一应然目标。对违法审判人员进行公开追究处理，对心系百姓，公正廉洁的好法官进行公开表彰，就是要向社会展示法院和法官的全貌。同时也是给人民群众一个信心，使人民群众认识到法律是公正的，法官队伍的主流是好的，不公正的只是极个别法官。

（2）坚持弘扬与惩治两手抓有利于我们提高队伍整体素质，塑造良好形象。两级法院的内部管理机制正在经历一个从不完善到逐渐完善的过程，新的问题不断出现，深层次矛盾日益凸显，需要我们站在一个新的高度去认识和解决。追究与表彰的内涵是丰富的，它包含惩戒、警示、爱护、预防、教育、引导、激励等多方面的价值，表彰的好处不言而喻，我们追究的实质是对社会负责，是对其他绝大多数法官的负责！是对个别犯错误同志的挽救。我们认为，早追究比晚追究好，自己追究比外界追究好，只有组织上采取措施及时，才能避免酿成更大的问题。充分发挥内部监督的警示作用，使一些人对违法裁判的后果产生心理预期，促使其悬崖勒马。把“前车之鉴”拿出来公开分析，告诫思想意志薄弱者，教育广大法官，使其从心底不愿、不敢、不能违法裁判，通过追究，还可以督促那些由于业务水平原因而导致违法办案的法官，及时发现自己审判业务能力上的不足，尽快学习提高迎头赶上。

三、下一步工作的一些想法和打算

今年年初，我们提出了努力把“三个代表”重要思想落实到具体审判实践之中，从每一件案件入手提高审判质量，从每一个人入手加强廉政建设的工作思路。确立了信访量下降50%；上级法院的案件改判发回率下降30%；调解率提高15%；为经济建设服务能力有明显提高的具体工作目标。为实现上述目标，我们以人为本，以开展帮困扶贫活动为契机，进一步增强全体法官的百姓意识，使全体法官能经常站在人民群众的立场上，想问题搞审判，为人民掌好、用好审判权。

下功夫培养后备干部，大力开展两级法院干部交流，为法院发展积蓄力量。通过群众测评、组织考核、公示等程序，两级法院选拔了副科、正科、副处、正处四个层次培养方向的130名思想素质较好、业务素质较强、群众拥护的年轻后备干部。其中，硕士研究生18人，其余大部分是本科生。并在后备干部中选出第一批25人进行两级法院间的干部交流，市法院下派锻炼的10名同志中有7名是研究生学历。

开展以坚持“放心满意”目标和创建活动为载体，把握司法为民本质的“司法大检查”活动，紧密围绕“公正与效率”工作主题，全面加强审判和执行工作，切实解决司法观念、审判纪律、审判作风及法官职业道德等方面存在的人民群众不满意的问题。根据《法官法》惩戒规定和最高人民法院“四项制度”，制定了对法官及工作人员从严管理的6条规定，规范全市两级法院法官及工作人员的工作纪律和作风。

对法官进行动态管理，使法院人才结构更加年轻化、知识化、合理化，促进了法院整体理论素养和公正审判能力的提升。市中院通过考试、考核，对合议庭人员、执行人员进行调整。在年轻人中新选拔出20人分别担任审判长、进入合议庭或成为执行法官，除主动提出调离审判岗位的人员外，有4人被免去审判长资格，4人被免去合议庭成员资格，2人被免去执行法官资格。

下一步我们要认真贯彻落实我市政法机关开展的承诺活动要求，紧密结合正在开展的深入学习“三个代表”思想和司法大检查活动，把各项活动与我们日常的审判实践紧密结合起来，把精神动力转化为实践能力，充分发挥审判职能作用，更好地为改革、发展、稳定大局服务。重点做好以下几方面工作。

1. 牢记司法为民，努力做好新形势下法院工作。司法为民是在全社会实现公平与正义的本质要求，是“公正与效率”工作主题的基本价值取向，是检验审判工作法律和社会效果的总标准，坚持司法为民最基本的要求和核心所在就是要用“三个代表”的重要思想统领法院的各项工作。加强审判工作和抓好法官队伍建设既是一项现实紧迫任务，又是一项经常的、渐进的长远要求，我们要常抓不懈，标本兼治，既要采取得力措施解决现实问题，又要从长计议，大胆进行机制创新探索。

2. 坚持与时俱进的理论品质，不断探索创新，跟上时代发展的步伐。马克思主义与时代特点和具体国情结合。在观念上从实际出发大胆探索，在行动上追求实效，努力解决好平时“习以为常”的一些不符合“三个代表”要求和社会主义市场经济体制要求的思维定势及司法行为惯式。在法律规定范围内采取灵活多样的方式，方便群众诉讼，帮助人民群众表达公正的诉求。

3. 从每一件案件入手抓审判质量和效率的提高。案件质量和效率是审判工作的生命线，是人民群众最关注的问题。我们要加大力度清理超审限案件和未执结案件；继续加强案件流程管理，从抓每一个案件的每一个环节入手，提高审判质量，克服人为拖拉、低效办案的现象；继续深化审判方式改革，实现案件繁简分流，通过快捷公正的审判方式，将当事人及时从纠纷中解脱出来。

4. 从每一个人入手强化廉政建设。要把工作做细、做实，做到每个人头，特别是重点人头，要加强思想政治工作，以正反两方面典型开展有针对性的教育：在制度落实的有效性上下功夫，建立一级抓一级，一级促一级的廉政制度体系。要自觉接受群众监督，进一步完善公开审判制度，吸纳群众旁听，自觉将法院的司法活动置于群众监督之下；要取于将裁判文书在网络上公开，扩大司法接受人民群众监督的范围；要坚持和完善人大代表、政协委员联络制度，方便代表、委员全面深入地了解法院的各项工作，以不断强化外部监督工作。

5. 从中院和各基层法院党组做起，抓好班子建设，带动队伍建设。要以实现社会公平与正义为目标，以正确行使审判权为核心内容，以便民利民、廉洁高效为目的，从制度设置到审判作风、工作作风全面改进。进一步深化人事管理制度改革，努力在提高人的素质上下功夫。加强两级法院之间的互动与交流，使两级法院在司法统一性上更加协调一致。加快法官队伍职业化建设进程。以对历史和现实负责的态度，定目标、定对象，重能力、重实绩，有步骤、有重点地加强法官素质教育和各类培训，培养造就一批适应审判工作发展需要的专家型、职业化法官。

我坚信，在市委的正确领导、人大的有力监督和上级法院大力支持下，在社会各界的关心和全市法院广大法官及工作人员的努力下，我们一定不会辜负全市人民的希望，为我市的经济发展作出更大的贡献！

有效的内部监督是实现司法公正与效率的重要保证*

——落实违法审判责任追究制度的几点体会

自1998年，长春市中级人民法院着眼解决人民群众反映强烈的裁判不公、执法不廉问题，建立并完善了内部监督机制，把最高人民法院提出的违法审判责任追究落到了实处。新机制运行7年，对制约法官慎用审判权，提高审判质量和效率，维护司法公正，提高法官队伍素质，发挥了越来越明显的作用，受到社会各界的普遍好评。

一、建立违法审判责任追究制度的必要性和紧迫性

建立违法审判责任追究机制，是我院党组对法院审判工作、法官队伍现状及社会对法院的反映调查分析后，1998年上半年作出的一项实践探索性措施，当年9月份，最高人民法院颁布了《违法审判责任追究办法》及《法官违法审判处分办法》（简称两个办法），充分肯定了长春中院的做法。实践证明，在当今情势下，进一步明确法官的审判责任，通过追究法官的违法审判责任，强化司法公正，促进社会公平正义的实现的做法是正确的、有效的，是符合社会主义国情的。

* 本文为2005年在中央政法委队伍建设情况交流会上的经验介绍。

1. 随着我国社会主义市场经济体制的建立，法治进程加快，法院受理的案件越来越多，审理的难度越来越大，人民群众对法院的要求越来越高，法官和法院的社会责任越来越重，可法官还是昨天的法官，其审判水平不可能一下子提高上来。在这样的形势下，人民法院不能等，只有主动地解决好人民群众不满意的问题，靠强化自身的内部追究，建设一支高素质的法官队伍，才能更好地发挥审判职能，完成好历史赋予的神圣使命。

2. 应该承认个别法官有法不依、执法不严，违法审判是一种现实的社会客观存在。这种状况不仅损害了法官和法院的形象，而且损害了法律的权威，损害了国家和党的威信。如果对个别违法判案的法官追究的不及时，或处理的不到位，人民群众就可能由对个别法官的怀疑导致对整个法院的怀疑、对法律的怀疑，甚至危及党和政府的威信。如果主动依法追究违法审判法官的责任，就会使人民群众认识到法院和法律是公正的，不公正的只是极个别法官。

3. 监督方式不在多而在有效。有效的监督是经济转型期司法权正确运行的基本要求。我们的监督种类并不少，但为什么效果并不明显呢？根本原因在于这些监督还是不完善、不系统、不到位的。审判实践表明，解决法官违法审判问题单靠自律是不够的。社会监督、舆论监督、法律监督固然不可或缺，但对法院而言却是被动的、滞后的。解决这一问题的最佳路径莫过于主动的自我监督，这是一种既简便、又直接，成本小、又有效的监督。这种监督既是促进自我提高、自我完善最有效的手段。同时，也是一种关心法官，爱护法官，小病即医，防止其犯更大错误的有效措施。

4. 以往法院的内部监督机制不严密。实行的是由审监庭通过审理上诉、申诉、再审案件发现并改正错案。一般案件改判了，基本没有再追究法官应负的审判责任，只是极个别的重大的发现法官具体错误问题了，才由监察室负责对人的处理。审监庭作为监督案件部门，同时也是办案的业务部门，一身两任，并非独立于审判之外的专门监督机构，只改案件，无权认定承办法官的审判责任，监督职责很难行使到位；监察室作为纪律监察部门，不直接接触审判业务，很难对违法审判应负的具体责任进行认定。由于纪律监督与审判监督缺乏制度性衔接，相互脱节，使得监督机制乏力，未能实现有效监督。

由此，我们认识到，为了适应新形势的需要，建立法院内部有效的监督机制势在必行。

二、探索、完善、建立起衔接有序、严密有效的内部监督机制

我们认为，要改变法院内部监督的被动局面，须从整合原有监督机构入手，探索建立新的、科学有效的监督机制。为弥补内部监督衔接上的相互脱节，把对办案人的监督与对案件监督相结合，纪律监督与审判监督相结合，需要一个专门的监督机构，专司收集违法审判线索，并对违法审判责任提出初步审查意见的职责。据此，1998 年初，我院制定了《关于加强内部审判监督的若干规定》，经请示市委、市人大常委会及省高院同意，设立了专司内部监督职能的独立于审判权之外的监督委员会。监督委员会依据《人民法院组织法》有关院长监督职能的规定，由院长授权，由监督委员会代行院长监督权中发现并审查问题的职能。这一机构的设立，既实现了法院内部监督程序的有效衔接，又弥补了院长监督程序缺乏具体操作内容的缺陷。1999 年长春市 11 个基层法院也依照长春中院的做法相继设立了监督委员会，实践效果得到了党委、政府及社会各界的广泛认可。

在新的监督体系中，监督委员会、审判委员会、审监庭、监察室四者的监督职能均依法设置，各司其责，衔接有序，形成了一个严密有效的监督体系。在监委会、审委会、监察室、审监庭四者关系中，监委会负责发现问题，进行审查并提出初步意见，不干预办案，不参与违法审判责任人的处理，不受理依照法定程序其他职能部门未处理或正在处理的案件；审委会负责确定案件性质及承办人应负责任，不负责调查和处理具体责任人；监察室负责依法规处理责任人员，不处理案件；审监庭对审委会确定构成违法审判责任，确有错误的案件进行再审，不处理责任人员。四者之间既分工协作，又相互制约。监督权和审判权的分离，防止了监督权的滥用，避免了借行使监督权滋生新的执法不公、不廉问题。更重要的是，在一定程度上解决了“自己的刀削不了自己的把”的悖论：好比伸出一只手后，又伸出另一只手，用这只手里的刀削另一只手里刀的把，使“自己的刀削自己的把”有了可能性。

我院追究个别法官违法审判责任的结果均向社会各界公开。已召开的七次违法审判责任追究大会，除两级法院审判人员与会外，还邀请市委、市人大、市政府、市政协、市纪检委、省法院的有关领导，人大代表、政协委员、法院执法监督员、群众代表参加。有关部门和社会各界对这种做法给予了充分肯定，认为这表明了市法院面对现实，真正要解决问题的态度。在第一次追究大会现场，市人大代表、市中院执法监督员高尚同志在一张旧信封上给我写了一封信，他写到：“谁说官官相护？谁说有理无处讲？在今天的会上，人们终于找到了答案，看到了希望。我相信人民法院不但能够打击犯罪，净化社会环境，而且也能够尽全力并借助全社会各方面群众的支持，来不断净化我们神圣的司法队伍，这正是我们的人民法院！”

三、科学监督，罚当其过。新机制得到了法官普遍接受，激发了广大法官的主动进取意识

新的内部监督机制是在原有机制基础上的一种机制创新，7年的运行实践表明，其所以能够有效遏制违法审判行为的发生，并被审判人员认可，关键在于我们坚持了严格区分主观故意和工作过失、教育为主，罚当其过原则，令审判人员心服口服。

1. 坚持严格区分主观故意和工作过失原则。实行违法审判监督的重点是故意违背事实和法律作出错误裁判的案件。如我院第一次追究的12件案件中，有的是法有明文，规定不该本院受理，却偏偏受理；有的是明明不该判缓刑，却判了缓刑；还有的是无故超过审理期限。这些案件给当事人带来了损失，损害了人民法官的形象，依法受到了降级、记大过、记过等处分。对于因对法律、法规理解和认识上的偏差或对案件事实和证据认识上出现的偏差而导致错误裁判的，则没有认定为主观故意；未造成重大损失的一般也不给处分，影响和损失较大的则给予警告。对于被追究的案件都要进行大会评析，警示大家接受教训，提高审判业务能力，减少失误。由于违法审判责任追究区别对待，教育为主，及时纠正案件错误，促进司法公正为主，从而使得被追究的法官服气，其他法官也受到了教育。由此收到了处理一个，教育一片的监督效果。

2. 坚持按程序办事罚当其过原则。对违法审判责任人的实际追究，不仅关系到案件当事人的切身利益，也关系到案件承办人的合法权利。对此，我们十分慎重，坚持实事求是，具体情况具体分析。在违法审判案件线索的收集、立案、调查、核实、申辩、定性、追究、复议等各个环节，均严格依照规定程序进行，为严防造成错究，实行责任人申辩制度，在认定追究事实之前，充分听取被追究者的申辩，确认事实是否属实，并由责任人在事实认定书上签字。这些积极慎重的措施，既保证了法官的合法权益，又确保了监督的准确性和权威性。

3. 监督机制与法官流动机制相结合。针对过去人事管理中存在的审判岗位能上不能下、审判职权能予不能收、审判人员能进不好出的弊端，我院依据《法官法》、参照《国家公务员暂行条例》的相关规定，建立了《法官流动机制暂行办法》，确定了法官任用、晋升、降职、免职、下岗、限期调离、辞退的具体标准。新的人事管理机制实现了内部监督与法官流动机制的有效衔接，促进了审判人员的合理流动。被追究违法审判责任，受撤职、降级、记大过处分的法官均依有关规定报请有关机关撤销审判职务。受到警告、记过及通报批评的人员按流动机制的规定，一律先下岗接受培训，视培训效果决定分配去向。经培训后没有任何部门选用的，限期调离法院。这几年来，经过培训，相继有10名法官重新上岗。这些法官铭记深刻教训，以崭新的精神风貌重新投入工作。经培训后没有任何部门选用的，限期调离法院。1998年以来，两级法院已有十几名法官被限期调离。审判权的能予能收，审判人员的能进能出，有力地促进了法官素质的不断提高。

4. 机制一经建立必须坚持不懈的推行。“案子一进门，双方都找人”，是当前案件诉讼过程中的一大普遍特点。被追究案件也不例外，追究办案人违法审判责任也常有人前来说情，就是追究一名书记员也有人前来解释。院党组坚持以维护司法公正为标准，坚决排除干扰，敢于碰硬，顶住压力，坚持对违法审判责任人严肃处理。我们感到，只有院党组思想统一，态度坚决，一抓到底，就会不怒而威，使说情者望而生畏，知趣而退，才能逐步使法院形成一种有利于追究违法审判责任的氛围。否则违法审判责任追究就会功亏一篑，半途而废。

自1998年8月至2005年，7年中两级法院监委会根据各方面反映先后一般性审查案件7155件，对其中700余件案件从程序到实体进行了全面审查，向审判委员会提交讨论案件255件，两级法院审委会确定追究和评析115件。有力地促进了违法审判责任追究制度的落实和司法公正的实现。

四、靠思想大讨论统一认识，把审判人员的注意力引导到自觉提高自身素质上来

实施违法审判责任追究制度，无异于自曝家丑，自剜伤疤。

我院实行这一制度，最初遭遇了很大的阻力。为使这一制度进入良性运行的常态，院党组把历次追究的案件（去掉承办人名字）作为典型案例、警示教材，人手一份，反复剖析，组织全体法官就此开展思想大讨论。深入的思想交锋和过细的思想工作，使大家认识到追究的真正意义。逐渐把审判人员的注意力引导到提高自身素质上来，使大家克服了模糊认识，认识到这是真正的对法官负责，认清了这一机制的真正作用，从内心拥护这项制度，并在一系列关键问题上达成了共识。7 年来，没有一个被追究者上访告状的。

1. “追究的根本目的是什么?” 开展违法审判责任追究之初，不少法官对此不理解，说“案子不好办了，多办更容易出错，错了就要被追究，多办不如少办”。随着追究的深入开展，两级法院的法官逐步认识到面对人民群众的不满意问题，我们无动于衷是不行的。“掩耳盗铃”是要付出更大的代价的。主动加强对法官的内部监督，形成适度的判断压力是对的，对于法官慎用审判权，约束法官公正客观地作出判断是十分必要的。实践使法官们认识到：违法审判责任追究不只是惩戒，还包含着警示、爱护、预防、教育、引导、激励等多方面的功能。追究的实质是对社会负责，是对当事人利益的负责，是对个别犯错误法官的及时挽救，警示法官铭记“前车之鉴”，避免重蹈覆辙；早追究比晚追究好，法院自己追究比其他部门追究好；组织上及时采取措施，是为了避免酿成更大的损害。慢慢地，绝大多数法官从心理上接受、从实践上认同了违法审判责任追究，并积极参与其中，将其视为一面透视心灵，规范行为，使之不偏离人生轨道的镜子。

这样的镜子，经常照一照是有好处的。

很多法官说，追究故意违背事实和法律作出错误裁判的办案人责任，是对法官行为的最低要求，是个底线。如果连这一点都做不到，就说明他缺乏法官起码素质和水平。把“前车之鉴”

拿出来公开分析，从根本上讲是督促那些由于业务水平不高而导致办错案的法官，尽快提高自己的业务能力。追究还有一个作用是警示那些意志薄弱，出于私利，执法犯法的法官悬崖勒马，别拿自己的事业和前程开玩笑；追究是用他律促进自律，提醒所有法官对法律和当事人的合法权利要常怀敬畏之心，慎用手中的审判权。这种警示作用具体明确，令人刻骨铭心，使法官们对违法裁判的后果产生一种心理预期，从心底不敢、不愿违法裁判。

2. 追究是不是整人？开始时被追究的法官抵触情绪很大，认为追究谁就是跟谁过不去，是抓倒霉的。经过参加下岗培训，深刻反思，他们逐渐认识到，导致这种结果实质上是自己和法律过不去，和人民的根本利益过不去，理解了追究不仅是一种及时的抑制、治小抑大，更是对自己的一种挽救、一种爱护。

我院现刑一庭副庭长×××、行政庭副庭长××，在追究中分别收到通报批评、行政警告处分。两位法官通过实践认识到追究并不是“一棍子把人打死”，而是惩前毖后，治病救人。两人受处分前，一人是助理审判员，一人是审判员。被追究后，心理压力很大。院领导分别与他们谈心，热切期待他们在哪里跌倒，在哪里爬起来，组织上绝不会另眼看待。两人振作精神，努力工作。×××作为审判长，成功地参与主持审理了一起震惊全国的涉黑案件，合议庭由此荣立集体二等功。××先后被评为先进工作者、市优秀共产党员、省级人民满意法官。两人在中院中层干部竞聘中，分别被聘为副庭长、副处级审判员。

在追究中受过处分的×××同志说，自己受处分是错有应得，没有怨言。前一段他的办案权被取消了，留在庭里做送达、调查、装卷等辅助性工作。他表示要用实际行动和工作业绩争取重新回到法官队伍中去。通过多年努力最近经考核测评，又恢复了他的办案权。

3. “追究是自己往自己脸上抹黑？”这些年来我院追究评析年年有，有人说这不是往脸上抹黑吗？实际上，这些年来长春两级法院总计追究的115件案件，不足全部审理案件的万分之三，比例是微乎其微的。全体干警逐渐认识到，正是因为这微乎其微的问题存在，给法院脸上抹了黑，在人民群众中造成不良的影响，是0.03%影响了99.97%。只有严肃处理这极少数的违法审判案件，才能向社会展示法院和法官的全貌。

4. “先进单位应如何看待下属被追究?”一些先进法庭和基层院领导对本单位法官受到追究，曾感到羞于见人。实践使他们认识到，先进单位应有高标准，但也不可能十全十美。先进集体的人被追究，可能一时脸上发热，但自己发现问题苗头自己解决，总比任其发展酿成严重后果由别的机关处理要好得多。绿园区法院院长马惠明说，绿园区法院是最高人民法院命名的人民满意法院。但这并不意味着不能出问题，对我们这支队伍一定要客观地看，对自己队伍中出现的问题绝不能捂着盖着，要勇于揭短，认真查找管理上的漏洞，总结队伍出现问题的教训，这才是先进法院应有的风范，也只有这样才能永葆先进。

著名法学家、中国法学会副会长、吉林大学党委书记张文显教授认为，长春中院对从制度上、机制上遏制违法审判进行了长达7年之久的，带有开创性的探索，为我国司法界和其他各界从内部有效遏制腐败提供了可资借鉴的经验，具有重要的理论意义和实践意义。在当前执法环境并不是很好的背景下，这种探索不仅需要高度的责任感，还需要足够的勇气，是十分难能可贵的。

新的内部监督机制对维护司法公正，提高法官队伍的素质和司法效率发挥了重要促进作用，我院出现了“三高三低”、“三多三少”的可喜局面。“三高”是一审案件结案率、执行率、上级法院对上诉案件的维持率不断提高。“三低”是上诉率、上诉改判发回率、检察院抗诉案件数量不断降低。“三多”是法官自觉学习、主动研究业务的多了，敢于坚持正确意见、不为法外因素干扰所动的人多了，受到群众表扬、送锦旗表扬信的人多了。“三少”是无法定理由超审限的案件明显减少，群众上访总量逐年减少，法官违法违纪的现象明显减少。1999 年我院被中央文明委授予“全国精神文明建设先进单位”称号，在全国法院系统是唯一获此殊荣的省会市中级人民法院。2005 年我院纪检组、监察室被最高人民法院授予全国法院纪检监察工作先进集体。

7 年来，我们对建立法院内部监督机制做了一些初步探索，在落实最高人民法院违法审判责任追究机制和建设高素质法官队伍方面取得了初步成效，但是也还存在一些问题，如怎样对院长进行有效监督，怎样加强整个系统的有序监督，还有待继续探索、完善。我们还将继续探索下去，为建立法院内部科学有效的监督管理机制，为建设高素质的法官队伍做出不懈努力。

改革建议篇

司法改革建议（1）

（给最高人民法院党组的信）

本人作为法院改革的亲历者和具体实施者，对5年来的法院改革感触颇深。近期，进行了回顾与反思，有以下一些不成熟的看法和建议。

一、5年来法院改革的成绩与不足

1999年以来，伴随着《人民法院五年改革纲要》的颁布实施，中国的法院改革进入了一个新的历史阶段。我认为，5年来的改革，成绩显著，意义深远。但也存在一些不应忽视的问题，应在下一步工作中注意改进。

（一）关于成效

1. 指导思想明确

（1）司法改革坚持与时俱进、开拓创新、勇于探索、大胆实践的改革精神，开启了新时期司法改革的新征程。

（2）司法改革始终围绕着公正与效率的主题，在党的领导下，向着具有中国特色的社会主义司法制度目标迈进。

（3）司法改革贯彻依法治国方略，适应社会主义市场经济的法制需求，具有改革的基础与动力。

2. 成效明显

（1）在观念更新上，这次司法改革是法院系统内部的一次思想大解放，法官群体正在逐步地认同新的司法理念。司法改革理论研究不断发展和深化，其他国家机关和社会团体对法院改革的必要性也有了一定的认识。

（2）在制度建设上，这次司法改革是一次深刻的法院制度创新过程，先后在审判方式、法院内部机构设置和工作机制、法院人事管理制度、法官职业监督机制等法院工作机制方面进行了积极探索，已经初步建立了以尊重、维护、实现当事人权利为基本特征的法院的制度轮廓，在一定程度上提升了法院自身管理的现代化水准。

（3）在队伍建设上，这次司法改革是对法官队伍素质的一次实践检验，法官队伍应该具备高素质已经成为社会共识，通过改革已使队伍素质得到一定程度的提高。

（4）在树立司法权威上，这次司法改革增强了审判工作和执行工作的公正性与有效性，提升了社会公众的司法信赖感，确立、强化了法院在解决社会矛盾纠纷中的主导地位。

3. 意义深远

（1）从现实看，中国共产党正在经历着从革命党向执政党的历史转变，党的执政方式也要随之转变到依法执政上来，这次司法改革适应了这种历史转变的内在需要，正在努力使法院实现从单纯的阶级专政工具向符合审判规律的现代审判机关的转型，为完善具有中国特色的社会主义司法制度开启了新路。

（2）从历史看，自清末民初以来，在沈家本等人的积极推动下，中国开始探索以独立审判和法官职业化为基本特征，以公正与效率为制度诉求的法院现代化道路。但由于历史的局限和脱离国情等原因，始终未能真正地步入法治现代化的轨道。这次司法改革在探索建立具有中国特色社会主义司法制度上走出了关键性的一步，在中国法院现代化历史进程中具有里程碑意义。

（二）关于不足

我认为，主要是改革目标模糊，改革动力不足，改革策略不明。

1. 改革的具体目标欠明确

对通过改革建立一个什么类型和功能的法院模式研究得不够，是建立一种具有强烈司法政策功能色彩，能够对立法机关和行政机关进行充分制衡的法院模式，还是建立一种通过法律技术手段解决当事人之间的各种法律纠纷，尽可能地回避敏感的社会政治问题并有意识地弱化法院的司法政策功能的法院模式，在这一点上定位不明确。实际上，无论是在理论界，还是在法院内部，存在着一种理论倾向，即对美国的法院制度青睐有加，对德国、日本、法国等大陆法系国家的法院制度关注不足现象，无形中给外界一种我们要建立美国式法院制度的印象，无疑，这是我们现行政治体制所不能允许的，也是中央至今没有对法院改革给予明确表态的一个原因所在。

2. 改革动力整合不够

（1）法院内部特别是基层法院改革动力不足。5 年来，最高法院经过努力推行的一些改革措施在各地方高级法院、部分沿海地区和省会市的中级法院及个别基层法院落实的较好，但在大多数的中级法院和基层法院没有落实到位，出现了改革政策流失。基层法院动力不足的原因在于：一是不想改，有些法官已经习惯了在计划经济时期形成的法院内部各项管理机制，安于现状，不思进取；二是不愿改，改革必然涉及原有利益格局的调整，既可能触及自身利益，又要得罪人。同时，改革与否，成效好坏并不影响基层法院主要领导的组织评价与社会评价。上级法院对下级法院制约能力有限，上级法院对下级法院领导班子的选配并不享有主导权，因而，相当一些基层法院的主要领导往往避重就轻，使一些改革措施流于形式；三是不能改，东西部地区经济发展不平衡，有些改革措施可能在沿海地区法院行得通，但在中西部地区限于当地的人员素质条件和物质基础则无法落实，想改不能改。

（2）法院改革的社会动力不足。虽然理论界对此投入了相当关注，但这种理论关注并没有转化为社会共识，企业界仍然信奉找法院不如找政府，没有向社会表明法院改革与企业利益之间的内在关联。日本近年来也在进行法院改革，但改革的推动力量主要来自企业界和金融界，恰恰与我们形成了鲜明对比。

3. 改革策略有待进一步研究

（1）改革目标的实现期限设定得过短。5年来，法院改革基本上是围绕着法院内部机制建设来进行的，但改革所面临的外部环境条件不可能在短期内发生根本性的转变，因而，法院内部的每一项改革措施并非都能落到实处，影响了法院改革的社会认可度。

（2）某些改革措施之间缺乏连贯性和一致性。如在消除法院内部管理的行政化方面，《地方各级人民法院领导干部引咎辞职暂行办法》、《关于人民法院合议庭工作的若干规定》等一些旨在加强领导责任的改革措施则在无形中呈现出强化法院领导干部对案件审理结果的行政领导责任的倾向，在相当程度上对原来强化合议庭职权的改革措施在运行目标和制度建设目的方面出现了冲突。

（3）改革方式单一。一方面，缺少与其他国家机关之间的改革互动和衔接，形成法院单兵突进的改革局面。另一方面，自上而下的改革部署多，论证总结的又不够，使得地方法院卓有成效的改革措施少，因而，在上下结合方面显得欠缺一些，特别是某些改革措施缺乏充分的理论论证与前期试点性经验的积累。如以既判力原则为主导的再审制度改革，过于体现了理论设计上的良好愿望，但与我们的现实国情特别是法院法官的现实素质以及社会公众对审判工作的认可程度尚有不小的距离。

4. 基层人民法院改革中存在的问题

（1）理想化。缺少在现实条件下寻求现实的合理性和符合发展规律的实践可行性的思考与论证，缺少对现实与理论相结合状态中的相对合理的理性思考。

（2）简单化。不能脚踏实地地进行一点一滴的制度建设积累，存在着毕其功于一役的急躁态度。

（3）新行政化。仍然习惯于用行政化思维方式来考虑改革问题，用新的行政化解决老的行政化问题，不能始终如一地按照中国国情的基本要求指导改革。缺乏改革目标、改革措施与改革思路的逻辑一致性。

二、对下一步法院改革的几点建议

1. 合理地设定改革目标

对此，可以有三种改革思路供我们选择。

一是大改。即修改宪法解决司法权地方化倾向问题，变法院对同级人大负责为向上一级人大负责，法官由上一级人大任免。这一条目前做不到。

二是中改。即修改《人民法院组织法》和《法官法》，解决法院内部管理行政化倾向问题。一方面，解决审判管理行政化问题。理顺法院内部法官之间特别是院长、庭长与法官之间的关系，实现审判管理与行政管理的相对分离，平衡好法官独立审判与实现对法官的有效控制之间的关系，以便于从法院内部形成与执政党实现有效的社会调控之间的制度呼应；另一方面，对上下级法院之间的司法行政工作关系进行调整，赋予上级法院对下级法院的司法行政工作管理权，经费保障由地方负责逐步变为统一由国家负责。这一条目前也难以做到。

三是小改。即根据国家政治、经济、社会发展的实际需要，在目前法律允许的范围内进行适应性改革，进一步落实《五年改革纲要》提出的具体措施，强化责任，提高素质，以适应经济社会发展，满足人民群众司法需求为目标，建立和完善科学的法院内部管理机制。

（1）明确法官审判工作责任。从法官现有的素质条件看，有必要建立起一套既能充分体现法官审判责任，又能体现法院领导责任的审理案件的责任承担机制。

（2）尽快提高法官队伍的素质。对现有法官的素质水准进行科学分类，并确立相应类型一定时期内达到的素质标准，通过对在职法官的岗位培训，促进法官素质尽快提高。

（3）建立完善法院内部监督机制。通过违法审判责任追究强化法官廉政建设，促进审判水平的尽快提高。

（4）加大选派法官赴境外学习，加大国内发达地区与欠发达地区法官之间的交流，拓宽法官的眼界和思路。

（5）在现有体制框架内，通过建立相对科学、规范的法官流动机制、考评机制、培训机制及案件流程管理机制，使法官的整体素质和法院行政管理、人事管理水平得到稳步提升。

2. 努力取得最高决策层的支持

中国历代改革者都十分重视最高统治者的支持，这是在人治社会进行政治、经济乃至法律改革的普遍现象。我们通过改革要塑造一个什么样的法院制度，进而为中国今后一个历史时期法院的走向留下一个什么样的发展基础，这是关乎革命党向执政党转变时期制度架构设计过程中的一个重大政治课题。只要我们党始终关注如何实现执政党对社会进行有效调控这一问题，就能够为建立具有中国特色的社会主义司法制度提供强有力的支持和保证。这当中，最重要的是我们的司法改革和法院建设方案要符合国家发展需要。

3. 调动各方面的力量支持司法改革

任何一个国家包括法院制度在内的政治制度的形成都是多种社会力量共同作用的结果，法院改革也离不开社会力量的支持与配合。

（1）政府、检察等国家机关。如在检察机关对法院进行民事案件法律监督问题上，由于理论界对这一问题的研究成果还有待深化，法检之间要多沟通多交流，求得相互之间的理解和支持。

(2) 企业界。过去5年里，在法院改革方面与企业界沟通不够，使企业界对法院改革关注不够。今后，我们应该有意识地了解企业界对法院工作的需求，提高其对法院改革的支持力度。

(3) 社会公众。在改革过程中，要始终注意使广大人民群众从法院改革中受益并得到实惠。在司法救助、农村基层法庭布局、诉讼模式的调整等方面要充分考虑到人民群众的实际需要与切身利益。

(4) 法官群体。法院改革可能会使相当一部分法官失去既得利益，在改革过程中要充分考虑法官群体的实际承受力和实际利益，争取广大法官的充分理解和有力支持，不断增强法院改革的内部动力。

4. 继续坚持稳健的改革策略

(1) 整体推进。按照十六大加强政治体制改革的要求和强化司法改革的部署，将司法改革与政治体制改革有机地结合起来，实现整体推进。建议成立中央司法改革委员会，在中央司法改革委员会成立之前，最高人民法院应该在现有的体制、机制范围内开展司法改革工作，把中央提出各项改革措施先落到实处。

(2) 上下结合。一方面，根据四级法院的不同情况，科学确立不同层级法院的不同功能定位，从整体上理顺法院系统内部的科学管理机制；另一方面，根据不同地区的不同情况，探索如何更好地体现司法为民的诉讼模式。在沿海地区、中西部地区确定几个有代表性的试点法院进行法院综合改革试点，并认真总结试点经验，结合国情，逐步推开。

(3) 循序渐进。按照轻重缓急对具体改革措施分类落实，继续在体制内对法院改革进行积极的探索与创新，当务之急是提高法官素质；涉及体制外的改革问题在条件成熟时再逐步解决。

5. 用法律保障改革

以法律形式确认改革成果是我们国家改革开放以来一条重要

的基本经验。当前，应该提请通过修改《人民法院组织法》、《法官法》等法律，尽可能把《五年改革纲要》实施过程中已经证明切实有效的改革成果用法律的形式固定下来，集小成为大成。

6. 继续坚持实事求是的改革原则

应从国情出发，在读懂自己，弄清西方的前提下，借鉴国外的有益经验。

（1）改革必须符合中国国情。我认为，中国国情可以概括为“一个缺乏，两个差别”。“一个缺乏”是指缺乏法治传统，人民仍然习惯于以政策而不是法律作为基本的社会治理方式；“两个差别”是指城乡差别、东、中、西部差别。法院改革的方向、目标、措施乃至策略都必须要从中国现实的国情出发。

（2）借鉴必须符合中国国情。“传统相近，能为我用，形成特色”是一个重要的借鉴可行性判断标准。我认为，我们更多的是与大陆法系国家的司法传统相近，这也较符合我们国家的实际情况，所以在借鉴时应重点考虑大陆法系国家而不是英美法系国家的法官制度。

以上陋见，定有不当之处，请指正。

孙万胜

2003年4月28日

司法改革建议（2）

（给最高人民法院领导的信）

我在长春中院院长岗位工作10年后刚到省高院工作。在卸任中院院长、等待高院副院长任职期间，对这些年来法院工作及司法改革等问题进行了一些思考，有些感受，祈望能对国家的法治建设和法院的改革发展尽些微薄之力。

伴随着社会主义市场经济的不断深化及与世界交往机会的增多，对法律和司法的需求日益增加。落实依法治国方略的步伐也在逐日加快，司法改革作为政治体制改革的一部分，因其本身的相对系统化及与市场经济发展相关联的直接性，走在改革前面是必然的。最近，中央政法委就司法改革工作又提出了具体要求，这既是解决多年困扰法院工作难题的好机会，也是国家建立公正、高效、权威司法制度的新起点。法院应该站在时代和国家发展要求的新高度，深入分析宏观思考，为中央提供一个既符合国情，又符合司法发展规律；既能解决国家法治建设现实问题，又能适应今后全球化发展需要的改革建议。

一、此次司法改革应把握的原则及方法

总体上应以适应社会主义市场经济现实发展需要、有效回应人民群众日益增长的司法需求为基本任务；以有利于促进国家稳定、有利于促进经济发展、有利于最大限度地保护人民群众合法权益为基本原则；以在司法各机关权力间进行科学配置，形成有效监督和制约为基本标准；以建立公正、高效、权威的社会主义司法制度为基本目标。

此次改革应注意的方法：

1. 明确方向，突出重点。从法院工作基本指导思想和影响法院最突出的问题入手，下功夫解决一些亟须解决，目前又能解决的基础性问题。按照十七大总体思路和国家发展要求，根据人民群众日益增长的司法需求，制订改革的总体发展目标和分步实施的具体规划。

2. 统一认识，稳妥进行。司法改革从本质意义上说是司法权力的重新调整和再分配。不单是司法机关本身的事，它不仅需要司法工作者的理解和认知，更需要相关部门的认可和支持，最好是成熟一个问题解决一个问题，千万不可操之过急。另外，司法改革也需要动力，一定要整合好方方面面的力量，共同推进此次司法改革无震荡进行。

3. 注重实际，科学配置。要注意到侦察、检察、审判及司法行政等权力间配置的内在协调性和科学关联性。既要尊重历史、顺应国情，又要正视现实、面向世界，更要遵循规律、兼顾未来。要努力克服只顾眼前忽略长远的短期行为。

4. 整体思考，讲求效果。司法改革从形式上看，改的是司法部门工作范围内的事，实际上它所涉及的是国家政治上的大问题。改革过程中要坚决剔除部门利益。要站在国家的、人民的、发展的立场上去分析、判断和把握改革的总体框架。拿不准的问题不要轻易决策，看准的问题也不要因为个别部门有意见而不敢下决心。

二、此次司法改革法院应考虑解决的几个重点问题

（一）上级法院对下级法院监督案件和明确办案人责任相统一问题

《人民法院组织法》第十四条规定了法院有发现本院及下级

法院“已发生法律效力的判决和裁定确有错误”的责任和义务。这些规定多年来在程序上始终未完全落到实处，一定程度上影响了司法的统一性和整体司法水平的提高。此次改革应将这些规定具体化。虽然原来在本级法院有申诉再审、上下级法院间也有程序上的审级监督关系，但这一规定并没有具体的程序保证，实际上只是对个别案件的监督。而且审监庭和二审庭只负责进入到上诉、申诉、再审案件的审理监督，却没有正式指出该案件有关办案人应该负的责任（特别是主观故意的责任）的程序。审监庭和二审庭只负责改判案件却没有建议追究有关责任人应负责任的程序和权力。而有权追究责任人责任的监察室却接触不到案件。实际上，在本级法院以及上下级法院之间，在对办案人的监督和对案件的监督上是脱节的。始终未形成落实以上法律规定的、目前国情实际又需要的有效监督。案件办错了，一改了之，得不到应有的处罚，办者不会吸取教训，其他人也难引以为戒。这就是监督不到位所造成的后果。

目前，我国还处于社会主义初级阶段，在法律和司法权威逐渐形成的过程中，我们通过强化自身的内部监督机制，主动发现、主动解决自己存在的问题，不但不会影响法院的威信，相反会增加党的放心度和人民群众的满意度。我们应该认识到，我们是一个缺乏法治传统的国家，目前除了各种不良风气的干扰外，我们法官的整体素质还不高，不仅缺乏共同的知识背景，而且各地的情况又千差万别，建立一个统一的本级法院内部以及上下级法院间的内部监督机构，自己主动解决自身由于法官不廉或能力不够等原因所造成的人民群众不满意问题是非常必要的。这一机构应有两项职能：（1）由院长授权，代行法律授予院长的发现本级法院“确有错误”案件职能。通过对各种当事人不满意案件（特别是上访案件）初步调查形成具体意见后向审委会报告并由审委会确定是否“确有错误”。如确定“确有错误”则由审监庭重新审理案件、由监察室根据最高人民法院“两个办法”

追究有关人员责任。(2) 负责发现下级法院进入上级法院上诉、申诉再审程序案件中“确有错误”案件。同时负有向下级法院介绍错案情况及办案人应负责任的责任。由下级法院审委会确定是否是错案、是否应予追究。

（二）遵循审判规律，建立统一的审判工作管理机构

法院最高的审判权力机构是审判委员会，审委会有责任对审判工作进行程序管理。目前这一管理权其本身并没有行使，而是被其他行政方式所替代。且目前上级法院也没有对下级法院审判管理进行监督的程序安排。如果按照审判规律来管理审判工作，就应该通过审委会及下设的审判管理机构，将整个审判程序管理方面的工作统一管起来。该机构职能应该是：（1）负责审判委员会日常工作；（2）负责总结审判工作经验，指导审判工作；(3) 负责考核评价本院法官的工作业绩，并就法官的评优晋升等提出建议；(4) 安排优秀法官（目前多是院、庭长）包括审委会委员上一线去直接审理案件；（5）统一编选发布案例（应由最高人民法院及高级人民法院两级院进行）；（6）负责对下级法院审判程序管理工作的监督指导。

多年的审判实践充分证明，统一严格的审判程序管理是非常必要的。如果程序严密了，管理到位了，我们的法官都能按程序和规矩办事了，法官队伍就会少出不少问题。实践证明，目前法官队伍出现的问题有相当一些是因为管理不善造成的。如果通过法院内部机制改革能够进一步强化审判管理，建立起一个按照审判规律统一管理审判工作的审判管理机制，法官的审判程序意识就能得到进一步增强，个别法官想犯毛病的机会就会明显减少，法官队伍建设就会有一个明显的进步。

（三）建立法官上岗前专门的教育培训制度

司法考试制度解决了法律工作者基础资格问题，但实践证明，即使这些考试合格人员进入法院后，没有三五年的实践还是很难直接胜任审判工作的，为了较好地解决这一问题，

建议建立法官上岗前系统司法实务教育培训制度，学制为两年。全国设立若干所法官学院，每年根据两年后法官缺员情况，预测招收相应数量的具备司法资格学员。专门就审判实践中常用法律、司法解释及典型案例进行教学，再安排适当时间进行审判工作实习。毕业通过考试合格后再上岗工作。这样，一年左右就可以直接参加审判工作，且比在实践岗位上自然成长效果要好得多。

以上想法很不成熟，只是自己的一些粗浅认识，仅供参考，不当之处请领导指正。

吉林省高级人民法院　孙万胜

2008年4月3日

关于法院改革的几点思考

（2009年初进入最高法院司改办工作后写给院领导的信）

近期，对中共中央、最高人民法院有关司法改革文件和院领导关于司法改革讲话精神进行了认真学习，试着从国家乃至整个法院系统的角度做了一些思考，有了一些新的感悟。感到，此次司法改革的立足点应设定在国家保稳定、促发展前提下对现有司法体制、机制的进一步完善上。改革的着眼点应定位于：现实条件下，在努力消除现有体制、机制不足的同时，充分挖掘、发挥现有体制、机制的优越性。此次改革应切实按科学发展观要求，而不是按西方所谓理论上的应该，是以中国国情允许为前提条件的。基于以上认识，有以下几点不成熟思考报告如下，仅供参考。

一、落实宪法要求，健全、完善中国特色的上下级法院审判监督机制

1. 依法完善上下级法院间的审判监督程序。根据《宪法》第一百二十七条“最高人民法院监督地方各级人民法院和专门人民法院的审判工作。上级人民法院监督下级人民法院的审判工作”和《民事诉讼法》第一百七十七条二款、《刑事诉讼法》第二百零五条第二款及《人民法院组织法》第十四条关于“最高人民法院对各级人民法院已经发生法律效力的判决和裁定，上级人民法院对下级人民法院已经发生法律效力的判决和裁定，如果发现确有错误，有权提审或者指令下级人民法院再审”的规定，将上级法院对下级法院的审判监督规定在程序内完善，把“发现确有错误”的审判监督规定具体化、程序化，落到实处。

2. 建立上级法院对下级法院实行审判工作监督的组织机构。(如果可行的话，这恐怕是社会主义初级阶段，完善的法治社会形成之前过渡时期的特色做法。)以上级法院对下级法院巡回监督（这符合司法的传统特点和百姓的思维习惯）的方式，以到下级法院接待上访为主要形式。变其原依据当事人“上访”提供情况进行监督，为上级法院“下访”到下一级法院去通过倾听当事人意见主动去发现情况进行监督，对当事人反映的重点问题进行必要的调查了解。用内行监督内行，主动发现问题，及时解决问题。经调查如发现案件确有问题，视情况交由案件责任法院或其上级法院审判委员会确认。经审委会讨论认为案件有错误的交审监庭重新审理，对办案人有主观故意问题或重大过失应承担责任的，同时交监察室实行追究处理。将审查确认案件过错和认定办案人违法审判责任有机结合起来，将多年来没有解决的“管案”和“管人”相分离状态统一起来。从最高人民法院到基层人民法院，逐级下派，相互衔接，形成监督合力，“用自己的刀削自己的把”，切实提高法院系统抓自身建设的制度能力。

3. 建立上下级法院间审判管理监督、服务、保障机制。对审判信息实行统一管理，定期分析，及时发现问题、统筹解决问题。

二、明确审判责任，强化审判管理，按照审判规律管理审判工作

1. 克服审判管理行政化倾向，探索按照审判规律管理审判工作的审判管理模式。进一步明确审判委员会作为法院最高审判组织管理审判工作的功能和地位。减少审委会研究案件数量，充

分发挥审委会总结审判经验、指导、管理审判工作的作用。审委会下设审判工作管理办公室，通过进一步统一、细化审判管理程序，全方位、权威性地对全部案件审理过程进行全流程管理，使管理程序更科学、更严密，管理措施更具体、更有效，逐步克服审判管理行政化问题。

2. 下功夫解决审判责任虚化问题，切实明确法官“谁审判谁负责”的案件审判责任制。加大法官违法审判的责任成本，明确法官对案件审理结果的责任承担机制，一定程度上强制性地使他律内化为自律，让法官形成一种有什么样思维、实行什么样行为会产生什么样结果的理论预期，有效增强法官内心廉洁自律的司法责任感。

3. 充分发挥审判管理结果的赏罚导向作用。将法官审理案件履行审判责任的结果与法官的切身利益紧密结合起来。通过严格有效的管理，及时发现问题，及时解决问题。建立起实事求是、奖惩分明的审判结果体现机制。赏能究错、奖优罚劣。使能者、廉者有积极性、有动力、有不断发展空间，使常出问题、不思进取者难觅立锥之地。

三、建立专门的法院诉前调解机制，减少诉讼案件压力，促进适应社会主义市场经济社会需要的社会管理机制的形成

1. 建立诉前与诉讼程序相分离的调解机制，将一般性调解与诉讼调解分开，运用简便易行，人民群众易于接受，甚至可以吸收人民陪审员等参加的传统方法将大批案件调解解决在诉讼程序之前。这样做既符合国情，又符合法律；既缓解了诉讼案件压力，又能促进社会和谐。

2. 建立与诉前调解机制相配套的调解保障程序。诸如低廉的收费、简单的程序、多样的方法、短暂的时限，以及若调解不成再行起诉，原调解过程中的一方如没得到优于调解结果的判决时则要承担双方的诉讼费用等导向措施。既抑制了当事人诉权的滥用，又增强了调解的可接受性。鼓励当事人采用调解方式解决纠纷。

3. 从社会责任理论出发，推动建立一般性社会矛盾由社会解决的矛盾纠纷解决机制建设。建议在行业组织、企业单位及易于发生纠纷的医疗机构等部门建立矛盾纠纷调处中心。不断强化社会的自治能力。

四、从国情出发，探索建立具有中国特点的诉讼模式

1. 诉讼模式反映的是法官的审判权与案件当事人诉权的关系问题。不同文化传统下的不同国家采取着不同的诉讼模式。诉讼模式既是个方法问题，更是个司法指导思想问题，它体现的是国家的诉讼理念，是国家审判权对当事人的态度。我国有着独特的历史文化传统，东西南北中各地域间经济社会发展程度差异很大，文化、民俗各有不同。根据实事求是原则，应在理论上探索建立不同情况下，在维护防治统一前提下，实行不同诉讼模式的可行性。

2. 在司法实践上，按照实事求是原则，应根据各地经济社会发展等不同情况在保证国家法治统一的前提下，采取不同的诉讼模式。或是当事人主义为主，或是职权主义为主……总之是依据不同地区的不同情况，采用不同的与各自情况相适应的诉讼模式，应认识到：这只是司法方法的不同，而不是司法标准的不同。这种做法所体现的是党和国家对最广大人民群众利益、特别是弱势群体利益的最大限度保护态度。虽然各地实行的诉讼模式有所不同，但结果目标一致，通过对不同情况采取不同实现方法，最后实现的是社会整体的公平正义。

五、加强理论研究

1. 组织人员或联合大学法学院一起深入、系统、专门地研究中国司法传统文化理论，厘清究竟什么是中华传统司法文化？

中华司法文化传统的基本特点是什么？哪些是精华，哪些是糟粕？弄清这些问题对于我们落实中央改革任务，不断深化司法改革是有帮助的。

2. 加强司法改革理论研究，为下一步司法改革做好理论准备。

六、建议建立省级信访案件终结机制，增强地方问题地方解决的积极性，减少中央压力，促进社会稳定

以上粗浅认识，很不成熟，请指正！

孙万胜

2009 年 3 月 18 日